上市公司治理的理论与实践

怎样做一个合格的上市公司董监高

刘运宏 著

法律出版社
LAW PRESS·CHINA
北京

图书在版编目（CIP）数据

上市公司治理的理论与实践：怎样做一个合格的上市公司董监高 / 刘运宏著. -- 北京：法律出版社，2025. -- ISBN 978 - 7 - 5244 - 0058 - 5

Ⅰ. F279.246

中国国家版本馆 CIP 数据核字第 2025E2X158 号

上市公司治理的理论与实践
——怎样做一个合格的上市公司董监高
SHANGSHI GONGSI ZHILI DE LILUN YU SHIJIAN
—ZENYANG ZUO YIGE HEGE DE SHANGSHI GONGSI DONGJIANGAO

刘运宏 著

策划编辑 沈小英
责任编辑 常 锋
装帧设计 李 瞻

出版发行 法律出版社
编辑统筹 法治与经济出版分社
责任校对 王晓萍 李慧艳
责任印制 吕亚莉
经 销 新华书店

开本 710 毫米 × 1000 毫米 1/16
印张 17.25 **字数** 267 千
版本 2025 年 3 月第 1 版
印次 2025 年 3 月第 1 次印刷
印刷 北京中科印刷有限公司

地址：北京市丰台区莲花池西里 7 号（100073）
网址：www.lawpress.com.cn
投稿邮箱：info@lawpress.com.cn
举报盗版邮箱：jbwq@lawpress.com.cn

销售电话：010 - 83938349
客服电话：010 - 83938350
咨询电话：010 - 63939796

书号：ISBN 978 - 7 - 5244 - 0058 - 5
定价：128.00 元

凡购买本社图书，如有印装错误，我社负责退换。电话：010 - 83938349

序

完善上市公司治理　提升上市公司发展质量

规范的公司治理是上市公司高质量发展的基础。公司治理的核心是通过相互制衡与协作机制来确保公司制度的有效运行，实践证明出问题出风险的公司，归根结底是公司治理有问题，所以规范的公司治理是上市公司持续健康发展的重要保障；完善的公司治理又是资本市场功能有效发挥的内在要求。只有完善的公司治理，才能解决经营者激励与约束不相容的问题，督促经营者忠实地执行职务，激励经营者为全体股东的利益勤勉尽责，从而坚定投资者信心，并通过“用手和用脚投票相结合”的机制，将资金投入资本市场，充分发挥资本市场配置资源、资产定价和缓释风险的作用；良好的公司治理还是防范金融风险的有力抓手。强化公司治理和内部控制，可以增强上市公司整体抗风险能力，引导上市公司固本强基、谨守底线、远离乱象，筑牢防范和化解重大风险的防线。但是，在存在健全而规范的上市公司治理规则的背景下，上市公司各治理主体如何规范履职，把守底线，避免受到行政处罚、纪律处分或者司法追诉，是需要上市公司各治理主体高度关注并彻底弄清楚的问题，也是上市公司实现高质量发展的前提与基础性条件。

刘运宏博士的新著《上市公司治理的理论与实践——怎样做一个合格的上市公司董监高》紧紧围绕上市公司治理规则与制度，以及上市公司董监高怎样遵守这些规则从而避免受到处罚（分）的主题展开介绍，分析了上市公司各治理主体共同的履职规范和分类项下各治理主体的履职行为，是上市公司控股股东、实际控制人、董事、监事和高级管理人员规避履职“红线”进而实现规范发展的一本很实用的“履职手册”。该书具有4大特点:第一,全面研究分析了上市公司各治理主体应遵守的规则与制度,内容具有前瞻性。随着我国证券市场改革发展的不断深入,上市公司治理的规则与制度也在不断修订完善中。该书以公司治理的理论与实践为主线,针对上市公司治理中存在的问题及其改革措施,以及改革背景下的各上市公司治理主体履职行为作全面的研究分析,内容上具有全面性与前瞻性。第二,对上市公司治理与制度研究的国际化视野决定了该书制度完善建议内容的科学性与包容性。本书对上市公司治理理论和制度设计的研究与分析是在提炼并比较世界各国公司治理制度与机制的基础上,结合中国上市公司治理实践而作出的归纳与总结,研究并分析了公司治理制度与机制的优缺点及其对中国本土制度改革的适应性,这种国际化的开阔视野增添了该书对上市公司治理制度与机制改革建议内容的科学性和包容性色彩。第三,逻辑清晰,层次分明,其中的履职建议具有较强的可操作性。本书主要针对上市公司各治理主体在公司治理与规范运作中怎样避免受到行政处罚、纪律处分或者刑事追诉而展开论述,以上市公司治理的理论与规则要求为基础,重点介绍了上市公司规范运作中各治理主体常受到处罚(分)的具体案例、法律依据和履职建议,逻辑清晰,依此逻辑总结出的履职建议具有很强的针对性和可操作性。第四,语言朴实,通俗易懂,具有阅读的便利性。本书简明扼要地介绍上市公司治理理论和制度设计的背景,对上市公司各治理主体履职重点内容的研究与分析,采用了以案例分析为主的方法,理论联系实际,通俗易懂,便于上市公司控股股东、实际控制人、董事、监事和高级管理人员阅读。当然,该书也全面系统地论述了上市公司治理制度与机制中需要进一步研究和思考的问题,有志于研究上市公司治理制度与机制的人员,在轻松地阅读完此书后也会有较多的收获。

提升上市公司治理规范性、科学性和有效性,是上市公司基业长青的必然要求,是上市公司应对风险挑战的必然要求,也是资本市场发挥功能的必然要求。长期以来,中国上市公司协会秉持“服务、自律、规范、提高”的方针,按照中国证监会的工作部署,在广大上市公司的鼎力支持下,围绕推动上市公司高质量发展,在配合中国证监会开展公司法修订、上市公司监管政策制定、《关于在上市公司建立独立董事制度的指导意见》和《上市公司章程指引》等修订工作的同时,开展《上市公司治理准则》释义及《上市公司独立董事履职指引》《上市公司监事会工作指引》《上市公司审计委员会工作指引》等配套自律规则的编写工作,完善上市公司治理的制度体系。与此同时,中国上市公司协会还举办董监高履职、独立董事履职风险防范、董事会秘书履职、投资者关系管理以及 ESG 主题沙龙等活动,汇编了《提高上市公司治理专题调研报告(2014－2021 合辑)》《公司治理国际规则与实践(2019－2020 年合辑)》等调研报告,供上市公司学习借鉴,共同提高。今后,中国上市公司协会还会继续组织上市公司治理与董监高履职相关的培训与交流活动,不断引导上市公司规范发展,提高公司治理水平,更好服务经济社会发展。《上市公司治理的理论与实践——怎样做一个合格的上市公司董监高》一书的出版为上市公司治理与董监高履职相关的培训和交流活动提供很好的参考资料。让我们与各上市公司一道,齐心聚力,共同完善上市公司治理,提升上市公司的发展质量,呵护这个规范、透明、开放、有活力、有韧性的资本市场。

是为序。

[*]

2025 年 1 月 16 日

---

* 宋志平,中国上市公司协会会长。

目　　录

第一章　公司治理的起源及其发展演变

第一节　公司治理的起源

公司治理是公司制度发展的结果。在世界范围内,公司制度的发展经历了古典企业制度和现代企业制度的演变发展过程,古典企业制度主要包括业主制企业和合伙制企业两种形态与阶段,现代企业制度的典型形式就是公司制企业。

一、古典企业制度不存在公司治理的问题

业主制企业是企业制度的最早存在形式,该种企业制度下的企业具有如下特点:一是企业的所有权和控制权均由业务享有,业主完全享有企业的所有权和剩余控制权,亲自控制和管理企业,也享有企业的经营所得;二是业主对企业的经营和债务承担无限责任,无限责任机制导致了业主的个人资产与企业资产缺乏明显的界限,企业经营赚钱了业主就会很富有,企业经营出现重大亏损也由业主去填补这个亏损;三是企业的规模小,利润少,对外筹集资金难,资产增长主要靠内生型成长产生的利润积累;四是业主的生存和寿命与企业的命运休戚相关,甚至在主体资格上存在着高度混同。从这些特点可以看出,业主制企业具有规模小、融资难、风险大、寿命短等缺陷,仅仅存在于规模较小的生产形态。社会化商品经济发展需要由新的资源和机制来弥补其缺陷,合伙制企业在此背景下应运而生。

合伙制企业是由两个或者两个以上的出资人组成的企业,除企业

的出资人和管理人数量比业主制企业较多以及由此而导致企业的规模和资源有所增加外,在企业的所有权与管理权统一、合伙人对合伙企业债务承担无限责任、合伙人退伙或者死亡将影响企业的生存和寿命等方面与业主制企业别无二致,所以合伙制企业同样具有风险大、融资难、寿命短等缺点。不仅如此,合伙人共同管理企业,在提高决策能力的同时也存在着合伙人在经营决策上容易产生意见分歧、合伙人之间可能出现偷懒的道德风险等缺陷。所以,合伙制企业一般都局限于较小的合伙范围,以小规模企业居多,不能满足社会化商品生产发展的需要。

二、公司制中的所有权与控制权分离导致公司治理问题的产生

公司制企业制度是企业制度适应经济、社会和技术进步而不断发展完善的结果。15 世纪末期,随着航海事业的繁荣和地理大发现的完成,跨洋贸易的兴盛与发展对长期和大量的风险投资提出了新需求,并且这种对远洋航行和贸易的投资又存在着高风险和高收益并存的特征,此前的业主制和合伙制企业的组织形式满足不了这个需求,需要有个人投资者承担有限责任机制来规避投资的风险,以此来促进远洋航海和贸易的投资,公司制便应运而生。相比传统企业,现代公司制企业有以下几个特点:第一,所有的股东并非彼此认识,在此之前的企业几乎都是家族式的,彼此之间有一定的血缘关系,而现代公司的股东超越了以前出资人身份的限制;第二,公司的所有权和经营权分离,所有权和剩余利润的归宿权由股东享有,公司的经营与决策权由董事会及其聘请的职业经理人享有;第三,股东承担有限责任,不再像古典企业制度一样由股东承担无限责任;第四,公司作为一个独立的法人,具有独立的法人财产和地位,公司以其独立的意志进行生产经营,独立承担责任。公司制企业尤其是股份公司制企业的以上特点决定了它作为一种全新的企业形式与古典企业相比具有诸多优势:第一,股份公司股份的资合性为公司的募集资金和规模扩张提供了便利;第二,股份公司的股

份上市与上市公司并购重组为上市公司的跨越式发展与转型升级提供了充足的工具与渠道；第三，有限责任公司股东的有限责任与股份公司股份的可转让性大大降低了投资者的风险，从而促进并鼓励了社会投资；第四，公司与股东分离开来的独立法人地位加上公司制的科学治理结构让公司能脱离股东的存亡而持续存在，延长了公司的生命。正是因为公司制企业具有以上优点，马克思对公司制给予了高度评价，他认为股份公司的出现，促进了资本的集中，推动了生产的发展。“假如必须等待积累去使某些单个资本增长到能够修建铁路的程度，那么恐怕直到今天世界上还没有铁路。但是，集中通过股份公司转瞬之间就把这件事完成了。”[①]

但是，在公司制企业的结构形式下，随着股东有限责任、股份公司的股东多元化和公司独立法人地位的发展与演变，公司制企业出现了两种需要平衡的矛盾与冲突：一种是发生在股东与管理层之间因所有权与控制权分离而产生的委托代理制问题。资本有逐利的本性，股东投资设立公司的目的是赚钱并实现其利益最大化，其投资设立公司也是在股东利益最大化或者称之为股东至上主义的价值与目标追求下进行的，但是在公司制企业的结构框架下，尤其是现代股份公司的框架下，股东人数众多并且很分散，受专业知识和精力所限，股东不亲自参加公司的经营与管理，而是委托（聘请）公司董事和经营管理层管理并控制公司，这就造成了公司所有权和控制权（经营管理权）的分离。但是，股东和管理层这两个公司治理主体的收益目标函数是有差异和冲突的，管理层除了在入职前扩大自身能力与忠诚度增加股东委托（聘用）的调查成本外，还会在任职期间存在扩大职务消费、经营目标短期化、利用职权获取个人私利等机会主义，甚至为了获取股权激励的行权机会而实施财务造假和虚假陈述，这就与公司的长期发展和股东利益最大化产生了矛盾与冲突。另一种利益冲突与矛盾发生在大小股东之

① 马克思：《资本论》（第1卷），人民出版社1975年版，第688页。

间的利益不同。在股权集中的公司里,不管监管机构怎样完善累积投票制、分类表决、股东会网上投票机制、股东派生性诉讼与证券纠纷特别诉讼机制,也不能改变中小股东缺乏专业和精力参与公司治理,而大股东利用其控制权通过关联交易输送利益、资金占用、融资分红等隐蔽方式侵占公司利益,进而侵害中小股东利益的机制和可能性总是存在的。

当然,随着公司制度的发展与演进以及理论研究进一步深入总结与分析,除了委托代理制中反映出的矛盾和冲突外,公司与债权人、员工、供应商与客户、社区与社会等主体之间的利益冲突与矛盾也会影响公司的持续稳定与发展。为了防范和解决这些矛盾与冲突,立法者要通过制度与机制上的合理安排来平衡公司治理主体之间的矛盾与冲突,公司治理便应运而生。

第二节　公司治理理论的发展与演变

公司治理源于现代公司制度中公司所有权和控制权的分离以及由此导致的对股东与管理层之间激励与约束机制的建立。围绕这一问题的产生及其解决方案的解释,先后出现了委托代理理论、交易成本理论、产权理论和利益相关者理论,这些理论的介绍对我们理解公司治理及相关制度设计具有一定的帮助。

一、公司治理问题起源的理论——委托代理理论

1932 年,美国学者伯利和米恩斯(Berle & Means)在其《现代公司与私有财产》的著作中,首次提出公司治理问题并深入研究了股权分散背景下的公司管理层作为代理人与股东利益之间的分歧,提出了公司治理中的委托代理问题。1976 年,美国学者詹森和梅克林(Jensen & Meckling)更加全面而系统地研究了公司治理中的委托代理问题产生的原因及其应对方法,形成了系统的委托代理理论。

伯利和米恩斯在对当时美国公司股权分散背景下公司所有权和控制权出现分离的结果作了深入研究与分析，他们认为现代公司制下的公司所有权与控制权分离，在给股东和公司带来更多收益和优势的同时也面临着更大的风险，因为管理者的利益也有与股东利益不一致的地方，所以当公司控制权从所有者手中转移到管理者手中时，股东应当激励、约束和监督公司管理层，使管埋层的经营管理行为与实现股东利益最大化保持一致。伯利和米恩斯在其著作《现代公司与私有财产》中主要关注了股权分散背景下的公司股东与管理者之间的利益冲突问题，继此之后的诸多学者围绕这一问题展开过研究与论证，但是更全面和系统研究公司所有权与控制权分离下委托代理理论的著作是1976年詹森和梅克林的《企业理论：经理行为、代理成本与所有权结构》一文，该文综合了契约理论、产权理论和委托代理理论研究成果的基础上将公司看作所有者与各生产要素者之间一系列契约关系的总和，作为公司所有者的股东雇佣经理人经营管理公司，二者之间形成了委托代理关系，因为如下三个方面的原因导致了委托代理问题的存在：第一，委托人和代理人之间的利益不一致。所有权与控制权分离后，代理人具有公司的经营决策权和控制权但不享有公司剩余索取权，股东独享公司剩余索取权但是不具有公司经营管理的决策权与控制权，这就导致公司经营效益的提升仅仅提升委托人的剩余索取权，与代理人的利益没有直接关系，这就促使代理人通过偷懒、以权谋私和获取额外津贴等约定薪酬之外的方式获取私利。第二，委托人与代理人之间的信息不对称。经理人在受让公司的经营控制权之后就具有了公司经营管理情况的信息优势，无论是对经理人的选聘还是对公司经营信息的获取，委托人均难以客观准确及时地获取相应信息，这种信息的不对称又给代理人实施投机和利己行为提供了便利。第三，代理成本的存在。委托人与代理人之间的信息不对称及其产生的逆向选择和道德风险问题会导致公司所有权与控制权分离的价值低于两权合一的价值。除此之外，代理人为取得委托人的信任而付出的保证成本、委托人对监督人实施的监督成本，加上前述的公司剩余损失，这些都构成了两权分离下的公司代理成本。詹森和梅克林根据委托代理问题产生的以上机理提出了解决委托代理问题的方案，主要包括：经理人通过信号传递机制向委托人传递其忠诚与勤勉的相关信息，降低逆向选择的代理成本；通过完善与经理人之间契约条款的方式促使其为实现委托人利益最大化的服务目标而努力；通过监督经理人行为的机制让其不偏离股东利益最大化的目标；通过实施经理人激励机制让其共享股东利益最大化的结果。这些应对方法也就构成了在股权分散背景下公司治理结构建立与完善的具体内容。

委托代理理论提供了所有权与控制权分离下的公司治理分析框架，但是该理论是建立在股权分散而导致的信息不对称、理性经济人和代理人投机天性的理论假设基础上的。在20世纪80年代以后，不仅美国公司股权集中程度由发展趋势转变成为一种现实，而且欧洲大陆国家和东南亚国家或地区的公司控股股东是一种普遍存在的状况。在股权集中和控股股东普遍存在的情况下，传统代理理论下经理人的机会主义行为问题因为控股股东的监督而得到解决，但又出现了控股股东失去制约而侵害中小股东利益的情况，公司中的主要利益冲突已经由股东与经理人之间的矛盾转变为控股股东与中小股东之间的利益冲突，控股股东或者实际控制人通过关联交易转移利润、违规占用资金或者对外担保、融资分红、给予委派高管高额薪酬与津贴等方式侵占公司中小股东的利益就变成一种常见的现象，学者将其总结为“控制权私利”①

① 控制权私利由经济学家威廉姆森（Williason）于1964年提出，1988年格罗斯曼（Grossman）和哈特（Hart）系统研究控制权理论时将控制权带来的额外收益定义为控制权私利。一般而言，控股股东的收益包括所有股东均能获取的利润等共享收益和专属于控股股东享有的控制权私利两个部分，控制权私利在形式上可以分为货币性收益与非货币性收益两种，前者通常指控制性股东通过剥夺的方式转移资产所获取的收益，如关联交易、操纵股价等；后者则是指控制性股东在经营过程中过度在职消费、闲暇享受等。

和“隧道挖掘”①。在控股股东和实际控制人通过金字塔形多层级控股、类别股的分层设计和交叉持股等控制模式下，控股股东或者实际控制人与中小股东之间的利益冲突变得更加突出。这就需要在传统代理理论的研究中加入股东机会主义及其治理机制的内容，委托代理理论在新的背景下得到了发展与扬弃。

针对股权集中和控股股东普遍存在而导致大小股东利益冲突的问题，委托代理理论研究者从保护中小投资者利益的角度出发提出了调整外部法律环境和上市公司治理结构的应对策略。从外部法律环境来看，抑制控股股东或者实际控制人的“隧道挖掘”行为，保护中小投资者的利益就得有确认“隧道挖掘”行为的违法性及其法律责任以及责任追究的程序等制度供给，同时，还需要有公平而高效的执法与司法机构、人员和机制，这就是证券市场法治建设的重要内容，也往往与这个市场的成熟程度紧密相关。从上市公司治理结构优化与调整来看，股权制衡和确保董事会独立性是抑制控股股东或者实际控制人的“隧道挖掘”行为，成为保护中小投资者利益的常用手段。前者主要包括限制控股股东的持股比例、合理规划前几大股东的持股结构、特别事项的分类表决机制、表决权委托与征集表决权、累积投票制等制度安排；后者包括建立独立董事和董事会专门委员会制度、建立监事会等内部监督机制、对重大关联交易的严格审核与信息披露制度等内容。

委托代理理论提供了公司所有权与控制权分离后的公司治理问题及其解决方案，为证券市场的稳定运行及其机制与制度建设提供了逻辑清晰的分析框架，成为公司治理理论与实践的基础分析框架。但是，委托代理理论也存在缺陷：首先，委托代理理论是以理性经济人和完全契约为假定条件的，并以此为基础设计了股东与管理层之间的激励与

---

①　隧道挖掘是由约翰逊（Johson）等学者于2000年在“控制权私利”概念的基础上提出的，他们认为控制权私利是控股股东通过隐蔽的隧道挖掘行为转移资产、侵占上市公司利益而获取的，具体手段包括制订有利于自己的转移定价、关联交易、侵害公司的投资合同等。这种控股股东获取控制权私利的方式形式上侵害的是公司利益，实质上如同隧道挖掘般侵害控股股东以外的中小股东利益。

约束机制及其契约,但是实际上人的有限理性决定了契约的不完全性——既不能在签订契约前预见所有可能发生的情况,也不能通过契约的约定来解决已预见的问题,这就为建立在有限理性和不完全契约基础上的产权理论提供了发展的空间。其次,委托代理理论认为人性的自私与机会主义均具有绝对的普遍性,所以应当建立对受托人或者控股股东的监督与制衡机制,以此来解决公司治理问题。但是,现代管家理论认为委托代理理论对人性自私和机会主义必然性的假设过于片面,人并非个人欲望的囚徒,还受到社会关系、道德规范和声誉的教化与约束,这就导致实践中存在着另一种角色的管理人员,一方面,他们有着对成就和使命的需要,希望通过成功地完成工作而得到同事或他人的认同,因而他们的行为可受非金钱的激励。另一方面,随着管理人员任职时间的延长,任职时间越长,对组织的认同度越高,他会将个人形象与公司的声望整合起来,他会意识到其个人利益与公司乃至股东的利益是紧密相连的。从这种社会心理和人性假设出发,现代管家理论建议给予管理者充分的信任与授权,而不是通过监督与制衡来解决公司治理问题。这样,委托代理理论就受到了现代管家理论的挑战。再次,委托代理理论带有明显的股东至上主义倾向,但是公司的持续稳健经营与发展,是股东、员工、债权人、供应商、客户乃至社区和政府等多种资源合力的结果。旨在平衡利益相关者的利益与关系,并以此为基础解决公司治理问题的利益相关者理论对委托代理理论也有一定的冲击。复次,以委托代理理论为基础建立的公司治理框架重点在于维护股东利益,这是资本稀缺时代的产物。随着社会财富的积累和公司制度的发展,创新与企业家精神对于公司发展成为比资本更加稀缺的资源,优秀的企业家及其资源调配能力往往决定着公司的前途与命运。万物互联和大数据迅猛发展的知识经济颠覆了传统的产品经济发展模式,在此背景下的现代公司治理理念和实践也在挑战着传统的股东至上主义和资本多数决的决策方式,双层股权架构的公司治理模式日益在新经济行业的公司得到认可与实践,这是对传统委托代理理论的一种革新与挑战。最后,随着信息技术的进步和信息时代的到来,人类的生活方式和工作环境以及随之而来的公司治理结构的变化,需要公司网络治理理论的创新和发展,这让传统的委托代理理论面临新的挑战。

二、委托代理理论之后的公司治理理论

(一)契约理论

公司治理的契约理论包括交易成本理论和产权理论,是制度经济学分析企业存在与边界、一体化及其资源配置问题,为公司治理的制度建构与安排提供了基础性的解释。

交易成本的概念是美国学者科斯(Coases)在1937年发表的《企业的性质》中提出的,他通过交易成本的概念解释了企业产生的原因及其边界。在交易成本概念提出之前,新古典经济学派过分地强调了市场在资源配置中的作用,科斯提出在价格能够调节供给与需求、交易能够实现资源配置的背景下,企业产生和存在的原因与必要性问题。他指出市场运行并不是无摩擦和无成本的,而是存在着发现价格、讨价还价和契约的签订与履行等成本,甚至在汽车生产等大型工业生产企业中如果没有企业的组织形式而靠分散的交易,将导致这些交易根本无法有序地完成。为了有序完成这些交易并减少交易成本,企业作为节约交易成本的替代机制才产生和存在,这就是企业的本质。同时,企业将外部市场交易内部化以后也存在着指挥和协调的组织成本,这个组织成本与市场交易成本的比较就形成了企业的边界:当市场交易成本大于组织成本时企业还能继续扩张;当组织成本大于市场交易成本时企业应该收缩;组织成本与外部市场交易的成本持平正是这个公司的规模边界。

将交易成本理论进一步深化为系统的交易成本理论的是美国学者奥利弗·E.威廉姆森(Oliver Williamson)在1985年发表的《资本主义经济制度》一文,该文进一步解释了企业存在和发生收购行为的原因。威廉姆森在该文中通过对有限理性导致的契约不完备权、机会主义盛

行导致的交易成本增加和资产专用性[1]强弱而引起的被要挟的情况发生及其交易成本上升等情景分析的基础上，认为有限理性、机会主义行为和资产专用性均导致市场交易成本高昂，交易更有可能在组织内进行，科层式的企业组织在通过指挥和协调替代契约的同时还通过高效处理内部矛盾与冲突的方式降低交易成本。不仅如此，为了降低交易成本，公司会设计更加精细的治理结构来限制机会主义和道德风险。此外，通过收购资产专用性强的标的公司，将外部市场交易的双方关系变成公司内部的科层关系，被要挟的情景消除了，也就自然降低交易成本。

科斯在1960年发表的《社会成本问题》一文中，集中阐释了外部性、交易成本和产权如何影响市场资源配置问题。他认为，明晰产权不仅可以促使产权主体通过谈判的方式解决市场交易的外部性问题，而且还通过产权明晰后的激励与约束效果来增加市场的资源配置效率，市场主体会在产权清晰的基础上寻求构建相应的制度安排，以此实现交易成本最小化和资源配置的优化。与科斯将财产权的法定权利界定为产权不同，现代产权理论的代表人物美国学者奥利弗·哈特(Oliver Hart)[2]将剩余控制权定义为产权，并以此作为分析公司治理的理论基础。公司控制权一般分为特定控制权和剩余控制权，特定控制权是股东通过协议委托给经理人行使经营管理公司的控制权，契约的不完备和不确定决定了不是所有的特定控制权均能在契约中约定，这种在契约中没有事前约定的控制权即为剩余控制权，一般包括战略决策、聘用和解聘公司高级管理人员、决定公司资本结构和业务的变化、公司收购

① 资产专用性是威廉姆森在《资本主义经济制度》中用来描述资产被用于不同用途程度的概念，如果某项资产挪作他用或者原来的用途无法实现，资产的价值便会大打折扣甚至已无价值，该项资产被认为专用性强；相反则被认为不具有专用性或者专用性弱。

② 哈特与格罗斯曼(Hart & Grossman)以及与穆尔(Hart & Moore)的论文奠定了当代企业理论的基础，并为企业理论确立了一个基于合约理论的分析框架。哈特于1995年出版的《企业、合约与财务结构》是其代表作，书中他进一步发展了产权理论，提出了“不完全合同”理论，并借此理论贡献于2016年获得诺贝尔经济学奖。

和组织形式的变革等。现代公司的主要特征是所有权与控制权的分离,但是所有者与控制者分别有自己的效用函数,而且二者的效用最大化追求往往不匹配,这就决定了满足高层管理人员的个人理性并且实现所有者与其激励相容的产权配置就成为科学合理地设计公司治理的必然选择。

契约理论以人的有限理性和契约不完全性为理论假设,通过资产专用性和产权概念的分析,将公司存在和运行的成本与收益纳入公司"成本—收益"的模式内分析公司治理问题,为公司存在及其边界、公司一体化的原因以及科学合理设计公司治理的原则提供了理论基础。契约理论为我国现代公司制度的建立和发展、国有企业的改革提供了全新的思路和建议,但是因为契约理论缺乏明确具体的、具有针对性的政策建议,所以对社会主义市场经济国家的公司改革与治理结构的完善也缺乏其应有的指导性。

(二)管家理论

自 20 世纪 90 年代以来,面对委托代理理论的缺陷,以唐纳森和戴维斯(Donaldson & Davis)为代表的学者提出了管家理论。委托代理理论植根于经济学中的功利主义,建立在对经理人个人主义、机会主义、自私自利的"代理人"的假设基础之上,认为人都是理性的自利主义者和机会主义者,个人通过计算成本和收益尽可能谋取个人利益最大化,同时尽量避免受到惩罚。所以,在治理结构设计上,委托代理理论建议公司建立独立的董事会、增加外部或独立董事,以加强对经理人的监督和控制,同时建立以物质激励为主的长期薪酬计划。管家理论则从组织心理学和组织社会学出发,认为经理人并不是机会主义的偷懒者,而是集体主义、组织至上和值得信赖的"管家",他们有着对自身尊严、信仰以及内在工作满足的追求。因此,在治理结构的设计上,管家理论建议不应该仅仅依赖监督和物质激励,更应通过充分授权、协调和精神激励,即通过董事会主席与首席执行官(CEO)二职合一、增加内部或关联董事、给予经理人更多的精神鼓励等方式,发展一种相互合作、完全信任的关系。管家理论从委托代理理论的对立角度揭示了经理人和委托人之间存在的另一种关系，为解决公司治理问题提供了新的思路，在一定程度上弥补了委托代理理论的不足。

现代管家理论的产生基于委托代理理论在实践中的失灵。虽然管家理论在理论依据、体系结构、逻辑框架和政策建议等方面尚不够成熟，但是它在委托代理理论的前提假设、逻辑框架和政策建议之外为公司治理理论架构提供了一个全新的思路、视角和方法。中国正在进行的公司治理改革在思路上与委托代理理论基本一致，但中国的公司治理改革却是在转型经济框架和集体主义文化背景下进行的，中国存在着大量的国有控股企业和家族控制的民营上市公司，这与美国股权极其分散的股权结构根本不同，但是我国的公司治理却是基本上以委托代理理论为基础而建立的，强调董事长与总经理二职分立、强化董事会的独立性、加强独立董事和监事会的监督制衡作用、股票期权或薪酬与考核挂钩、推崇股东至上的治理文化与理念，再加上对管理层的各种责任追究，就会导致公司的保守性有余而创新性不足、内部矛盾复杂和效率不高等结果。相反，根据管家理论的逻辑框架建立的公司治理结构与治理机制，给予经理人充分的信任和授权，使其能够充分发挥积极性与作用，以提高企业的创新自由，适应瞬息万变的市场环境，提高公司经营绩效，也能实现股东利益最大化的目标。管理者可以选择成为管家或代理人，委托人也可以选择建立代理关系或管家关系，这取决于委托人对环境和对经理人的认识，公司也可以根据其具体的股权结构、经理人的来源与素质、公司所在的行业特点与经营模式等情况而作具体的分析与选择。因此，在委托代理理论框架下，借鉴管家理论的研究思路与相关研究成果，建立起适合中国国情的多元化公司治理体系结构，对提高中国企业的公司治理整体水平和国际竞争力，保持经济持续健康科学发展，具有很重要的理论意义和现实意义。

（三）利益相关者理论

对公司利益相关者予以关注并将其纳入公司治理体系中予以研究

的第一本著作是美国管理学大师彼得·德鲁克(Peter Drucker)于1946年出版的《公司的概念》。1943年,德鲁克应通用汽车公司之邀对该公司展开调查研究,通用汽车公司希望德鲁克能以其特有的思想高度,探究通用汽车公司在组织机构、战略政策和经营管理等方面存在的问题及其改进建议,以提高通用汽车公司的管理水平和市场竞争力,进而更好地回报公司股东。但是,德鲁克的这份研究报告并没有着眼于完善企业的发展战略和管理问题,而是关注作为工业社会代表性机构的大企业如何承担起建设和谐新社会的责任。德鲁克在《公司的概念》这本书中从如下三个方面对企业进行了社会和政治的分析:一是将公司作为独立的主体,分析其生存和发展的运行问题;二是分析大企业能否实现它所处社会的信仰和承诺;三是分析公司目标和社会功能的关系。通过如上分析,德鲁克认为企业所负的责任,不仅仅是股东的期望(公司利润最大化),更是它的管理层、员工的利益保障以及它所在社区的发展与安宁,只有能够承担如此重任的企业才会有持续的未来。[①] 但是,《公司的概念》没有提起公司利益相关者的概念、内容以及其在公司治理上的具体建议。直到1963年,美国斯坦福研究所(Stanford Research Instirute,SRI)提出了利益相关者的定义:"利益相关者是专指某种组织(包括公司)生存所依赖的其他利益群体。"虽然这个定义只考虑到利益相关者对组织(包括公司)单方面的影响,而没有考虑到公司与利益相关者之间的相互关系,并且利益相关者的范围也比较模糊和宽泛。但是,它让人们认识到,除了股东外,企业周围还存在其他的一些影响其生存的群体,给传统的公司股东至上的目标及其治理机制带来了冲击和挑战。随后,瑞安曼(Eric Rhenman)提出了比较全面的利益

---

① 正是因为德鲁克的这篇调研报告的内容、建议和观点与通用汽车公司委托德鲁克从事这个调查的目的不相匹配,甚至认为德鲁克主张公司的目标不是利润最大化,而是要承担重大的社会责任的观点简直是不可理喻,所以通用汽车时任总裁阿尔弗雷德·斯隆在1964年出版了《我在通用汽车的岁月》一书,回应了通用汽车的真实管理状况,也深化了管理学中对核心主体——职业经理人的功能、地位和职责的研究。

关系者定义:“利益相关者依靠企业来实现其个人目标,而企业也依靠他们来维持生存。”这一定义认识到公司与利益相关者之间的相互关系,但是具体内容与对象仍然是比较模糊和广泛的。1984 年,利益相关者理论的鼻祖美国学者 R. 爱德华 · 弗里曼(R. Edward Freem)在他的著作《战略管理:利益相关者管理的分析方法》一书中明确提出了利益相关者理论。他在该书中指出,股东的利益不应该居于最高地位,而应是利益相关者中的一员,公司治理的主体应该呈现多样性,除了股东外还包括企业的债权人、雇员、消费者、供应商等交易伙伴和包括政府部门、本地居民、本地社区、媒体、环保主义等压力集团,甚至包括自然环境、人类后代等受到企业经营活动直接或间接影响的客体。这些利益相关者与企业的生存和发展密切相关,他们有的分担了企业的经营风险,有的为企业的经营活动付出了代价,有的对企业进行监督和制约,企业的经营决策必须要考虑他们的利益或接受他们的约束。与传统的股东至上主义相比较,该理论认为任何一个公司的发展都离不开各利益相关者的投入或参与,企业追求的是利益相关者的整体利益,而不仅仅是某些(个)主体的利益。将利益相关者纳入公司治理的制度安排之中,会促使企业更注重于对长期目标和持续发展目标的追求,避免了只注重股东利益最大化而导致的短期效益。

诚然,利益相关者理论尚存在着诸多缺陷:一是利益相关者理论打破了传统企业的“利润最大化”目标及其理论,分散了企业的经营目标,除了经济上的目标外,企业还必须承担社会和政治责任,陷入“企业办社会”的僵局,尤其是在计划经济和“企业办社会”的历史与传统相对较长的国家,这种风险和可能性更大。企业的行为一旦受到利益相关者的框架限制,被套上公益色彩,就会导致经济利润追求的不集中和竞争力下降的情况发生,甚至让企业陷入经济利润和社会责任顾此失彼的境地。二是因为利益相关者理论存在着利益相关者的主体内容模糊和泛化的问题,学术界对利益相关者的界定和划分及其在社会责任评价结构中的权重均存在深入研究和探讨的空间,这种理论的不成熟导致实践中的可操作性缺乏和指导性不足。三是利益相关者理论提出公司在治理结构的安排上平衡和协调利益相关者利益的要求，但是在公司治理结构的安排上具体如何平衡与协调利益相关者的利益尚没有明确而具体的结论或者建议，这也带来了实践中可操作性不足的问题。但是，利益相关者理论提供了一个全面考虑影响公司持续稳定发展的因素及其治理框架，深化了人们对公司的本质及其发展的认识，更重要的是"利益相关者理论诱发了复杂的公司问题，也引领了现代公司法的转型"[①]。我国《公司法》在委托代理理论指导下建立股东会、董事会、监事会和管理层治理架构的基础上明确了公司的社会责任和法人人格否定，[②]规定了职工利益保护、工会与党组织以及民主管理制度；[③]《证券法》将投资者保护及其重要机制信息披露列为专章予以规定，这也是利益相关者理论的重要体现。更加集中体现利益相关者理论及公司治理

---

① 叶林：《公司治理制度：理念、规则与实践》，中国人民大学出版社 2021 年版，第 6 页。

② 《公司法》第 20 条、第 21 条和第 23 条第 1 款分别明确规定："公司从事经营活动，应当充分考虑公司职工、消费者等利益相关者的利益以及生态环境保护等社会公共利益，承担社会责任。国家鼓励公司参与社会公益活动，公布社会责任报告。""公司股东应当遵守法律、行政法规和公司章程，依法行使股东权利，不得滥用股东权利损害公司或者其他股东的利益。公司股东滥用股东权利给公司或者其他股东造成损失的，应当承担赔偿责任。""公司股东滥用公司法人独立地位和股东有限责任，逃避债务，严重损害公司债权人利益的，应当对公司债务承担连带责任。"

③ 《公司法》第 68 条第 1 款规定："有限责任公司董事会成员为三人以上，其成员中可以有公司职工代表。职工人数三百人以上的有限责任公司，除依法设监事会并有公司职工代表的外，其董事会成员中应当有公司职工代表。董事会中的职工代表由公司职工通过职工代表大会、职工大会或者其他形式民主选举产生。"《公司法》第 120 条第 2 款将有限责任公司董事会组成与结构的相关规定援引适用于股份有限公司。此外，《公司法》第 17 条、第 18 条和第 19 条分别规定："公司职工依照《中华人民共和国工会法》组织工会，开展工会活动，维护职工合法权益。公司应当为本公司工会提供必要的活动条件。公司工会代表职工就职工的劳动报酬、工作时间、休息休假、劳动安全卫生和保险福利等事项依法与公司签订集体合同。公司依照宪法和有关法律的规定，建立健全以职工代表大会为基本形式的民主管理制度，通过职工代表大会或者其他形式，实行民主管理。公司研究决定改制、解散、申请破产以及经营方面的重大问题、制定重要的规章制度时，应当听取公司工会的意见，并通过职工代表大会或者其他形式听取职工的意见和建议。""在公司中，根据中国共产党章程的规定，设立中国共产党的组织，开展党的活动。公司应当为党组织的活动提供必要条件。""公司从事经营活动，应当遵守法律法规，遵守社会公德、商业道德，诚实守信，接受政府和社会公众的监督。"分别从工会、党组织和社会公共利益等方面体现对公司利益相关者的利益保护机制与价值追求。

建构的是《上市公司治理准则》的规定,《上市公司治理准则》在委托代理理论设计的"三会一层"治理架构和独立董事制度的基础上专门规定了利益相关者利益保护的内容。① 此外,《上市公司治理准则》还对机构投资者和中介机构参与公司治理、环境保护和社会责任的履行等作了专门规定。从这些规定中可以看出,我国在公司(尤其是上市公司)治理结构的安排上以委托代理理论为基础,增加了利益相关者理论的内容与要求,利益相关者理论的治理要求在上市公司的相关规则中有明确规定。

三、公司治理理论未来的发展

公司治理是公司制度建立之后解决其持续生存与发展的制度安排。最早提出公司治理问题的是美国学者伯利与米恩斯的《现代公司与私有财产》一书,该书提出的委托代理理论内容也随着股权结构、政治、经济和文化的发展而逐渐完善,理论重心由股东对经理人的监督与控制转向了公司对控股股东或者实际控制人的制衡与监督。针对委托代理理论在实践中存在的不同问题,契约理论、管家理论、利益相关者理论得以产生并随着实践的发展而得到完善。除此之外,随着科技的发展与进步,公司的组织形态、资本市场各要素资源的稀缺程度、人类生活方式、社会治理与运行状态、社会科学研究水平等也随之发生天翻地覆的变化,公司治理会产生新的问题需要解决,这个过程中又会诞生出新的公司治理理论。例如,随着人工智能、大数据和互联互通的时代到来,企业家及其创新成为比货币资本更加稀缺的一种资源,需要在公司股权治理中突破一股一票的资本多数决表决机制,甚至在信息社会

---

① 《上市公司治理准则》第 83 条规定:"上市公司应当尊重银行及其他债权人、员工、客户、供应商、社区等利益相关者的合法权利,与利益相关者进行有效的交流与合作,共同推动公司持续健康发展。"第 84 条规定:"上市公司应当为维护利益相关者的权益提供必要的条件,当其合法权益受到侵害时,利益相关者应当有机会和途径依法获得救济。"这些都是对利益相关者理论的具体落实与规定。

中的人类生活方式与公司组织形式均发生巨大变化，与工业社会和制造业背景下的公司在性质上有了质的飞跃，这就需要公司治理新的理论解释及其制度安排。再如，随着国际贸易和国际交往的增加，国际公司和控股公司的治理也需要有理论解释上的更新与制度设计上的变革。总之，随着科技进步和公司治理实践的发展，公司治理理论也在逐步发展与完善中，未来还会有层出不穷的适应新业态的公司治理理论诞生、发展和完善。

第三节　公司治理模式及其发展趋势

受历史传统、经济发展理念、法律政策等因素的影响，不同国家与地区出现了不同的公司治理结构、政策与实践，学术界将具有相同结构、风格与要求的公司治理总结为公司治理模式。了解公司治理模式的产生背景、内容及其优缺点，对理解公司治理及其制度的完善路径将有很大的帮助。学术界对公司治理模式总结出多个种类，占主流是内部控制主导型公司治理模式、外部控制主导型公司治理模式和家族控制主导型公司治理模式这三种，但是这三种模式的分类主要考察和分析的是中国境外的成熟证券市场公司治理模式，中国在改革开放以后，尤其是开放证券市场以来，随着《中华人民共和国公司法》(以下简称《公司法》)和《中华人民共和国证券法》(以下简称《证券法》)的制定和不断完善，形成了具有中国特色的复合型公司治理模式，并代表着公司治理改革与发展的趋势。

一、外部控制主导型公司治理模式

外部控制主导型公司治理模式主要以英美国家为代表，所以也被称为公司治理的英美模式。这种公司治理模式的主要特征及主要内容如下。

（一）公司股权分散

外部控制主导型公司治理模式的上市公司股权结构比较分散，单一股东和第一大股东的持股比例均比较低，上市股东的股份主要是由各类吸收公众投资者的共同基金、养老基金、企业年金等机构投资者和个人投资者持有，股权分散成为外部控制主导型公司治理模式的最基础和明显的特征。伯利和米恩斯根据这个特征在1932年出版的《现代企业与私有财产》提出公司治理的代理问题的。这个股权分散的股权结构构成了这种模式的制度基础，也蕴藏着该类公司治理模式下证券市场建构的逻辑、理念和功能：首先，股权分散的公司治理架构安排是在吸取历史上金融危机教训基础上的制度安排。最早在英国等资本主义国家证券交易所挂牌交易股票的上市公司，主要是以东印度公司为代表的股权集中的国有控股公司，在信息披露不真实同时存在资金驱动下的证券交易容易出现官商勾结输送利益、欺诈和投机等行为，导致了历史上著名的南海泡沫和密西西比泡沫事件。作为1720年英国《泡沫法案》之后的一种反思，公司股权分散的制度设计在1890年《谢尔曼反垄断法》之后的美国证券市场得到了贯彻，股权分散成为英美尤其是美国证券市场制度设计的一项基础性内容。其次，股权分散的制度设计是自由市场经济制度的要求，是现代经济学思想交锋的结果。1720年英国《泡沫法案》对传统的股份与证券制度否定的同时，受1776年亚当·斯密（Adam Smith）《国富论》中自由市场、自由贸易和劳动分工等自由市场经济思想的影响，开创完全自由竞争的市场。但是自由竞争必然带来垄断与超利润，1867年《资本论》从劳动价值论入手分析了劳资之间的矛盾与冲突及其导致的社会主义取代资本主义的结果，也引起资本主义国家当权者的警觉，通过股权分散与公众化来化解劳资矛盾与纠纷不失为一种巧妙的顶层制度设计。最后，股权分散的制度安排实现了通过证券市场实施二次分配的效果。普通民众通过购买共同基金、养老保险、企业年金等产品间接而长期地持有上市公司股份，在为企业发展提供中长期资金的同时也让普通民众分享到科技进步和经济发展的收益。除日常工薪收入外，还有投资理财产品的收益，实现了二次分配和“藏富于民”的效果。

(二)禁止银行资金入市，上市公司的负债率较低

经历1929~1933年的经济大危机之后，美国在总结经验教训的基础上于1933年颁布《格拉斯—斯蒂格尔法》，明确禁止商业银行承销或者经营公司债及证券投资业务，也禁止投资银行从事传统的商业银行业务，实行银行业与证券业分业经营、分业监管的政策，而上市公司在权益类市场的融资因不存在还本付息的成本，所以比债务类融资压力更小，加上前述上市公司与银行之间的隔离关系所带来的麻烦，上市公司融资会以股权类融资为主，这就导致了上市公司的资产负债率低，资产结构中股权类资产占比较大的结果。

(三)以委托代理理论为基础，赋予董事会和经理人以严格的信托与信息披露的义务

股权分散背景下的公司治理核心问题是所有权与控制权分离导致的内部人控制问题。为解决该问题，在公司治理机制的安排上，一方面，赋予董事和经理人以较大的信任和授权；另一方面，也让董事和经理人承担信托责任和信息披露义务，在明确董事和经理人忠实与勤勉法律责任的同时，建立完善的职业经理人市场及激励相容机制，[①]更主要的是建立公开透明的信息披露制度，防止董事和经理人利用信息优势而从事逆向选择和机会主义行为。

(四)设置单层董事会结构，在董事会内部分工与制衡

英美国家及受其影响的国家或地区的公司设立的是单层董事会结构，股东会选举产生董事会，在董事会内部设置非执行董事(包括独立

---

① 美国经济学家哈维茨(Hurwiez)在1972年发表的《信息分散系统：决策与组织》(*On Informationally Decentralized Systems, Decision and Organization*)一文中提出“激励相容”理论。该理论认为，如果有一种制度安排正好能使行为人追求个人利益的行为与组织实现集体价值最大化的目标相吻合，即个体价值与集体价值这两个目标函数一致化，这一制度安排就是“激励相容”。激励相容理论是委托代理理论的深化和具体化。

董事)与执行董事,公司没有监事会,由独立董事发挥监督制衡作用。美国是上市公司独立董事制度的发源地。1976年,美国纽约证券交易所要求在该所挂牌上市的上市公司成立一个由独立董事组成的审计委员会,以审查财务报告和监督制衡内部经营管理的违法行为,这是上市公司设置独立董事制度的开始,英国在继承美国上市公司独立董事制度的基础上创造性地发展了"或遵守或解释"的软法规则,完善了上市公司独立董事制度。这与德日内部控制主导型公司治理模式的治理结构与独立董事制度在内涵和运行机制有着本质上的差别。

(五)外部资本市场机制发挥着重要的促进与制衡作用

外部资本市场的治理机制在外部控制主导性公司治理模式中发挥着重要的促进与制衡作用,这包括市场这只"看不见的手"和行政监管这只"看得见的手"的力量。市场制衡的力量,主要表现为公司上市与上市公司再融资的前提条件是公司治理规范;证券市场股票的公开交易能够有效地反映企业的信息,使所有者将经营者的报酬与股票价格挂钩成为可能,而这种方式又将经营者的利益与所有者的利益联系在一起,从而达到改善法人治理的效果;市场化并购与控制权市场为改善法人治理和惩罚不良经营者提供良机,促使经营者改善企业经营,促进企业发展;公司的欺诈、投机、操纵和利益输送将面临着被调查并承担法律责任的风险。行政监管的力量主要是证券法律的执行与监管。美国在总结历次经济危机尤其是大危机教训的基础上制定了证券发行、交易、运行和监管的一系列法律,并依法成立了证监会查处证券违法行为。1933年美国《证券法》是一部以保护投资者尤其是广大中小证券投资者为基本出发点的法律,基本内容有两点:证券投资者有权利获得在市场上公开发售证券的公司的所有财务信息和其他重要信息;禁止证券掮客、证券交易者、证券交易机构等在证券销售中对投资者进行欺诈、提供虚假信息等任何欺骗行为。1934年美国《证券交易法》建立了证券交易委员会及其统一监管下自律管理相结合的监管体制,确立了持续信息披露、内幕交易、保证金管理等制度及其严格的法律责任。美国《证券法》和《证券交易法》建立了美国证券发行、交易和监管制度基础。1940 年美国《投资公司法》和《投资顾问法》又建立了机构投资者设立、运行和监管规则。2002 年美国在安然和世通事件后颁布的《上市公司会计改革与投资者保护法》(以下简称萨班斯法案)在明确上市公司审计与咨询业务分开的同时,赋予了财务造假严格的赔偿和刑事责任。这些证券法律规则在按照证券运行规律建立相应规则,建立市场化、法治化证券市场的同时,规定了更加严格的法律责任,以保护投资者利益。不仅如此,美国国会依据 1934 年《证券交易法》的规定成立了证券交易委员会,将其定位为直属于美国联邦的独立准司法机构,负责美国的证券监督和管理工作,是美国证券行业的最高行政监管机构,由美国证券交易委员会监督一系列证券法规的执行,以维护证券发行者、投资者和交易者的正当权益,防止证券活动中的过度冒险、投机和欺诈活动,维护稳定的证券交易秩序,形成一个明确、灵活、有效的金融体系,这对完善上市公司治理具有促进与监督作用。

外部控制主导型公司治理模式给予董事和经理人充分信任与授权,有利于公司管理人员充分发挥自己才能,实施创新与改革,提升公司的创新能力与竞争力。但是,这种治理模式下"强管理者,弱所有者"的治理结构加剧了代理问题,而解决委托代理问题的股权激励措施让公司管理层利益与公司股票价格挂钩,也容易产生粉饰财报的信息披露,安然与世通的丑闻就是这种公司治理模式运行失败的典型。另外,外部控制主导型公司治理模式下公司因为股权分散而无法聚焦于公司长远发展,公司管理层的利益也主要与短期业绩挂钩,无心关注公司长期发展战略及其投入,所以也容易导致公司短期主义行为。

二、内部控制主导型公司治理模式

内部控制主导型公司治理模式以德国和日本为代表,有着与外部控制主导型公司治理模式不同的特征。

（一）公司股权集中

德国和日本公司各股权结构比较集中，单一股东尤其是第一大股东的持股比例均比较高，但是德国和日本形成这种股权集中的股权结构历史成因是不相同的。德国在第二次世界大战之后的经济恢复中逐渐形成了“全能银行”的融资模式，银行不仅能承销证券，而且被允许投资证券，银行在上市公司融资的过程中成为众多公司的控股股东。同时，德国采用职工持股的方式化解劳资矛盾，职工持股成为普遍现象，所以公司的股东就集中在银行或者职工手中。日本在第二次世界大战之前形成了财阀控股的传统，第二次世界大战中因为财阀扮演了军国主义后援的角色而被美军强行解散，股权被迫卖给银行，形成了财阀系的大银行，虽然势力有所削弱，但是集团公司控股的传统仍然保留着。1952 年，三菱集团旗下的日本阳和房地产公司被恶意收购迫使集团公司内部结构作出调整，三菱集团吸取阳和房地产公司恶意收购的教训，开创了交叉持股的先河，从此以后，交叉持股在日本成为一种防止公司被恶意收购的策略而大行其道，成为日本公司股权集中的普遍形式。此外，日本在 1948 年颁布的《证券交易法》虽然对银行承销证券作了限制，但没有限制银行投资证券，随后实行的“主银行制度”也让银行成为日本上市公司的主要股东。日本的银行持股和交叉持股成为上市公司股权集中的主要表现形式。

（二）公司负债率高

如前文所述，内部控制主导型公司治理模式下的德国和日本企业，全能银行制度和主银行制度让企业的主要融资合作伙伴都集中在银行，银行除了投资上市公司的股份外，更多便捷的融资方式就是给公司发放贷款或者购买其发行的债券，这就让该种公司治理模式下的公司负债率较高，这与英美公司治理模式下有一个强大的证券市场，以权益类融资为主的资本结构形成鲜明对比与特色。

正是因为德日公司实行全能银行或主银行制度，在公司资本结构上呈现出债务高企和负债率高的特点，所以在公司治理结构上，银行为了防范风险，会主导参与公司治理，甚至会以司法相机介入的方式参与治理，也会给内部控制主导型公司治理模式增添新的特点。

（三）双层董事会治理结构下的职工参与和银行治理的特色

与英美公司治理结构采用的单层董事会结构不同，德日公司治理采用执行董事会（董事会）与监督董事会（监事会）的双层董事会结构。但是，德国和日本的双层董事会在产生与责任机制上又有一定的差异：德国采用的是股东会选举产生监事会，监事会再选举产生董事会并保留政策目标制定权的方式监督董事会的运行，董事会向监事会报告工作并接受其监督。日本采用的则是股东会选举产生董事会和监事会，董事会和监事会向股东会负责并报告工作的双层董事会结构，这种结构下的董事会与监事会虽然没有隶属关系，但是监事会的职责是对董事和经理人员履职行为合法合规性实施监督，二者的执行与监督职责倾向比较明晰。德日公司这种治理模式下的监督职能主要由监事会行使，借鉴英美公司治理模式的公司即使在董事会中建立了独立董事制度，独立董事在公司治理中的作用也没有英美公司那样全面和深入。

德日公司治理模式的另外一个特点，是重视职工在公司治理中的参与度。德国受1844年西里西亚纺织工人及其此后的社会主义及工人运动的影响，立法者一直将管理参与作为德国公司法的一项重要制度，强调公司尤其是规模较大公司的职工可以通过一定的形式参与监事会或者董事会等管理机构，参与公司的日常经营管理，并对公司的重大决策享有单独的否决权。日本同样关注职工在公司治理中的参与度，不仅公司的战略和领导人选拔与更换等重大事项需要征求职工的意见，而且日本倡导的终身雇佣制对职工利益及其参与公司治理提供了制度保障。

如前文所述，德日在法律上允许银行投资证券，加上全能银行和主银行制度的实施，一方面，银行是上市公司的股东，会以股东的身份参与公司治理；另一方面，银行作为上市公司的主要融资方和债权人，为维护其自身利益，确保债权本息的兑付，不仅在发放贷款前深入调查上市公司的资产与运行状况,而且也会在贷后管理中持续关注并介入公司治理,成为公司治理的重要主体。

德日公司的银行治理和重视职工在公司治理中的参与度,既是维持公司长期稳定发展的利益平衡上的考量,也是公司社会责任理论的具体体现。

(四)外部证券市场的促进与约束机制有限

内部控制主导型公司治理模式下的公司,因为存在股权集中度高和银行治理的特点,所以证券市场中的控制权约束、信息披露的严格要求、证券监管的压力等因素对上市公司治理均影响不大,公司治理的约束机制主要靠内部治理机制发挥作用。

综上,内部控制主导型公司治理模式下的公司,股权集中和银行治理不仅带来代理成本和融资交易成本不高的好处,而且上市公司的大股东也会关注公司的长期发展利益,加上利益相关者理论的贯彻与实践,债权人和职工的利益在公司治理机制中有明显体现,这些都是公司持续发展避免短期效益的有利因素。但是,因为股权集中、控制权市场不发达、信息披露不充分等因素,导致经理人因缺乏压力而产生腐败、中小股东利益保护不力衍生出的股东会形式化、大股东及其代理人联手实施"隧道挖掘"和操纵市场等不利的结果,尤其是在允许银行投资上市公司股票的背景下,会导致证券市场的失灵和动荡。

三、家族控制主导型公司治理模式

家族控制主导型公司治理模式是某一或者若干家族占有公司主要股份或者掌握公司实际控制权,进而控制公司其他治理机构的公司治理模式。这种公司治理模式以东亚的韩国,东南亚的印度尼西亚、马来西亚、新加坡、泰国等国家的公司为代表,也有其自身的明显特征。

(一)公司股权集中度高,控制权掌握在家族手中

韩国企业主要是在朝鲜战争后接手日本财阀集团企业在政府的支持下通过收购或者改制而发展起来的,东南亚国家或地区的企业很大

一部分是华侨为了改变社会地位和生活状况艰难积累的产业，这些国家或地区的企业家均受儒家文化集体主义观念的影响，形成了家族控制主导型公司治理模式。这种模式下的公司，股东是一个或若干个家族成员组成的企业集团或者是企业集团通过金字塔形不同层级的公司，股权集中度较高，实际控制权掌握在家族手中。

（二）健全的公司治理形式掩盖了家族家长制决策的本质

为满足法律法规和监管政策的要求，家族控制主导型公司治理模式下的公司均设置有股东会、董事会等公司治理机构。但是，在公司日常经营管理中的所有事项都会事无巨细地由家族集团的家长来决定，形成了一个线性管理与汇报的治理结构，股东会、外部董事、监事会等治理主体很容易异化为公司治理的“装饰品”，甚至家族集团的运行风格、效率和路径，都与家族集团家长的素质、性格和经营管理思路息息相关。

（三）所有权与控制权合而为一，公司治理机制变得更加复杂

家族控制主导型公司治理模式下的公司所有人是家族集团，代理人即公司的经营管理者是家族集团成员或者与家族集团成员存在亲缘关系的人士，这些有着亲缘关系的管理者在家族荣光和共享家族财富的约束和激励机制下，从事投机和腐败行为的概率变小。但是，在该模式下的上市公司治理结构中，所有权与控制权合而为一的机制在降低委托代理成本的同时，又增加了控股股东和实际控制人“隧道挖掘”的概率及其监督成本，甚至在家族控制导致公司治理失灵的情况下，这种监督和制约机制也使对“隧道挖掘”的监督与制约变得几乎不可能有效，公司治理变得更加复杂，尤其是在家族集团通过“金字塔”结构间接而隐蔽控制上市公司的情况下，这种监督和制约机制很容易失灵，只有靠强有力的外部监管机制来防范该种风险。

（四）缺乏成熟证券市场所建立的外部约束

家族控制主导型公司治理模式下的公司，因为股权过于集中、公司

治理机制缺失、管理上的任人唯亲导致的管理专业化水平不高、家族继承与传承中的不可预测性等因素导致这些国家或者地区的证券市场在建立与完善上的困难。而缺乏一个成熟的证券市场作支撑,不仅使公司的融资困难,容易陷入因资金不足而发展受限的陷阱,而且也将因此缺乏有效的控制权市场、股票激励、经营状况透明度以及投资者保护等外部激励与约束机制,形成了一个缺乏外部监督与制约机制的公司治理缺陷模式。

四、复合型公司治理模式

1890 年至 1940 年确立的外部控制主导型公司治理模式,为英美现代公司组织、繁荣的证券市场、居民财富随着证券市场的繁荣而增长等经济的发展与繁荣奠定了基础,该种公司治理模式作为引领英美公司快速发展的机制得到国际社会的广泛认可,但是 21 世纪初美国安然和世通公司因为股权激励和管理层为追求短期经济利益而实施的财务造假事件,也让外部控制主导型公司治理模式的内部缺陷暴露无遗,虽然此后颁布的萨班斯法案在上市公司的信息披露、审计和内部控制等方面作了改革,但是这两个著名公司的财务造假事件也打破了外部控制主导型公司治理模式往日的神话与曾有拥有的魅力。

20 世纪 80 年代,德国和日本的企业迅速崛起,带动德国和日本经济成为世界经济发展的重要部分,德国和日本的经济发展与繁荣让内部控制主导型公司治理模式得到世界其他国家和地区的广泛关注,一时成为频频被学习和借鉴的对象。但是 20 世纪 90 年代以后,德日公司出现的控股股东利用其大股东地位实施利益输送、内幕交易、操纵市场等行为侵害公司及中小股东利益的事件,尤其是 1997 年亚洲金融危机中暴露出内部控制主导型公司治理模式下的公司透明度不高、控股股东“隧道挖掘”、董事会缺乏诚信与责任追究机制等缺陷,让内部控制主导型公司治理模式被英美国家的外部控制主导型公司治理模式所超越。

家族控制主导型公司治理模式是特定背景下公司化改革的产物，这些家族集团公司在经济全球化的发展浪潮中积极参与国际分工与合作，所有权与控制权合二为一的线性治理模式能够高效地带动本地经济与社会发展脱颖而出，尤其是20世纪80年代的“亚洲四小龙”成为全球经济发展的一颗璀璨的明珠。但是，短暂繁荣之后的家族控制主导型公司治理模式因其固有的所有权集中、决策机制不科学、公司继承与传承的不可预测性、透明度低和外部融资困难等弊端日渐浮现，需要在公司治理模式上予以改革与创新。

随着市场全球化的发展、不同国家和地区间对公司治理模式的交流与借鉴的深入，加上经济合作与发展组织在统一公司治理规则上的努力，①世界范围内的公司治理正在逐步走向趋同化，出现了相对控股的股权结构、监事会与独立董事并存、利益相关者利益保护、债权融资和证券市场发展并重等更加全面、中性的复合型公司治理模式，这种模式以改革开放后的中国上市公司治理模式为典型代表。这表明，中国上市公司治理在存在形态、规则的趋同性和创造性等方面都引领了公司治理模式的世界潮流，并体现出中国公司治理模式的复合型特色与制度设计上的智慧。

（一）多样化的公司治理模式共存于同一个证券市场

从上市公司治理的具体业态上看，中国证券市场上存在多样化的公司治理模式。随着中国经济体制由计划经济体制向社会主义市场经济体制转变，为国有企业改制而服务的证券市场孕育了占据主体地位的股权高度集中的国有控股上市公司、所有权与控制权高度集中的民

① 1961年成立的经济合作与发展组织（Organization for Economic Co-operation and Development，以下简称经合组织）是由38个市场经济国家组成的政府间国际组织，旨在共同应对全球化带来的经济、社会和政府治理等方面的挑战，并把握全球化带来的机遇。为此，经合组织于1999年发布了《公司治理原则》，为各国政策制定者、投资者、企业和其他利益相关者提供一个公司治理的国际性基准，成为经合组织成员国和非成员国进行公司治理的共同标准。自2002年起，经合组织在充分吸收成员国和非成员国公司治理实践经验的基础上，经充分研究论证，对《公司治理原则》不断优化和完善。

营控股上市公司和股权相对分散而无实际控制人的上市公司,从股权结构这个公司治理基础来看,它们分别对应内部控制主导型、外部控制主导型、家族控制主导型的公司治理模式。多模式公司治理结构汇集于同一证券市场中,使其中的公司治理模式体现出复合型特征。

（二）复合型规则体系

1986年《中华人民共和国民法通则》(以下简称《民法通则》)设定的法人制度,为后来的公司化改革及公司法人制度奠定了基础。1993年《公司法》借鉴内部控制主导型公司治理模式,建立了“三会一层”的公司治理结构,但是这个时候的中国公司制度和证券市场的建立是在几乎一片空白的基础进行的,国际上有关公司制度和证券市场有效的制度和理论均可为我所用,这让我国的公司与证券制度具有了复合型特征。虽然1993年《公司法》按照内部控制主导型公司治理模式建立了“三会一层”的公司治理架构,但是在股权结构和证券市场建设上又采用了外部控制主导型公司模式下的“分业经营、分业监管”的体制,禁止商业银行经营证券业务或者投资证券,并依据《证券法》的规定建立一个交易活跃的证券市场,该市场中的控制权市场、信息披露制度、股权激励机制、投资者保护制度及其证券监管制度,让上市公司的外部治理机制对上市公司治理发挥着监督制约作用,让我国股权集中或者分散的上市公司治理模式具有了复合型特征。民营控股的上市公司治理模式在形式上与家族控制主导型公司治理模式很相似,但是规范的上市公司治理结构的要求和证券市场信息披露、投资者保护监管机制也让民营控股上市公司具有了内外部控制型公司治理的特征。这些制度规则上的统一与融合以及在制度上的借鉴,都让我国的公司治理模式具有了复合型规则体系的特征。

（三）中国在复合型公司治理模式上的创新与特色

中国上市公司治理模式巧妙地结合本土法律制度、历史文化传统、科技发展水平等实际,以及成熟证券市场有关公司治理的科学有效制度,在建立复合型公司治理模式的过程中体现出融合型的创新和智慧,更体现出中国复合型公司治理模式的特色。首先,在公司治理理论上及其实践中,中国公司治理从规定经理人的忠实勤勉义务、建立职业经理人市场及激励约束机制、强化外部证券市场对经理人监督与制约的委托代理理论向重视职工、债权人、供应商、客户和社区等利益相关者理论转变。不仅如此,中国公司治理在利益相关者理论的内容和实现方式上,具体深化了经济、社会和环境(ESG)的内容及其实现方式,尤其是与“碳达峰”“碳中和”“脱贫攻坚”等新发展理念相结合,引领了时代潮流。其次,在具体制度的融合上发挥了制度融合的溢出效应。例如,我国在坚持内部控制主导型公司治理模式下“三会一层”治理结构的同时,在上市公司引入了独立董事制度,让监事会全面的事中与事后监督与独立董事具体的事前监督结合起来,不仅在分工的基础上更好地发挥公司治理机制的监督制衡作用,而且也让董事会的决策更加科学和有效,将风险控制在决策的过程中,这种融合就比单独实施的监事会制度或独立董事制度的实践更加科学和有效。最后,中国的复合型公司治理模式还将社会主义制度与公司治理结构相结合,创造了中国特色的复合型公司治理模式。中国在倡导公司治理最佳实践的同时,将中国共产党的领导、职工董事(监事)、工会组织等社会主义制度与公司治理结合起来,实现了马克思主义理论在上市公司治理理论上的坚持与超越,也充分体现出中国公司治理的社会主义特色。

第二章　我国上市公司治理的演变与改革

第一节　我国公司治理的发展历程

随着经济社会的发展、公司经营模式的演变以及在此期间公司治理实践中经验教训的积累,公司治理的制度、内容和模式也在不断地变革,这几乎成为公司治理的一般规律。中国公司治理结构、体系和内容也是随着科技进步和经济发展而逐步走向成熟和完善。除改革开放过程中日渐兴起的集体企业改制为现代企业制度,以及民营企业一开始就按照公司制的要求建立现代企业制度外,对于占中国国民经济主导和上市公司中流砥柱作用的国有控股上市公司来说,公司制度改革和机制完善从未间断过,大体上经历了谋求独立的市场主体地位、公司制改革和构建中国特色的上市公司治理制度三个时期,即使是乡镇企业改制和民营企业设立股份有限公司,其公司治理、运行和管理也受到宏观经济环境与体制的影响,带有公司治理改革的时代烙印。

一、谋求独立的市场主体地位(1978～1993年)

在改革开放之前,我国国有(营)企业是在计划经济体制下,为了满足国家经济计划的实施而存在的,是国家各级各类行政机构(当时的企业归属于电力部、石油部、交通部、机械工业部、纺织工业部等部委和地方同类行政机构)管理下的一个组成部分而存在和发展的。在该体制之下,国有(营)企业资产归于国家所有,企业无独立的财产权;政府及其所属部门直接干预企业经营管理,企业经营管理者无经营管理权;国家、企业经营管理者之间的职权与责任没有明确划分，经营成果的分配（利益关系）与企业经营绩效没有直接关系；国家对企业债务承担无限责任。这种政企不分的关系和僵化的体制，导致企业追求的不是利润最大化而是完成经济计划的产能和产量；国家、企业经营管理者和职工之间的责权利不清，导致企业经营者和职工缺乏积极性，经营效率不高。导致这些结果的最根本原因是企业缺乏独立的经济主体地位，这与发展社会主义商品经济的目标要求严重不符，公司治理的改革就是在“计划经济为主，市场调节为辅”“社会主义商品经济”“国家调节市场，市场引导企业”等经济理论与政策方针的指导下赋予企业独立的市场主体地位，以满足商品生产与产品交换的需求。虽然原《民法通则》规定了法人制度，但是该制度在实践中的探索和实施也是逐渐进行的。这个时期国有企业的改革先后经历了扩权让利、建立经济责任制（1978～1982 年）和利改税并建立厂长负责制（1982～1992 年）两个阶段，让国有企业从计划指令当中释放出来，开始以市场需求为基础提供产品；让国有企业负责人从行政级别当中释放出来，开始以经济价值衡量贡献；让企业经营管理者和职工的个人利益与企业的经济效益挂钩，调动企业职工的积极性和主动性。以“自主经营、自负盈亏、自我发展、自我约束、自担风险”的“五自”方针为目标，对国有企业进行改革。

1978 年至 1983 年，我国国有企业改革的内容和方式是扩权让利，建立起国有企业经营责任制。扩权主要是扩大企业经营自主权。1979 年 4 月，国家经济贸易委员会依照党的十一届三中全会精神，及时召开扩权试点座谈会，明确提出要扩大国营企业的生产经营权、财权、物资权、外贸权、招工权、奖惩权以及机构设置和干部任免等方面的权力。1979 年 5 月，国家经济贸易委员会、财政部等 6 个部门联合在京、津、沪三市选择了首钢、天津自行车厂、上海柴油机厂等 8 个单位进行扩大企业自主权试点，随后由国务院下发扩大国营企业自主权文件的形式进行扩大企业自主权试点的区域和范围。让利主要是在国家、企业和个人利益的分配上，国家为后两者增加利益分配的比例，并扩大企业的财权,国家为此出具了两个方案。1978 年 11 月,国务院批转财政部《关于国营企业试行企业基金的规定》(已失效),允许完成国家计划的企业提取一定数量的利润作为企业基金,用于举办集体福利事业和奖励职工,把企业经营成果同企业和职工切身利益联系起来,以改变企业办好办坏一个样的现象。1980 年 1 月,国务院批转了国家经济贸易委员会、财政部制定的《关于国营工业企业利润留成试行办法》(已失效),此文件废止了《关于国营企业试行企业基金的规定》的效力,并规定"所有实行独立经济核算的企业,经营有盈利的,可以按国家核定的比例留用一部分利润,用于建立生产发展基金、职工福利基金和职工奖励基金"。并进一步细化了"让利"的具体办法。这种利润留存用于发展企业基金、职工福利基金和职工奖励基金的办法,扩大企业的财权,把国家、企业和个人三者的利益结合起来,在一定程度上有利于进一步调动企业和职工群众的主动性和积极性。

1983 年至 1993 年,我国国有企业改革的主要内容是实施利改税,并形成国有企业厂长负责制。在利改税方面,1983 年 4 月和 1984 年 9 月,国务院分别转发财政部《关于国营企业利改税试行办法》(已失效)和《国营企业第二步利改税试行办法》(已失效),将国有企业缴纳一定比例的税收后的存余利润交给企业支配,将之前的利润上缴改为税收缴纳的形式,扩大企业自主权。在国有企业厂长负责制改革方面,1984 年 10 月,党的十二届三中全会通过的《中共中央关于经济体制改革的决定》明确指出:现代企业分工细密,生产具有高度的连续性,技术要求严格,协作关系复杂,必须建立统一的、强有力的、高效的生产指挥和经营管理系统。只有实行厂长(经理)负责制,才能适应这种要求。1984 年,国务院颁布《关于进一步扩大国营工业企业自主权的暂行规定》(已失效),1986 年国家颁布《全民所有制工业企业厂长工作条例》(已失效)、《中国共产党全民所有制工业企业基层组织工作条例》和《全民所有制工业企业职工代表大会条例》,都明确规定国营企业实行厂长负责制。自此,厂长负责制作为企业领导体制的重大变革在国营企业内部被广泛推广。

无论是扩权让利、利改税等企业财权上的扩大,还是厂长负责制在经营管理自主权上的改革,只是对计划经济体制下"大锅饭"的分配体制作了改革,在一定程度上调动了企业和职工的工作积极性和主动性。在这期间,邯郸钢铁采取的"模拟市场核算,实行成本否决"的改革经验,将成本与效益挂起钩来,将效益与分配挂起钩来,并以成本否决为杠杆,打破传统计划经济体制,成为当时谋求独立市场主体地位的典范,不仅在当时具有开创性价值与意义,而且对现今的国有企业改革仍具有借鉴意义。这时的国有企业还是没有建立起独立市场主体,国有企业需要在产权和机制上实施颠覆性的改革,才能适应社会主义市场经济的发展需要。

二、公司制改革(1993~2013年)

在改革开放之后的中国企业改革中,除占主流地位的国有企业谋求独立市场主体地位外,还有部分集体或者私人企业、部分行业和地区尝试了公司制企业制度,甚至有一部分股份制公司开始尝试公开发行股份并上市,只是这种公司制改革没有占据国民经济的主流,占据国民经济主流地位的国有大中型企业长期仍在"计划经济""有计划的商品经济""社会主义商品经济"等理论与观念的束缚下缓慢改革着。1992年,邓小平南方谈话中作出"计划多一点还是市场多一点,不是社会主义与资本主义的本质区别。计划经济不等于社会主义,资本主义也有计划;市场经济不等于资本主义,社会主义也有市场。计划和市场都是经济手段。社会主义的本质,是解放生产力,发展生产力,消灭剥削,消除两极分化,最终达到共同富裕"①的论断后,1993年11月,党的十四届三中全会通过了《关于建立社会主义市场经济体制若干问题的决议》,

① 邓小平:《在武昌、深圳、珠海、上海等地的谈话要点》,载《邓小平文选》(第3卷),人民出版社1993年版,第373页。

第一次把现代企业制度的基本特征概括为“产权清晰、权责明确、政企分开、管理科学”十六个字，并将建立现代企业制度作为企业改革的重要方向和社会主义市场经济体制的“微观基础”。虽然建立现代企业制度不等于建立公司制度，现代企业制度还包括业主制企业、合伙企业等古典企业制度，但是公司制以其股东权利与公司法人财产权界分清楚、公司与董监高及职工之间权责利明确、政府不直接参与公司管理并不承担公司应承担的经营责任、尊重公司经营者的专业性并建立经营管理者的激励与约束机制等特点与优势，让公司制改革成为国有企业改革的主要目标和路径。

公司制改革包括建立有限责任公司和股份有限公司以及股份公司的股份发行与上市的改革，这都需要有相关法律的引导、推动和保障。1993 年制定的《公司法》借鉴内部控制主导型公司治理模式建立了公司制企业“三会一层”的治理框架，奠定了公司制企业的公司治理结构的基础。1998 年制定的《证券法》在《公司法》的基础上规定了股份制公司的股份发行、上市、交易和上市公司控制权转让、信息披露、监督管理等规则，借鉴外部控制主导型公司治理模式，增加了外部控制主导型公司治理架构的内容。这两部法律的内容虽然尚不够健全，但是这两部法律的制定为公司制改革提供了引导、推动和保障作用，也为完善公司治理结构立法提供了空间。

2001 年中国证监会颁布的《关于在上市公司建立独立董事制度的指导意见》更是在董事会构成与结构上借鉴了外部控制主导型公司治理模式下单层董事会监督与制衡的机制，在上市公司建立独立董事制度，明确了独立董事的任职条件、独立性、选聘与罢免程序、一般职权与特别职权、独立董事履职保障等内容，在发挥独立董事监督制衡作用，抑制因控股股东或者实际控制人的“隧道挖掘”行为损害上市公司和中小股东利益的情况发生，完善了上市公司的监督约束机制。2002 年中国证监会和国家经济贸易委员会颁布的《上市公司治理准则》（已修订）阐明了我国上市公司治理的基本原则、投资者权利保护的实现方式，以及上市公司董事、监事、经理等高级管理人员所应当遵循的基本行为准则，细化了股东与上市公司的关系、“三会一层”治理主体的职责与运行、中小股东权利保护、利益相关者的信息获取权和赔偿权、机构投资者和职工参与公司治理、公司社会责任承担等内容。尤其是《上市公司治理准则》规定了上市公司各专门委员会的职能、组成与功能，充实了上市公司董事会的结构与内容，规范并强化了上市公司董事会秘书这一高级管理人员的职位，将其工作职责定位为负责公司股东大会和董事会会议的筹备、文件保管以及公司股权管理，办理信息披露事务等事宜。《上市公司治理准则》借鉴了经济合作与发展组织于 1999 年颁布的《公司治理原则》的最新成果，让上市公司治理结构和规则内容更加完善。

2003 年，党的十六届三中全会明确提出：“大力发展国有资本、集体资本和非公有资本等参股的混合所有制经济，实现投资主体多元化，使股份制成为公有制的主要实现形式。”推进公有制企业的股份制改革，可以使公有制企业适应市场经济的发展，成为自主经营、自负盈亏的市场主体，也让我国公有制特别是国有企业找到了与市场经济相结合的有效形式和途径，国有企业的股份制改造并上市，为国有企业建立股份制的现代企业制度及其完善的公司治理结构提供了理论基础。从此以后，上市公司治理结构的优化成为我国公司治理理论、制度和机制完善的重点目标与方向。

2005 年《公司法》和《证券法》联动修订。《公司法》在强化“三会一层”的治理结构，完善相应的制度与机制的同时，强化公司章程的自治功能，明确董监高的忠实勤勉义务及其责任，设置公司争议的可诉性机制，引入“公司法人人格否认”理论，增设“上市公司组织机构的特别规定”一节，对上市公司的重大资产重组事项的决议程序和上市公司治理结构上的特殊安排予以明确。《证券法》对上市公司的控制权市场、信息披露、监管机制等外部控制主导型公司治理模式的内容作了进一步补充和完善。2005 年开启的上市公司股权分置改革让上市公司的股权结构和股东权利平等性得到落实。中国证监会根据修订后的《公司法》《证券法》等法律规定又制定或者修改了《上市公司收购管理办法》《上市公司重大资产重组管理办法》《上市公司信息披露管理办法》《上市公司证券发行注册管理办法》等部门规章,证券交易所等自律性组织也据此修订和完善了股票上市规则等自律性规则,进一步充实了上市公司治理的相关规则,基本建立了完善的上市公司治理结构。

三、构建中国特色的上市公司治理制度(2014年至今)

自2013年11月党的十八届三中全会通过《中共中央关于全面深化改革若干重大问题的决定》以来,[①]我国致力于构建中国特色的上市公司治理制度,主要解决三个方面的问题:一是作为社会主义市场经济发展微观基础组织的公司,需要解决好党组织领导作用弱化的问题;二是将成熟的有关上市公司治理的有益实践经验为我国所用的问题,作为一个新兴与转型的证券市场,中国证券市场上存在着国际成熟市场上三种典型公司治理模式的上市公司,通过制度的借鉴与融合来建立复合型上市公司治理模式以此来满足不同类型公司治理结构的设计;三是怎样将上市公司治理理论与中国证券市场建设的实践相结合,富有创新地构建中国上市公司治理制度与机制,发挥我国上市公司治理建设的后发优势,引领时代潮流,以提高中国上市公司发展的实力与竞争力问题。幸运的是,自党的十八届三中全会以来,中国上市公司治理制度与机制建设较好地解决了以上三方面的问题,构建了中国特色的上市公司治理制度。

---

① 2013年11月12日,党的十八届三中全会通过的《中共中央关于全面深化改革若干重大问题的决定》虽然在公司治理方面只是针对国有及国有控股企业职业经理人制度及其激励约束机制提出了改革要求,指出"健全协调运转、有效制衡的公司法人治理结构。建立职业经理人制度,更好发挥企业家作用。深化企业内部管理人员能上能下、员工能进能出、收入能增能减的制度改革。建立长效激励约束机制,强化国有企业经营投资责任追究。探索推进国有企业财务预算等重大信息公开"。但同时又提出了经济、政治、社会、科技、文化、社会事业、社会治理、国防和军队、党的领导等全面的改革方案,开启了全面深化改革的新征程。

在公司治理结构中党的建设问题上,《公司法》只是概括性地规定“在公司中,根据中国共产党章程的规定,设立中国共产党的组织,开展党的活动。公司应当为党组织的活动提供必要条件”,没有具体规定如何将党的领导与公司治理结构更好地融合起来。2015年9月,中共中央办公厅印发《关于在深化国有企业改革中坚持党的领导加强党的建设的若干意见》,要求将加强党的领导和完善公司治理结合起来,明确国有企业党组织在公司治理结构中的法定地位。2016年10月,习近平总书记在全国国有企业党的建设工作会议上的讲话中提出国有企业的两个“一以贯之”,进一步强调坚持党对国有企业的领导:一是坚持党对国有企业的领导是重大的政治原则,必须一以贯之。二是建立现代企业制度是国有企业改革的方向,也必须一以贯之。并以建设中国特色现代国有企业制度的形式将二者作了很好的结合:“中国特色现代国有企业制度,‘特’就特在把党的领导融入公司治理各环节,把企业党组织内嵌到公司治理结构之中,明确和落实党组织在公司法人治理结构中的法定地位,做到组织落实、干部到位、职责明确、监督严格。”①2017年4月,《国务院办公厅关于进一步完善国有企业法人治理结构的指导意见》要求将党建工作总体要求纳入国有企业章程,明确党组织在企业决策、执行、监督各环节的权责和工作方式,使党组织成为企业法人治理结构的有机组成部分,充分发挥党组织的领导核心和政治核心作用。2017年10月修订的《中国共产党章程》确立了党组织在国有企业中“把方向、管大局、保落实”的重要职能。2018年9月,中国证监会发布的《上市公司治理准则》第5条第2款也明确规定:“国有控股上市公司根据《公司法》和有关规定,结合企业股权结构、经营管理等实际,把党建工作有关要求写入公司章程。”从此之后,国有控股上市公司即按照此项要求修改公司章程,将党建工作纳入公司章程中。这个过程中也曾发生过天房发展在公司股东大会审议表决修改公司章程的议案

① 习近平:《坚持党对国有企业的领导不动摇》,载《人民日报》2016年10月12日,第1版。

时，上市公司党委书记、公司董事长因与股东沟通不畅造成该议案未获通过进而受到纪律处分的案例。所以，加强国有控股上市公司的党建工作，并将其纳入上市公司章程的要求，是需要严格履行的具有中国特色的上市公司治理制度。

我国已形成具有中国特色的复合型公司治理模式。《公司法》按照内部控制主导型公司治理模式建立了“三会一层”的上市公司治理架构，建立了协调运作并有效制衡的治理结构。防止并严惩控股股东或者实际控制人的利益输送、内幕交易、操纵市场等“隧道挖掘”行为。[①]以利益相关者理论为基础，加强职工权利保护，设置职工监事和职代会制度，关注债权人、供应商、客户、社区等利益相关者的利益。同时借鉴外部控制主导型公司治理模式所具有的强化投资者权利保护、实行分业经营和监管的政策，防止证券投资风险外溢、改造公司董事会结构并建立独立董事和董事会专门委员会制度、强化上市公司信息披露的法律责任以提高上市公司透明度、优化控制权转让和证券监管等外部制约机制等成熟而有益的经验，构建了中国特色的复合型上市公司治理模式。

在公司治理理论与中国公司治理实践相结合的过程中，我国在上市公司治理制度与机制实践中结合中国的历史文化传统、法律体系、政治结构等上市公司运行环境而实施了一系列创新举措。例如，形式上单一股东持股比例不高和股权分散的股权结构，在中国公司治理相关法律规定的“一致行动人”和“实际控制人”等概念中就反映了中国上市公司股权结构的真实状况；控制权市场在外部控制主导型公司治理模式中起到对经理人的督促与约束作用，但是在中国传统的股权分置和上市公司壳资源稀缺的背景下开创的上市公司股权协议转让和间接收

---

① 《中华人民共和国刑法修正案十一》分别对背信损害上市公司利益、内幕交易、操纵市场等犯罪行为的犯罪构成及法定刑作了规定。2022 年 4 月 29 日，最高人民检察院、公安部联合发布修订后的《最高人民检察院、公安部关于公安机关管辖的刑事案件立案追诉标准的规定(二)》，对包括《中华人民共和国刑法修正案十一》所列前述犯罪案件的立案追诉标准予以完善并进一步明确规定。

购制度,也是对控制权市场治理制度的一项创新;中国证监会在传统的政治框架内只是一个行政管理机构,但是我国《证券法》赋予其查询、冻结等具有调查性质的准司法权,其内部对证券违法犯罪案件的立案、侦查和审查职权更具有司法权的属性,中国证监会与公安机关对证券犯罪侦查的联合办公与案件移送机制更是扩张了中国证监会司法权的功能,这是实践中探索出来的比较高效而务实的整治证券市场进而维护投资者利益的一项公司治理制度创新;公司治理的利益相关者理论只是主张公司治理结构的安排不能仅以股东利益最大化为目标,应该全面考虑股东、债权人、员工、供应商、客户及社会等与公司生存发展紧密相关的利益相关者的利益,但是如何关注与平衡利益相关者的利益?西方公司治理的利益相关者理论没有提出具体方案,内部控制主导型公司治理模式主要关注的是公司职工的利益,但我国在《上市公司治理准则》中要求上市公司"贯彻落实创新、协调、绿色、开放、共享的发展理念,弘扬优秀企业家精神,积极履行社会责任,形成良好公司治理实践"。并以社会责任报告、ESG 报告的信息披露及指数编制为依托,形成中国特色的上市公司治理制度与机制。不仅如此,中国上市公司治理制度与机制还紧紧围绕中国经济社会发展与科学技术进步的程度,在集团公司治理、网络治理、智能工具的运用等方面作了制度与机制上的安排,体现了中国上市公司治理上的智慧与特色。

第二节　我国上市公司治理的规则体系与主要制度

一、我国上市公司治理的规则体系

我国上市公司治理的规则由法律、行政法规、部门规章和自律性规则组成,由上至下形成一个金字塔形的稳定结构。

（一）法律

规制上市公司治理的主要法律是《公司法》和《证券法》,《公司法》不仅建构了上市公司“三会一层”的结构,而且还规定了股东权利及其保护机制、“三会”的职权与运行机制、董监高的资格与忠实勤勉义务等公司治理的核心内容。《证券法》对公司股份的上市与交易、上市公司收购(控制权市场)、信息披露、投资者保护、证券监管制度等上市公司治理机制作了明确规定。除《公司法》和《证券法》这两部上市公司治理的基本法律渊源以外,涉及股东与股东之间、股东与公司之间、董监高履职行为的效力与责任、公司与利益相关者之间的民事纠纷及其解决途径,在《中华人民共和国民法典》(以下简称《民法典》)和《中华人民共和国民事诉讼法》(以下简称《民事诉讼法》)中均有规定。涉及上市公司及其董监高因为公司治理机制不健全或者违反《公司法》和《证券法》的规定而受到行政处罚,以及行政相对人不服该行政处罚决定而提起行政复议或者诉讼时,《中华人民共和国行政处罚法》(以下简称《行政处罚法》)、《中华人民共和国行政复议法》(以下简称《行政复议法》)和《中华人民共和国行政诉讼法》(以下简称《行政诉讼法》)是其主要的法律渊源。《中华人民共和国刑法》(以下简称《刑法》)对上市公司及其相关治理主体实施的背信损害上市公司利益罪,违规披露、不披露重要信息罪,内幕交易罪,操纵证券、期货市场罪的犯罪构成及其法定性也作了明确的规定。从这种意义上讲,《民法典》《民事诉讼法》《行政处罚法》《行政复议法》《行政诉讼法》《刑法》也是上市公司治理的法律渊源,但是这些法律涉及上市公司治理的法律规定比较具体和稀少,上市公司治理的主要法律渊源还是《公司法》和《证券法》。

（二）行政法规

国务院针对证券市场改革与发展作出的决定、通知、意见、办法等,在法律效力上属于行政法规,这些行政法规有不少是针对上市公司治理问题而作出的,例如,2020 年 10 月,国务院发布《关于进一步提高上市公司质量的意见》对上市公司治理结构中存在的问题、解决方案和具体要求均作了安排。2021 年 7 月，中办和国办联合发布的《关于依法从严打击证券违法活动的意见》对严惩证券违法犯罪行为、建立法律责任追究的科学机制、保护投资者利益等上市公司治理制度与机制建设作了整体部署和安排。这些行政法规构成上市公司治理规则体系的重要组成部分。

（三）部门规章

法律和行政法规对上市公司治理的规定往往比较原则和概括，针对上市公司治理的更加具体、针对性的规则体现在中国证监会颁布的部门规章制度中。有关上市公司治理的部门规章主要包括两类：一类是针对上市公司治理的规范性文件，如《上市公司章程指引》《上市公司股东大会规则》《上市公司治理准则》《上市公司独立董事管理办法》等规则；另一类是业务规则对上市公司治理提出的要求，如《上市公司收购管理办法》《上市公司证券发行管理办法》《上市公司信息披露管理办法》等业务规则。

（四）自律性规则

更加基础和具体的有关上市公司治理的规则是以证券交易所为主体的自律性组织颁布的自律性规则。有关上市公司治理的自律性规则，既包括像股票上市规则、自律监管指引这样全面系统地规定上市公司治理、运行与信息披露的规则，也包括《上市公司董事会示范议事规则》、《上市公司监事会示范议事规则》、《上市公司信息披露格式指引》（已失效）等具体、有针对性的自律性规则。不仅如此，作为自律性监管体系的一部分，上市公司治理的自律性监管规则自成体系，从具体行为规范到违反规则后的纪律处分自成一体，既在法律法规规定的原则范围内规制上市公司治理行为，又不是对法律法规规定的重复，而是有更加具体甚至有更多创新性的规则、标准及其实施办法，是市场化、法治化、国际化证券市场建设实践经验的总结。

二、有关上市公司治理的主要制度

《公司法》《证券法》《上市公司治理准则》及上市规则等法律、法规、规章和自律性监管规则从证券市场发展与运行的一般规律出发，在借鉴证券市场改革发展成熟经验的基础上，设计出有关上市公司治理的主要制度，以规范并发展中国证券市场。

（一）上市公司独立性制度

上市公司独立性是上市公司治理的基础，从谋求独立市场主体地位到公司制改革和建立现代公司治理制度的实践探索，公司的独立法人地位均是公司治理最核心的要求。保持上市公司独立性就是要求上市公司与其控股股东、实际控制人及其控制的其他公司等关联方相互独立，上市公司的董事会、监事会及其他内部机构必须独立运作，不得存在影响其经营管理独立性的情况。

《公司法》第 3 条第 1 款规定："公司是企业法人，有独立的法人财产，享有法人财产权。公司以其全部财产对公司的债务承担责任。"不仅如此，《公司法》还规定了股份有限责任公司"三会一层"的治理结构、各治理机构的具体职能和上市公司组织结构中对独立董事、董事会秘书的岗位设置要求。《证券法》第 13 条要求公司公开发行新股，应当符合具备健全且运行良好的组织机构、具有持续经营能力等条件。所以主板、创业板和科创板的《首次公开发行股票并上市管理办法》均据此要求发行人具有完整的业务体系和直接面向市场独立经营的能力，不存在对持续经营有重大不利影响的情形，同时也要求发行人在资产、业务、人员、财务、机构等方面保持独立。与此相对应的主板、创业板、科创板的招股说明书相关规则均提出"发行人应当建立健全内部经营管理机构，独立行使经营管理职权，与控股股东、实际控制人及其控制的其他企业间不得有机构混同的情形"。

2018 年 9 月修订的《上市公司治理准则》第六章第二节专门规定了上市公司的独立性，第 68 条规定，"控股股东、实际控制人与上市公司应当实行人员、资产、财务分开，机构、业务独立，各自独立核算、独立承担责任和风险”。对上市公司独立性提出总体要求。同时，《上市公司治理准则》第69 条至第73 条又对第68 条所规定的人员、资产、财务“三分开”和机构、业务“两独立”的内容作出了明确具体的规定。

除法律法规和规章对上市公司独立性作出规定外，股票上市规则对上市公司独立性也作了明确规定。《上海证券交易所股票上市规则》第4.1.2 条规定：“上市公司董事会、监事会和其他内部机构应当独立运作，独立行使决策权、经营管理权，不得与控股股东、实际控制人及其关联人存在机构混同等影响公司独立经营的情形，保证人员、资产、财务分开，保证机构、业务独立。”《上海证券交易所科创板股票上市规则》和深圳证券交易所相关自律规则也有类似的规定，自律性规则也建立了保持上市独立性的制度。

（二）防范控股股东与实际控制人违规占用资金和违规担保制度

国有控股和民营控股上市公司在我国上市公司结构中占很大比例，他们直接或者间接持有上市公司股份的比重都比较大，股权分散的无实际控制人的上市公司只占上市公司较小的比例，股权集中度高和存在控股股东或者实际控制人是我国上市公司股权结构的重要特征。因为上市公司控股股东或者实际控制人与上市公司和中小股东的利益存在不一致的地方，容易发生控股股东或者实际控制人通过违规占用资金或者对外担保的方式侵占上市公司和中小投资者的利益，这种现象在我国证券市场比较普遍，所以我国《公司法》《证券法》《上市公司治理准则》以及各类自律性规则结合实践中的问题建立了防范控股股东与实际控制人违规占用资金和违规担保的比较系统的规则体系，也建立了相应的防范控股股东与实际控制人违规占用资金和违规担保制度。

《公司法》在确认公司独立法人财产权的基础上，在其第3 条第2 款规定了“公司的合法权益受法律保护，不受侵犯”的原则，并在其第

21条[①]中规定了包括违规占用资金和违规担保在内的“公司股东滥用股东权利给公司或者其他股东造成损失的，应当依法承担赔偿责任”的民事法律原则，为控股股东或者实际控制人违规占用资金和违规担保的资金返还或者民事赔偿奠定了法律基础。《上市公司治理准则》又进一步赋予了控股股东和实际控制人对上市公司及其他股东的诚信义务，[②]进一步在实体权利义务关系上对控股股东或者实际控制人违规占用资金和违规担保的法律后果作了明确的划分。

为了确保控股股东与实际控制人诚信义务的实现，防止其通过违规占用资金和违规担保等方式侵害上市公司及其他股东利益的发生，相关法律法规对其审议程序作了明确规定：《公司法》规定了公司对外投资与担保的严格审议程序，[③]上市公司与其控股股东或者实际控制人之间的投资或者交易事项由公司章程规定由股东大会或者董事会审议，但是公司为其控股股东或者实际控制人提供的担保，必须经股东会或者股东大会决议，关联股东在股东会审议该事项时回避表决。《上市公司独立董事管理办法》将控股股东与实际控制人之间的关联交易规定为独立董事行使监督职权的审议事项之一，[④]进一步加强了审议程序的控制。

---

① 《公司法》第21条规定：“公司股东应当遵守法律、行政法规和公司章程，依法行使股东权利，不得滥用股东权利损害公司或者其他股东的利益。公司股东滥用股东权利给公司或者其他股东造成损失的，应当依法承担赔偿责任。”

② 《上市公司治理准则》第63条规定：“控股股东、实际控制人对上市公司及其他股东负有诚信义务。控股股东对其所控股的上市公司应当依法行使股东权利，履行股东义务。控股股东、实际控制人不得利用其控制权损害上市公司及其他股东的合法权益，不得利用对上市公司的控制地位谋取非法利益。”

③ 《公司法》第15条规定：“公司向其他企业投资或者为他人提供担保，依照公司章程的规定，由董事会或者股东会决议；公司章程对投资或者担保的总额及单项投资或者担保的数额有限额规定的，不得超过规定的限额。公司为公司股东或者实际控制人提供担保的，应经股东会决议。前款规定的股东或者受前款规定的实际控制人支配的股东，不得参加前款规定事项的表决。该项表决由出席会议的其他股东所持表决权的过半数通过。”

④ 《上市公司独立董事管理办法》第17条规定：“独立董事履行下列职责：……（二）对本办法第二十三条、第二十六条、第二十七条和第二十八条所列上市公司与其控股股东、实际控制人、董事、高级管理人员之间的潜在重大利益冲突事项进行监督，促使董事会决策符合上市公司整体利益，保护中小股东合法权益；……”第23条进一步规定：“下列事项应当经上市公司全体独立董事过半数同意后，提交董事会审议：（一）应当披露的关联交易；……”

不仅如此，相关法律法规对上市公司资金占用或者对外担保设置了严格的信息披露要求：首先，《证券法》第80条将上市公司与控股股东与实际控制人之间的资金往来和对外担保事项列为重大事件，上市公司应当将其以临时公告的形式履行信息披露义务，[①]相关信息披露义务人未依法披露该信息的将依据《证券法》第197条的规定承担虚假陈述的行政法律责任，严重的还将承担不披露、违规披露重要信息罪的刑事责任。其次，中国证监会、公安部、国资委和中国银保监会于2022年1月28日联合发布的《上市公司监管指引第8号——上市公司资金往来、对外担保的监管要求》从要求上市公司建立有效的内部控制制度，防范控股股东、实际控制人及其他关联方的资金占用，严格控制对外担保产生的债务风险的角度，就上市公司需要依法履行关联交易和对外担保的审议程序和信息披露义务的内容作出明确规定，尤其是进一步明确了上市公司控股股东或者实际控制人违规占用资金的情形、[②]要求审计机构在上市公司年度报告中就违规资金占用的专项审计与说明、控股股东或者实际控制人应当对上市公司为其担保提供反担保、独立董事应在上市公司年度报告中就上市公司报告期末尚未履行完毕和当期发生的对外担保及其执行情况进行专项说明、各部委加强监管合作，实施信息共享，共同建立监管协作机制，严厉查处违规占用资金和违规担保等违法违规行为等内容，进一步明确了防范和查处上市公司控股

---

① 《证券法》第80条第2款第3项将“公司订立重要合同、提供重大担保或者从事关联交易，可能对公司的资产、负债、权益和经营成果产生重要影响”列为重大事件之一，成为上市公司临时报告披露的内容。

② 《上市公司监管指引第8号——上市公司资金往来、对外担保的监管要求》第5条规定：“上市公司不得以下列方式将资金直接或者间接地提供给控股股东、实际控制人及其他关联方使用：（一）为控股股东、实际控制人及其他关联方垫支工资、福利、保险、广告等费用、承担成本和其他支出；（二）有偿或者无偿地拆借公司的资金（含委托贷款）给控股股东、实际控制人及其他关联方使用，但上市公司参股公司的其他股东同比例提供资金的除外。前述所称‘参股公司’，不包括由控股股东、实际控制人控制的公司；（三）委托控股股东、实际控制人及其他关联方进行投资活动；（四）为控股股东、实际控制人及其他关联方开具没有真实交易背景的商业承兑汇票，以及在没有商品和劳务对价情况下或者明显有悖商业逻辑情况下以采购款、资产转让款、预付款等方式提供资金；（五）代控股股东、实际控制人及其他关联方偿还债务；（六）中国证券监督管理委员会认定的其他方式。”

股东或者实际控制人违规占用资金和违规担保的规则与机制。最后，司法裁判规则对违规担保的效力规则作了有利于保护上市公司利益的修改。2019 年 11 月 8 日最高人民法院发布的《全国法院民商事审判工作会议纪要》明确，债权人根据上市公司公开披露的关于担保事项已经董事会或者股东大会决议通过的信息订立的担保合同，人民法院应当认定有效。关于善意的认定，债权人主张担保合同有效，要求应当证明其在订立担保合同时对董事会决议或者股东（大）会决议进行了审查。这意味着上市公司大股东或董事长等关键少数在未履行董事会或股东（大）会决策程序、未公告的情况下，私自以上市公司名义进行的对外担保将不受法律保护。2020 年 12 月 31 日最高人民法院发布《最高人民法院关于适用〈中华人民共和国民法典〉有关担保制度的解释》第 9 条规定重申该项规则的同时，进一步明确了与上市公司已公开披露的控股子公司订立的担保合同和其他全国性证券交易所挂牌的公司订立的担保协议适用该规则。这些规则将上市公司及其控股子公司对外提供的担保如未履行董事会或者股东（大）会的审议程序并依法履行信息披露义务的，将对上市公司不具有法律效力，对预防上市公司控股股东或者实际控制人以违规担保的形式侵占上市公司利益具有一定的积极作用。

控股股东或者实际控制人违规占用资金或者违规担保的行为在特定的条件下还是一种触犯《刑法》规定的背信损害上市公司利益罪[①]或

---

① 《刑法》第 169 条之一规定了背信损害上市公司利益罪的犯罪构成及其法定刑，该条规定："上市公司的董事、监事、高级管理人员违背对公司的忠实义务，利用职务便利，操纵上市公司从事下列行为之一，致使上市公司利益遭受重大损失的，处三年以下有期徒刑或者拘役，并处或者单处罚金；致使上市公司利益遭受特别重大损失的，处三年以上七年以下有期徒刑，并处罚金：（一）无偿向其他单位或者个人提供资金、商品、服务或者其他资产的；（二）以明显不公平的条件，提供或者接受资金、商品、服务或者其他资产的；（三）向明显不具有清偿能力的单位或者个人提供资金、商品、服务或者其他资产的；（四）为明显不具有清偿能力的单位或者个人提供担保，或者无正当理由为其他单位或者个人提供担保的；（五）无正当理由放弃债权、承担债务的；（六）采用其他方式损害上市公司利益的。上市公司的控股股东或者实际控制人，指使上市公司董事、监事、高级管理人员实施前款行为的，依照前款的规定处罚。犯前款罪的上市公司的控股股东或者实际控制人是单位的，对单位判处罚金，并对其直接负责的主管人员和其他直接责任人员，依照第一款的规定处罚。"

者不披露、违规披露重要信息罪[①]的犯罪行为，这对防范控股股东或者实际控制人违规占用资金和违规担保的违法犯罪行为、保护上市公司及其中小股东的利益以及净化证券市场环境均有一定的作用。

（三）规范关联关系与关联交易的制度

除问题比较突出处罚也比较严厉的控股股东或实际控制人违规占用资金和违规担保事项外，上市公司控股股东、实际控制人及上市公司董事、监事、高级管理人员通过关联交易输送利益从而侵害上市公司和中小投资者利益的现象在证券市场也较为常见，为防止此种不正当的关联交易发生，在上市公司治理机制上需要建立规范关联关系与关联交易的制度。

《公司法》第 22 条规定："公司的控股股东、实际控制人、董事、监事、高级管理人员不得利用其关联关系损害公司利益。违反前款规定，给公司造成损失的，应当承担赔偿责任。"该条规定奠定了上市公司不公正、不公平和不合规关联交易的民事赔偿法律基础。但是，关联交易在本质上是商业交易，由交易双方依据商业规则和惯例予以判断。为了解决公司所有权与控制权分离情况下的关联交易不公平或者不公正的问题，规范上市公司关联交易的制度设计在界定关联交易定义的基础上从关联交易审议决定程序设置和信息披露两个方面来规制上市公司关联交易。

关联关系与关联交易的认定是上市公司关联交易规范的基础。

---

① 《刑法》第 161 条规定了违规披露、不披露重要信息罪的犯罪构成及其法定刑，该条规定："依法负有信息披露义务的公司、企业向股东和社会公众提供虚假的或者隐瞒重要事实的财务会计报告，或者对依法应当披露的其他重要信息不按照规定披露，严重损害股东或者其他人利益，或者有其他严重情节的，对其直接负责的主管人员和其他直接责任人员，处五年以下有期徒刑或者拘役，并处或者单处罚金；情节特别严重的，处五年以上十年以下有期徒刑，并处罚金。前款规定的公司、企业的控股股东、实际控制人实施或者组织、指使实施前款行为的，或者隐瞒相关事项导致前款规定的情形发生的，依照前款的规定处罚。犯前款罪的控股股东、实际控制人是单位的，对单位判处罚金，并对其直接负责的主管人员和其他直接责任人员，依照第一款的规定处罚。"

《公司法》第265条[①]仅仅概括性定义了关联关系，导致实践中对认定标准的不好把握。不过，中国证监会针对中国高科及其相关责任人隐瞒关联关系与关联交易所作的行政处罚决定书(〔2017〕41号)对上市公司关联关系与关联交易如何认定给出了明确的标准。该处罚决定书是依据2007年《上市公司信息披露管理办法》(已于2021年修订)第71条第3项，[②]以及《企业会计准则第36号——关联方披露》第3条[③]、第4

① 《公司法》第265条第4项规定："关联关系，是指公司控股股东、实际控制人、董事、监事、高级管理人员与其直接或者间接控制的企业之间的关系，以及可能导致公司利益转移的其他关系。但是，国家控股的企业之间不仅因为同受国家控股而具有关联关系。"

② 2007年《上市公司信息披露管理办法》第71条第3项规定："上市公司的关联交易，是指上市公司或者其控股子公司与上市公司关联人之间发生的转移资源或者义务的事项。关联人包括关联法人和关联自然人。具有以下情形之一的法人，为上市公司的关联法人：1. 直接或者间接地控制上市公司的法人；2. 由前项所述法人直接或者间接控制的除上市公司及其控股子公司以外的法人；3. 关联自然人直接或者间接控制的、或者担任董事、高级管理人员的，除上市公司及其控股子公司以外的法人；4. 持有上市公司5%以上股份的法人或者一致行动人；5. 在过去12个月内或者根据相关协议安排在未来12个月内，存在上述情形之一的；6. 中国证监会、证券交易所或者上市公司根据实质重于形式的原则认定的其他与上市公司有特殊关系，可能或者已经造成上市公司对其利益倾斜的法人。具有以下情形之一的自然人，为上市公司的关联自然人：1. 直接或者间接持有上市公司5%以上股份的自然人；2. 上市公司董事、监事及高级管理人员；3. 直接或者间接地控制上市公司的法人的董事、监事及高级管理人员；4. 上述第1、2项所述人士的关系密切的家庭成员，包括配偶、父母、年满18周岁的子女及其配偶、兄弟姐妹及其配偶，配偶的父母、兄弟姐妹，子女配偶的父母；5. 在过去12个月内或者根据相关协议安排在未来12个月内，存在上述情形之一的；6. 中国证监会、证券交易所或者上市公司根据实质重于形式的原则认定的其他与上市公司有特殊关系，可能或者已经造成上市公司对其利益倾斜的自然人。"2021年《上市公司信息披露管理办法》修订时将该项变更为第62条第4项，对内容未作改变。

③ 《企业会计准则第36号——关联方披露》第3条规定："一方控制、共同控制另一方或对另一方施加重大影响，以及两方或两方以上同受一方控制、共同控制或重大影响的，构成关联方。控制，是指有权决定一个企业的财务和经营政策，并能据以从该企业的经营活动中获取利益。共同控制，是指按照合同约定对某项经济活动所共有的控制，仅在与该项经济活动相关的重要财务和经营决策需要分享控制权的投资方一致同意时存在。重大影响，是指对一个企业的财务和经营决策有参与决策的权力，但不能够控制或者与其他方一起共同控制这些政策的制定。"

条[①]的规定来认定关联方与关联关系的。从这些具体规定中可以看出，法律规范对关联关系和关联交易采用的是“实质重于形式”的认定标准和原则，“关联交易非关联化”的安排在制度上是没有规避的空间。

在关联交易的审议决定程序上，《公司法》第 139 条设定了上市公司关联交易审议决定的特别程序，[②]虽然我国《公司法》未建立全面的关联股东表决权排除制度，仅在第 15 条第 3 款规定了股东回避表决的一种法定情形：公司为公司股东或实际控制人提供担保的，应当经股东会决议，但该股东或受该实际控制人支配的股东不得参加该担保事项的表决，该项表决由出席会议的其他股东所持表决权的过半数通过。但是《上市公司章程指引》[③]和《上市公司股东大会规则》[④]有针对性地弥补了这一缺陷，建立了全面的上市公司关联股东表决权排除制度。此外，《上市公司独立董事管理办法》将重大关联交易规定为独立董事重点履行的监督职责之一、《公司法》规定的股东派生性诉讼制度，都进一步加强了对上市公司关联交易审议程序的合法性控制。

---

① 《企业会计准则第 36 号——关联方披露》第 4 条规定：“下列各方构成企业的关联方：(一)该企业的母公司。(二)该企业的子公司。(三)与该企业受同一母公司控制的其他企业。(四)对该企业实施共同控制的投资方。(五)对该企业施加重大影响的投资方。(六)该企业的合营企业。(七)该企业的联营企业。(八)该企业的主要投资者个人及与其关系密切的家庭成员。主要投资者个人，是指能够控制、共同控制一个企业或者对一个企业施加重大影响的个人投资者。(九)该企业或者其母公司的关键管理人员及与其关系密切的家庭成员。关键管理人员，是指有权力并负责计划、指挥和控制企业活动的人员。与主要投资者个人或关键管理人员关系密切的家庭成员，是指在处理与企业的交易时可能影响该个人或受该个人影响的家庭成员。(十)该企业主要投资者个人、关键管理人员或与其关系密切的家庭成员控制、共同控制或施加重大影响的其他企业。”

② 《公司法》第 139 条规定：“上市公司董事与董事会会议决议事项所涉及的企业或者个人有关联关系的，该董事应当及时向董事会书面报告。有关联关系的董事不得对该项决议行使表决权，也不得代理其他董事行使表决权。该董事会会议由过半数的无关联关系董事出席即可举行，董事会会议所作决议须经无关联关系董事过半数通过。出席董事会会议的无关联关系董事人数不足三人的，应当将该事项提交上市公司股东大会审议。”

③ 2023 年修订的《上市公司章程指引》第 80 条规定：“股东大会审议有关关联交易事项时，关联股东不应当参与投票表决，其所代表的有表决权的股份数不计入有效表决总数；股东大会决议的公告应当充分披露非关联股东的表决情况。”

④ 2022 年修订的《上市公司股东大会规则》第 31 条第 1 款规定：“股东与股东大会拟审议事项有关联关系时，应当回避表决，其所持有表决权的股份不计入出席股东大会有表决权的股份总数。”

关于对上市公司关联关系与关联交易的信息披露,《企业会计准则第36号——关联方披露》第2条[①]要求企业在财务报表编制内容上披露所有关联方关系及其交易。《证券法》第80条[②]将上市公司从事关联交易列为重大事件,上市公司必须履行临时报告并公告的义务。《上市公司信息披露管理办法》第41条[③]和第54条[④]分别对上市公司关联交易的披露及其法律责任作了明确规定。证券交易所的《股票上市规则》和《规范运作指引》均在"应当披露的交易"中以"关联交易"一节的形式将上市公司关联交易的审议批准和信息披露程序及其要求作了明确规定,建立了上市公司关联交易完整的自律性规则与制度。

(四)"三会"规范运作制度

《公司法》不仅规定了有限责任公司和股份有限公司股东会、董事会、监事会(以下合称"三会")的组成、职权和议事规则,而且还在"上市公司组织结构的特别规定"一节中就独立董事制度建立、董事会秘书的岗位职责、上市公司重大资产重组和关联交易的审议与表决程序等作出专门规定。《上市公司章程指引》《上市公司治理准则》《上市公司股东大会规则》等部门规章分别就"三会"的组成、职权、会议的召集、召开、议案、议事规则作了详细规定。证券交易所发布的《股票上市规则》、《上海证券交易所上市公司自律监管指引第1号——规范运作》、《深圳证券交易所上市公司自律监管指引第1号——主板上市公司规范运作》和《深圳证券交易所上市公司自律监管指引第2号——创业板

---

① 《企业会计准则第36号——关联方披露》第2条规定:"企业财务报表中应当披露所有关联方关系及其交易的相关信息。对外提供合并财务报表的,对于已经包括在合并范围内各企业之间的交易不予披露,但应当披露与合并范围外各关联方的关系及其交易。"

② 《证券法》第80条第2款第3项将"公司订立重要合同、提供重大担保或者从事关联交易,可能对公司的资产、负债、权益和经营成果产生重要影响"列为重大事件之一。

③ 《上市公司信息披露管理办法》第41条规定:"……上市公司应当履行关联交易的审议程序,并严格执行关联交易回避表决制度。交易各方不得通过隐瞒关联关系或者采取其他手段,规避上市公司的关联交易审议程序和信息披露义务。"

④ 《上市公司信息披露管理办法》第54条第2款规定:"上市公司通过隐瞒关联关系或者采取其他手段,规避信息披露、报告义务的,由中国证监会按照《证券法》第一百九十七条处罚。"

上市公司规范运作》不仅更加具体地规定了上市公司"三会"的组成、职权和运作规则,而且增加了上市公司董事会秘书、独立董事、董事会专门委员会的职权与运行规则以及控股股东与实际控制人的行为规范,建立了以自律性规范为主的上市公司"三会"规范运作制度。

(五)信息披露制度

信息披露是证券市场有效运转的基石。《证券法》以"信息披露"专章的形式规定了证券信息披露的基本原则、定期报告的披露与审议要求、临时报告的情形、虚假陈述的民事赔偿及其归责原则、信息披露的行政监管与自律性监管等内容,并在法律责任中就虚假陈述的行政法律责任作了规定。《刑法》第 161 条规定了违规披露、不披露重要信息罪的犯罪构成与法定刑。《最高人民检察院、公安部关于公安机关管辖的刑事案件立案追诉标准的规定(二)》第 6 条[①]对违规披露、不披露重要信息罪的立案追诉标准作了明确规定。《证券法》和《刑法》奠定了上市公司信息披露及其民事、行政和刑事法律责任的完整体系,建立了上市公司信息披露制度的基础法律框架。

为了落实上市公司信息披露法律规范的具体规定,规范上市公司信息披露行为,中国证监会颁布的《上市公司治理准则》《上市公司信息披露管理办法》《公开发行证券的公司信息披露内容与格式准则》等部

① 《最高人民检察院、公安部关于公安机关管辖的刑事案件立案追诉标准的规定(二)》第 6 条规定:"依法负有信息披露义务的公司、企业向股东和社会公众提供虚假的或者隐瞒重要事实的财务会计报告,或者对依法应当披露的其他重要信息不按照规定披露,涉嫌下列情形之一的,应予立案追诉:(一)造成股东、债权人或者其他人直接经济损失数额累计在一百万元以上的;(二)虚增或者虚减资产达到当期披露的资产总额百分之三十以上的;(三)虚增或者虚减营业收入达到当期披露的营业收入总额百分之三十以上的;(四)虚增或者虚减利润达到当期披露的利润总额百分之三十以上的;(五)未按照规定披露的重大诉讼、仲裁、担保、关联交易或者其他重大事项所涉及的数额或者连续十二个月的累计数额达到最近一期披露的净资产百分之五十以上的;(六)致使不符合发行条件的公司、企业骗取发行核准或者注册并且上市交易的;(七)致使公司、企业发行的股票或者公司、企业债券、存托凭证或者国务院依法认定的其他证券被终止上市交易的;(八)在公司财务会计报告中将亏损披露为盈利,或者将盈利披露为亏损的;(九)多次提供虚假的或者隐瞒重要事实的财务会计报告,或者多次对依法应当披露的其他重要信息不按照规定披露的;(十)其他严重损害股东、债权人或者其他人利益,或者有其他严重情节的情形。"

门规章进一步明确了上市公司信息披露的总体要求、定期报告和临时报告等内容与形式、信息披露管理制度建设、信息披露责任主体的职责与责任、对信息披露的监督与管理等规则,建立了上市公司信息披露监督管理的规则与机制。

更加全面、具体和系统的上市公司信息披露规则是证券交易所颁布的《股票上市规则》、《上海证券交易所上市公司自律监管指引第1号——规范运作》、《深圳证券交易所上市公司自律监管指引第1号——主板上市公司规范运作》和《深圳证券交易所上市公司自律监管指引第2号——创业板上市公司规范运作》等自律性规则,自律性规则根据法律法规和部门规章以及规范性文件的规定,就上市公司信息披露的基本原则与一般规定、定期报告、半年度报告和季度报告、业绩预告和业绩快报、应当披露的交易(重大交易、日常交易和关联交易)和其他重大事项以及信息披露违规处理等内容,建立了更加具体并自成一体的自律性规则体系。

这样,从法律法规、部门规章和规范性文件到自律性监管规则,从原则性规定到具体的业务规则,我国建立了全面、系统的上市公司信息披露制度。

(六)投资者保护制度

在股东会中心主义的制度设计下,投资者保护的水平和程度,不仅检验着这种公司治理制度设计与公司价值目标相符合的程度,而且也决定着这个制度设计下的证券市场发展与繁荣的程度。

《公司法》对股东权利的规定和股东派生性诉讼、累积投票制、上市公司独立董事制度等制度设计都在一定程度上保护了投资者的利益。《证券法》在征集投票权、先行赔付和证券纠纷特别代表人诉讼等制度设计及其具体规定中无不体现出立法者在保护投资者利益上的智慧。《刑法》中将内幕交易、操纵市场、虚假陈述、背信损害上市公司利益的行为入刑的根本目的也是保护投资者尤其是上市公司中小投资者的利益。

《上市公司治理准则》中“上市公司章程、股东大会决议或者董事会决议等应当依法合规，不得剥夺或者限制股东的法定权利”“在上市公司治理中，应当依法保障股东权利，注重保护中小股东合法权益”“上市公司应当建立与股东畅通有效的沟通渠道，保障股东对公司重大事项的知情、参与决策和监督等权利”“上市公司应当积极回报股东，在公司章程中明确利润分配办法尤其是现金分红政策。上市公司应当披露现金分红政策制定及执行情况，具备条件而不进行现金分红的，应当充分披露原因”“股东有权依照法律、行政法规的规定，通过民事诉讼或者其他法律手段维护其合法权利”等规定，从实体权利和程序性规定，建立了上市公司投资者保护的基本框架与机制。2022 年 4 月 11 日，中国证监会发布的《上市公司投资者关系管理工作指引》则从原则与要求、内容与方式、组织与实施等方面建立了上市公司投资者关系管理制度，加强了上市公司投资者利益保护。

证券交易所发布的《股票上市规则》《上海证券交易所上市公司自律监管指引第 1 号——规范运作》《深圳证券交易所上市公司自律监管指引第 1 号——主板上市公司规范运作》《深圳证券交易所上市公司自律监管指引第 2 号——创业板上市公司规范运作》，则从公司治理、信息披露和投资者关系管理等方面建立了系统而全面的投资者利益保护的自律性规则体系。

（七）内部控制制度

1985 年，美国创建了反舞弊财务报告委员会（通常称 Treadway 委员会），旨在探讨财务报告中的舞弊产生的原因，并寻找解决之道。1987 年，Treadway 委员会提出了著名的反舞弊四层次机制理论，该理论建议任何组织实体可以通过下列四道防线来防止会计舞弊的发生：高层的管理理念；业务经营过程的内部控制；内部审计；外部独立审计。根据该研究成果，该委员会同时建议并赞助成立了 COSO（Committee of Sponsoring Organization），专门研究内部控制问题。1992 年 9 月，COSO 发布《内部控制整合框架》（以下简称 COSO 内部控制报告），该报告认为内部控制系统是由控制环境、风险评估、控制活动、信息与沟通、监督五要素组成，贯穿于公司经营发展的全过程，依靠公司董事会、管理层和所有人员参与并实施的系统，以实现公司经营的效率和效果、财务报告的可靠性和法律法规的遵循性目标。1992 年美国发布的 COSO 内部控制报告迅速在全球获得广泛的认可和应用，2002 年美国颁布的萨班斯法案第 404 条规定要求，上市公司管理层必须每年对公司财务报告有关的内部控制有效性出具书面意见，而出具该书面意见必须根据相关内部控制的测试结果得出，COSO 内部控制报告提供的内部控制体系为上市公司管理层进行内部控制有效性测试提供了标准和工具，也让 COSO 内部控制报告的适用性与影响力大为提高。但是，COSO 内部控制报告发布后也受到理论界和实务界的一些批评，指责其内部控制系统建设的高额成本与集中于财务报告有关内部控制目标的不匹配性，建议将内部控制整合框架的建立与企业风险管理相结合。2002 年颁布的萨班斯法案在要求上市公司加强内部控制体系建设的同时在本质上也对上市公司提出了风险导向的经营管理理念的要求，这在客观上也推动了内部控制整体框架的进一步发展与完善。与此同时，COSO 也意识到内部控制报告过分注重财务报告的内部控制，没有从公司全局与战略的高度来关注企业风险的缺陷。2004 年 9 月，COSO 公布了在内部控制基础上更加全面和完善的《风险管理整合框架》（以下简称 COSO 风险管理报告），该报告将风险管理定义为“企业的风险管理是一个过程，受企业董事会、管理层和职工的影响，包括内部控制及其战略在公司的运用，旨在为实现经营的效率和效果、财务报告的可靠性和法律法规的遵循性提供合理的保证”。COSO 风险管理报告将报告适用情景扩大到董事会制定发展战略和实施风险管理提供全面实施的系统和工具外，也对风险管理的要素和流程作了完善，在内部控制五要素的基础上增加了目标设定、风险应对和监控三个要求，并在流程上实施了闭环式的优化。COSO 风险管理报告让美国上市公司治理由内部控制走向了全面风险管理的发展阶段。

2006 年 7 月至 9 月，我国沪深证券交易所发布《上市公司内部控制指引》，对上市公司建立健全和有效实施内部控制制度提供原则性指导，明确公司董事会对公司内控制度所负有的责任，并要求上市公司从 2006 年年度报告起披露内部控制自我评估报告和会计师事务所对自我评估报告的核实评价意见。

2008 年 5 月 22 日，财政部、证监会、审计署、银监会、保监会（以下简称“五部委”）联合印发《企业内部控制基本规范》，要求自 2009 年 7 月 1 日实施《企业内部控制基本规范》。2010 年“五部委”又联合发布《企业内部控制应用指引》《企业内部控制审计指引》《企业内部控制评价指引》，以推动《企业内部控制基本规范》的落地实施。2012 年 8 月 14 日，财政部、证监会联合发布《关于 2012 年主板上市公司分类分批实施企业内部控制规范体系的通知》，要求主板上市公司分类分批在年度定期报告的同时披露内部控制自我评价报告和注册会计师出具的内部控制审计报告。证券交易所在自律性规范中要求上市公司董事会、监事会审议内部控制评价报告，独立董事对内部控制评价报告发表意见；如会计师事务所对上市公司内部控制有效性出具非标准审计报告，或者指出公司非财务报告内部控制存在重大缺陷的，公司董事会、监事会应当针对所涉及事项作出专项说明。专项说明至少应当包括所涉及事项的基本情况，董事会、监事会对该事项的意见，以及消除该事项及其影响的具体措施。这样，我国就在部分上市公司建立了以内部控制评价报告和审计报告信息披露为主要内容的内部控制制度。2023 年 12 月 8 日，财政部、中国证监会联合颁布《关于强化上市公司及拟上市企业内部控制建设推进内部控制评价和审计的通知》，对上市公司、拟上市企业的内部控制体系建设与评价提出新的、更严格的要求，明确要求上市公司和拟上市公司根据企业内部控制规范体系的要求建立内部控制体系，在披露公司年度报告的同时，披露经董事会批准的公司内部控制评价报告以及会计师事务所出具的财务报告内部控制审计报告。自此，我国要求全市场的上市公司建立并完善以内部控制建设、评价和审计报告为主要内容的内部控制制度。

第三节　我国上市公司治理结构及机制中的问题及其完善

一、我国上市公司治理结构与机制中存在的深层次问题

新中国成立后,尤其是改革开放以来,我国在社会主义市场经济的发展道路上,初步建立了现代企业制度,并结合我国社会主义市场经济发展的实践和时代特征建立了复合型公司治理模式,也为世界公司治理模式贡献了中国智慧与中国特色。但是,我国上市公司治理结构与机制仍然存在着一些亟须完善的问题。

(一)股权结构的多元化现实增强了公司治理机制与制度设计上的复杂性

上市公司股权结构的实际状况是设计科学合理的治理结构与机制的前提和基础。我国上市公司股权结构首先呈现出多元化的状况,既有少部分的股权分散、第一大股东及其一致行动人持股比例不超过30%或者无实际控制人的上市公司,也有股权相对集中、第一大股东及其一致行动人持股比例在30%～50%的控股股东控制力较强的上市公司,还有少部分第一大股东及其一致行动人持股比例超过51%的绝对控股的上市公司。这三种类型股权结构的上市公司共存一个证券市场,但是各种类型股权结构的上市治理机制与制度设计的价值与目标追求是有根本区别的。股权分散的上市公司在机制上避免了控股股东或者实际控制人对上市公司经营与管理的干涉,公司治理制度设计是要防止内部人控制,加大上市公司董事、监事和高级管理人员的诚信与忠实勤勉义务及其责任;股权相对集中的上市公司治理结构设计中既要防范大股东的违规资金占用和违规担保等侵占上市公司利益的"隧道挖掘"行为,也要防止内部人控制,要维护上市公司尤其是中小投资

者的利益;绝对控股的上市公司中控股股东与上市公司管理层高度混同,公司治理机制设计要以防止大股东与上市公司机构混同或者过度干预为主,以维持上市公司的独立运行与整体利益。即使是股权集中的上市公司,控股股东或者实际控制人在所有权性质上的不同,上市公司治理与运行的规则和要求差异较大,公司治理中各治理主体的职业风险也各不相同。在多元化的股权结构共存于同一个证券市场的背景下,上市公司治理的机制与制度设计或者以一种股权结构为基础价值追求而进行,而对其他股权结构的上市公司治理结构的安排失去效力,或者仅将公司治理的基础理论共性问题作出规定,从而让上市公司治理机制与制度安排整体失去针对性,导致同一个证券市场中的上市公司治理因为价值追求和制度建构缺乏科学与针对性而出现整体失效的情况。虽然2019年修订的《证券法》和2023年修订的《公司法》等法律法规对上市公司控股股东和实际控制人法律责任的规定有所调整,①但这改变不了整体上中国证券市场有关上市公司治理机制与制度设计是以股权分散的股权结构为假设前提的事实,该治理机制与制度设计强调上市公司董事、监事和高级管理人员的忠实与勤勉义务,这与股权集

---

①　2019年修订的《证券法》第85条一改之前《证券法》对控股股东和实际控制人对上市公司虚假陈述民事赔偿的过错责任,规定为过错推定责任,它规定:"信息披露义务人未按照规定披露信息,或者公告的证券发行文件、定期报告、临时报告及其他信息披露资料存在虚假记载、误导性陈述或者重大遗漏,致使投资者在证券交易中遭受损失的,信息披露义务人应当承担赔偿责任;发行人的控股股东、实际控制人、董事、监事、高级管理人员和其他直接责任人员以及保荐人、承销的证券公司及其直接责任人员,应当与发行人承担连带赔偿责任,但是能够证明自己没有过错的除外。"2023年修订的《公司法》针对控股股东与实际控制人通过上市公司董监高干预上市公司运行而规避责任的现状,设置了实质董事与影子董事制度,其中第180条对实质董事的规定为:"董事、监事、高级管理人员对公司负有忠实义务,应当采取措施避免自身利益与公司利益冲突,不得利用职权牟取不正当利益。董事、监事、高级管理人员对公司负有勤勉义务,执行职务应当为公司的最大利益尽到管理者通常应有的合理注意。公司的控股股东、实际控制人不担任公司董事但实际执行公司事务的,适用前两款规定。"第192条规定了影子董事制度:"公司的控股股东、实际控制人指示董事、高级管理人员从事损害公司或者股东利益的行为的,与该董事、高级管理人员承担连带责任。"《中华人民共和国刑法修正案十一》将控股股东和实际控制人纳入《刑法》第161条规定的违规披露、不披露上市公司重要信息罪的犯罪主体。上述法律修改实质上弥补了基于股权分散的上市公司治理机制与制度设计与上市公司股权集中实际冲突所带来的缺憾。

中类上市公司治理结构制度设计重点在于防范控股股东和实际控制人的“隧道挖掘”的目标有着重大差异。我国上市公司治理与运行实践中控股股东或者实际控制人通过违规占用资金和违规担保等形式侵害上市公司利益的情况、内部人控制上市公司仅追求短期利益甚至而实施虚假信息披露、控股股东与实际控制人干预上市公司经营与发展、上市公司治理机制失效,缺乏独立性等现象共存就是上市公司治理机制与制度建构上价值追求不明确这种深层次问题的反映。

(二)上市公司“三会一层”治理结构在实践中的不均衡

《公司法》在上市公司治理结构中设置的“三会一层”治理结构构建了决策、执行和监督三权分立又制衡的机制。但是在上市公司的运行实践中却是失衡的异化状况。虽然股东会是上市公司的权力机构,公司的重大事项均由股东大会以参与表决的有效表决票的多数或者特别多数审议通过才能决定,但是股东大会只是一个非常设的议事机构,即使法律法规怎样通过股东临时提案权、临时股东大会召集权、征集投票权和累积投票制等优化制度设计,也难以改变股东对公司经营管理与运行状况难以全面了解并对公司董事会、监事会和管理层实施有效监督与制衡的状况。虽然现行《公司法》第 78 条规定了上市公司监事会享有广泛职权,[①]但在实践中的公司监事会组成人员中除了不低于 1/3 的职工监事以外,其余均是股东委派监事(金融机构等个别行业有部分外部的独立监事),一方面,是兼职人员为主,无充足的时间和精力履行监事会的监督职责;另一方面,这些公司监事又主要是公司职工,或者是与公司董事和高级管理人员存在千丝万缕的利益关系,让其监督公

① 《公司法》第 78 条规定:“监事会行使下列职权:(一)检查公司财务;(二)对董事、高级管理人员执行职务的行为进行监督,对违反法律、行政法规、公司章程或者股东会决议的董事、高级管理人员提出解任的建议;(三)当董事、高级管理人员的行为损害公司的利益时,要求董事、高级管理人员予以纠正;(四)提议召开临时股东会会议,在董事会不履行本法规定的召集和主持股东会会议职责时召集和主持股东会会议;(五)向股东会会议提出提案;(六)依照本法第一百八十九条的规定,对董事、高级管理人员提起诉讼;(七)公司章程规定的其他职权。”

司及其董事和高级管理人员的履职行为往往流于形式。加之公司法定代表人制度的建立、董事会中心主义的倡导与转变等因素影响,上市公司董事会及其管理层在地位与权力方面远远超过监事会。上市公司“三会一层”的治理架构与分权制衡的机制在实践中从本质上失去了平衡,董事会及其聘任的管理层把持着公司的经营与运行,股东会和监事会成为形式上的决策和监督机构,科学有效的分权与制衡机制异化为实践中在本质上失衡的机制。

(三)上市公司董监高勤勉义务的泛化、虚化和片面化导致的治理失效

《公司法》对董监高的忠实义务强调有余而对勤勉义务的规定不足,存在着标准模糊的问题。①《上市公司治理准则》也仅在该法律框架内作了“董事应当遵守法律法规及公司章程有关规定忠实、勤勉、谨慎履职,并履行其作出的承诺”“监事会的人员和结构应当确保监事会能够独立有效地履行职责。监事应当具有相应的专业知识或者工作经验,具备有效履职能力。上市公司董事、高级管理人员不得兼任监事”“高级管理人员应当遵守法律法规和公司章程,忠实、勤勉、谨慎地履行

① 《公司法》第180条第1款和第2款分别对董监高的忠实与勤勉义务作了原则性规定:“董事、监事、高级管理人员对公司负有忠实义务,应当采取措施避免自身利益与公司利益冲突,不得利用职权牟取不正当利益。董事、监事、高级管理人员对公司负有勤勉义务,执行职务应当为公司的最大利益尽到管理者通常应有的合理注意。”《公司法》第188条和第191条分别对董监高职务行为给公司造成损失和董事高管职务行为给他人造成损害的责任追偿作了规定,它们分别规定为:“董事、监事、高级管理人员执行职务违反法律、行政法规或者公司章程的规定,给公司造成损失的,应当承担赔偿责任。”“董事、高级管理人员执行职务,给他人造成损害的,公司应当承担赔偿责任;董事、高级管理人员存在故意或者重大过失的,也应当承担赔偿责任。”此外,《公司法》第189条对公司董事、监事和高级管理人员违反《公司法》第188条的规定而予以追责的程序作了规定。但是,《公司法》缺乏勤勉尽责及其免责标准和董事、高级管理人员职务行为给他人造成损害在公司赔偿之后追偿程序的规定,这就让勤勉义务的内容与标准变得较为模糊了。

职责”等规定。《上市公司章程指引》[1]和证券交易所《股票上市规则》[2]等规章和自律性规则虽然在法律法规规定的公司董监高勤勉义务的基

---

① 《上市公司章程指引》(2023年修订)第98条规定:“董事应当遵守法律、行政法规和本章程,对公司负有下列勤勉义务:(一)应谨慎、认真、勤勉地行使公司赋予的权利,以保证公司的商业行为符合国家法律、行政法规以及国家各项经济政策的要求,商业活动不超过营业执照规定的业务范围;(二)应公平对待所有股东;(三)及时了解公司业务经营管理状况;(四)应当对公司定期报告签署书面确认意见。保证公司所披露的信息真实、准确、完整;(五)应当如实向监事会提供有关情况和资料,不得妨碍监事会或者监事行使职权;(六)法律、行政法规、部门规章及本章程规定的其他勤勉义务。”第103条进一步规定:“董事执行公司职务时违反法律、行政法规、部门规章或本章程的规定,给公司造成损失的,应当承担赔偿责任。”这些是对上市公司董事勤勉义务及其责任的规定。

② 如《上海证券交易所股票上市规则》(2024年修订)第4.3.1条规定:“上市公司董事、监事和高级管理人员应当遵守并保证公司遵守法律法规、本所相关规定和公司章程,忠实、勤勉履职,严格履行其作出的各项声明和承诺,切实履行报告和信息披露义务,维护上市公司和全体股东利益,并积极配合本所的日常监管。”第4.3.5条又进一步规定了上市公司董监高的忠实与勤勉义务:“上市公司董事应当积极作为,对公司负有忠实义务和勤勉义务。公司董事应当履行以下忠实义务和勤勉义务:(一)公平对待所有股东;(二)保护公司资产的安全、完整,不得利用职务之便为公司实际控制人、股东、员工、本人或者其他第三方的利益而损害公司利益;(三)未经股东大会同意,不得为本人及其关系密切的家庭成员谋取属于公司的商业机会,不得自营、委托他人经营公司同类业务;(四)保守商业秘密,不得泄露公司尚未披露的重大信息,不得利用内幕信息获取不当利益,离职后应当履行与公司约定的竞业禁止义务;(五)保证有足够的时间和精力参与公司事务,原则上应当亲自出席董事会,因故不能亲自出席董事会的,应当审慎地选择受托人,授权事项和决策意向应当具体明确,不得全权委托;(六)审慎判断公司董事会审议事项可能产生的风险和收益,对所议事项表达明确意见;在公司董事会投反对票或者弃权票的,应当明确披露投票意向的原因、依据、改进建议或者措施;(七)认真阅读公司的各项经营、财务报告和媒体报道,及时了解并持续关注公司业务经营管理状况和公司已发生或者可能发生的重大事项及其影响,及时向董事会报告公司经营活动中存在的问题,不得以不直接从事经营管理或者不知悉、不熟悉为由推卸责任;(八)关注公司是否存在被关联人或者潜在关联人占用资金等侵占公司利益的问题,如发现异常情况,及时向董事会报告并采取相应措施;(九)认真阅读公司财务会计报告,关注财务会计报告是否存在重大编制错误或者遗漏,主要会计数据和财务指标是否发生大幅波动及波动原因的解释是否合理;对财务会计报告有疑问的,应当主动调查或者要求董事会补充提供所需的资料或者信息;(十)积极推动公司规范运行,督促公司依法依规履行信息披露义务,及时纠正和报告公司的违规行为,支持公司履行社会责任;(十一)法律法规、本所相关规定和公司章程规定的其他忠实义务和勤勉义务。公司监事和高级管理人员应当参照前款规定履行职责。”第4.3.9条规定了监事的职责:“上市公司监事应当对公司董事、高级管理人员遵守法律法规、本所相关规定和公司章程以及执行公司职务、股东大会决议等行为进行监督。董事、高级管理人员应当如实向监事提供有关情况和资料,不得妨碍监事行使职权。监事在履行监督职责过程中,对违反前款相关规定或者决议的董事、高级管理人员,可以提出罢免建议。监事发现公司董事、高级管理人员违反本条第一款相关规定或者决议,或者存在其他损害公司利益行为的,已经或者可能给公司造成重大损失的,应当及时向董事会、监事会报告,要求相关方予以纠正,并向本所报告。”

础上对上市公司董监高的勤勉义务有进一步明确、细化和延伸，这是上市公司治理失效后实践经验与教训的反思与总结。但是，总体上看，上市公司治理与运行的相关法律、法规和规范性文件对上市公司董监高的勤勉义务的内容与标准的规定不够明确，加之对履行勤勉义务的免责标准和违反勤勉义务的责任承担标准及其追究机制的缺乏，就导致了上市公司董监高勤勉义务被虚化和以道德与政治标准替代化勤勉尽责标准而形成的泛化与片面化的结果。这是上市公司治理机制失效或者效率低下的主要原因。

（四）科学有效的激励与约束机制不够完善，这在一定程度上抑制了上市公司经营发展中的创新和效率

我国资本市场及其中的上市公司治理机制是在计划经济体制向市场经济体制转变的背景下，随着工业化的发展而设计并逐步完善起来的。在改革开放初期，公司发展中的资金、土地、技术、设备和人才等战略要素中资金成为最稀缺也是最有价值的要素，所以在公司治理结构设计上强化了资本（股东）的价值和作用，以股东价值最大化和股东会中心主义为依托，以委托代理理论为基础，设计了“三会一层”治理架构，没有重视和强调公司经营和发展中最具活力和决定性作用的人——这个因素的价值，上市公司董监高从上市公司获取的一般是固定或者有限额的薪酬（或者津贴）与福利，公司的经营绩效和市值尤其是长远利益与他（她）的个人利益关系不大，大多数上市公司的董监高在这种体制下均将自己定位为工薪阶层的管理者。相反，在董监高的勤勉义务比较模糊、股权相对集中的股权治理结构背景下，股东通过股东会决议所制定的绩效考核办法、战略规划、工作办法等制度将董监高限制在“按部就班”既定轨道上工作，束缚了创新和创造，不仅导致公司发展的长远利益难以顾及和管理效率的低下，而且也难以培养企业家精神和富有创新与创造的企业家。

（五）缺乏适应科技进步与时代发展趋势的上市公司治理机制与制度性安排上的创新与突破

在科技进步日新月异的今天，尤其是大数据、人工智能和万物互联的信息科技革命深刻改变着上市公司的产品、市场和运行，上市公司治理机制与制度设计在服务好公司治理与运行的同时，也应该充分运用这些科技革命提供的工具与手段创新公司治理模式并以此提升公司治理效能。同时，社会变迁也会辐射到上市公司治理与运行中。虽然2023年修订的《公司法》第24条规定允许公司“三会”会议的召开和表决采用电子通信方式，便利了“三会”会议的召开和表决、证券交易所《科创板股票上市规则》允许科创类公司设置双重股权架构，以巩固和维持科创类上市公司创始人对上市公司的控制权、ESG的信息披露与相关投资已深入人心，但是上市公司的网络治理、电子化信息披露、国际化与全球化公司治理和ESG融入公司治理的过程与环节等公司治理的创新与突破，在整体上还是很缺乏的。

（六）上市公司治理的法律责任规则尚缺乏体系完备性和方式的包容性

随着《公司法》和《证券法》的修改与完善，上市公司治理的法律规则体系逐渐科学和完备，但在上市公司治理法律责任的如下方面尚存有缺陷：一是虚假陈述、内幕交易和市场操纵的违法犯罪主体很多是上市公司的股东或者董监高，法律法规建立并逐步完善了虚假陈述的民事、行政和刑事责任，但是内幕交易和市场操纵的民事责任体系尚未建立，法律责任体系尚不完备，对内幕交易和市场操纵的违法犯罪行为造成上市公司其他中小股东损失未能予以有效补偿；二是建立常态化退市机制后，退市风险警示或者强制退市措施成为违规占用资金、内部控制存在问题、控制权无序争夺和财务造假及其引起的虚假陈述等上市公司治理违规或者失效的法律责任之一，但是对造成重大违法类和规范类强制退市的上市公司治理主体，民事赔偿责任制度尚未建立，上市公司治理违规或者失效的法律责任体系不够健全；三是违反上市公司治理规则的违规运作、虚假陈述和违规交易的法律责任承担方式基本以行政处罚或者纪律处分的“惩罚”为主，相对柔和的行政监管措施也是以警示和整改为主要内容，缺乏相对柔性的“教育”内容，这对从“逐利”的商品市场进入“规范”的证券市场的上市公司治理主体来说，尚不明白证券市场的相关规则就受到该规则的惩罚也显得不公平，法律责任的承担方式过于刚性。应改革上市公司治理法律责任承担方式，在纪律处分和行政监管措施中强制责任人参加证券法律法规培训学习，实施“惩罚”与“教育”相结合的法律责任承担方式，增强公司治理法律责任承担方式的柔性和渗透力，提高上市公司相关治理主体的规范意识与履职效能。

二、我国上市公司治理结构与机制改革完善的方向

针对我国上市公司治理结构与机制中存在的以上问题，笔者认为，改革完善我国上市公司治理结构与机制主要包括如下几方面：

首先，优化上市公司股权结构及其相关的制度供给。1720 年英国《泡沫法案》及其之前的南海泡沫和密西西比泡沫事件的教训、《国富论》和《资本论》对自由市场经济及其剩余价值剥削导致的贫富分化与社会危机的分析，都证明股权分散对上市公司治理结构完善与独立规范运行上的基础性决定作用，所以在立法上应当鼓励上市公司股权结构的分散化设计并对其作制度上的安排。同时，面对我国目前上市公司股权结构多样化的实际需求，立法和监管机构应该在《公司法》规定的公司治理结构框架下，提供上市公司治理结构的多样化制度安排，根据上市公司股权分散与集中的程度在股东会表决机制、董事会及其专业委员会的构成及其决策机制上精准分类并作有针对性的、更加科学有效的治理结构设计与安排，增加制度供给。

其次，进一步完善上市公司的治理结构，规范其运作。不仅在宏观层面要平衡大股东和中小股东、执行董事与独立董事等非执行董事、党群工会和董事会各专门委员会之间的监督制约与有效协作关系，而且

要在微观层面规范控股股东和实际控制人的行为，保障中小股东的提案权、临时股东大会召集权和征集投票权以及派生性诉讼权等股东权利，依法改革上市公司内部的监督机制，[①]规范董事会及其专业委员会的组成与职责，明确未勤勉尽责治理主体的法律责任，建立上市公司协调与制衡、激励与约束相融洽的科学治理结构，促进其规范运作。

再次，明确上市公司董监高勤勉义务的内容和标准，并构建科学而明确的勤勉义务法律责任及其追究体系。一方面要通过《上市公司治理准则》《上市公司监督管理条例》等法律和法规的修改和制定，明确上市公司董监高的勤勉义务内容与边界、商业判断等救济规则、归入权的行使等程序，避免勤勉义务内容与标准缺失和激励机制不足而导致的创新与担当不足等问题；另一方面还要明确上市公司董监高违反勤勉义务的法律责任（主要是行政法律责任和民事责任）及其追究方式，健全法律责任体系，让上市公司董监高勤勉义务落到实处，这样才能发挥上市公司治理机制的作用和效能。

最后，借助科技变革提供的工具与手段和经济社会发展变革带来的环境优化的时机，实现上市公司治理制度与机制的“蝶变”，在网络治理、数字治理、集团化治理公司治理的国际化与专业化等技术与业态上达到科技与治理互为优化的状态。

---

① 《公司法》第121条对股份有限公司内部监督机构作了改革，它规定：“股份有限公司可以按照公司章程的规定在董事会中设置由董事组成的审计委员会，行使本法规定的监事会的职权，不设监事会或者监事。审计委员会成员为三名以上，过半数成员不得在公司担任除董事以外的其他职务，且不得与公司存在任何可能影响其独立客观判断的关系。公司董事会成员中的职工代表可以成为审计委员会成员。审计委员会作出决议，应当经审计委员会成员的过半数通过。审计委员会决议的表决，应当一人一票。审计委员会的议事方式和表决程序，除本法有规定的外，由公司章程规定。公司可以按照公司章程的规定在董事会中设置其他委员会。”依据该规定，证券监管机构需要对《上市公司章程指引》《股票上市规则》等相关监管规则予以修订，上市公司通过修改公司章程、董事会议事规则、审计委员会职权与议事规则等制度，调整相关人员，改造审计委员会等组织架构。

第三章　受到查处的上市公司治理行为及其最新改革措施

上市公司在经营过程中，因违反《公司法》《证券法》等法律法规的治理行为会受到中国证监会的行政调查并受到行政处罚或者行政监管措施，违反证券交易所《股票上市规则》等自律性监管规则的治理行为会受到自律性监管机构的问询、调查或者纪律处分，严重的违法犯罪行为还会受到司法机关的调查或者被提起民（刑）事诉讼。本书将上述违法违规与违纪的治理行为归纳总结为受到查处的上市公司治理行为，这些受到查处的违法违纪或者犯罪行为均会对上市公司的经营发展或者再融资造成一定的影响。本章将结合中国上市公司治理实践予以分析和介绍，以让上市公司的董监高明白其履职行为的性质、意义与效果。此外，针对上市公司治理与运行中屡禁不止和新出现的违法违纪行为，立法、司法和证券监管机构也针对这些现象而对相关规则予以改革，这也是上市公司董监高履职中需要重点关注并高度重视的内容。

第一节　受查处的上市公司治理行为及其影响

上市公司治理中的哪些行为会受到证券监管部门的查处？受到何种处罚（分）或者应承担何种法律责任？上市公司因为其治理问题受到证券监管部门查处后会对其经营与发展带来何种影响？这些问题都需要结合实践中的案例予以深入分析。

一、受查处的上市公司治理行为种类

受查处的上市公司治理行为的种类，一般包括紧密联系的三个方面的内容：一是公司治理的边界；二是哪些公司治理行为会受到查处；三是不同的公司治理问题会受到何种类型的处罚(分)或者承担何种类型的法律责任。

一般而言，广义的公司治理包括风险管理体系、内部控制系统和狭义的公司治理，三者之间形成依次反向的种属关系是成熟的证券市场理论研究与实践的最新成果。美国在建立股东会、董事会(包括独立董事和非独立董事)、经理人的传统公司治理结构的基础上，以2002年萨班斯法案第404条要求上市公司管理层对公司财务报告有效性作出说明并以外部审计机构对内部控制有效性审计为标志建立了内部控制体系，2004年COSO风险管理报告又提出了公司全面风险管理的理论框架，公司治理走向以风险管理为主要目标的新发展阶段。我国在传统"三会一层"公司治理架构及其制度机制的基础上，自2012年起在部分主板上市公司建立了以内部控制评价报告和内部控制审计报告为主要内容的内部控制制度。但是，内部控制制度在我国内化为上市公司信息披露要求的同时，也往往在实践中变成了公司治理的"兜底性"问题，受到监管机构和市场的关注。公司治理的边界还主要限制在狭义的公司治理范围内，内部控制只是上市公司治理监管的一项"兜底性"补充，全面风险管理框架尚未纳入我国上市公司治理框架内。

受查处的上市公司治理违规行为在外延上主要包括违反狭义公司治理规定的行为和内部控制失效的行为，在实践中表现出来的具体形态包括上市公司独立性瑕疵、违规占用资金和违规担保、通过关联关系输送利益、"三会"不规范运作、信息披露违法违规、投资者保护不到位、违规证券交易、内部控制失效等，具体形态、违反的具体规定与案例，将在本章第二节详细介绍。

受查处的上市公司治理违规行为的违规主体是上市公司，包括上市公司的法人机构和上市公司控股股东与实际控制人、上市公司董监高等违法违规行为的实施主体。根据查处的主体、依据和结果可以将其归结为违背法律法规和规章的规定而由证监会给予的行政处罚和行政监管措施、[①]违背自律性规则的规定而由自律性监管机构给予的纪律处分和因为违法犯罪导致司法介入而承担的法律责任等三种类型，这三种类型的责任承担均会对上市公司的运行、再融资和发展具有较大的负面影响。

二、上市公司治理违规遭查处后的影响

上市公司因为治理问题受到证券监管机构的调查和处罚（分），不仅对上市公司的运行、再融资、品牌和形象带来较大的负面影响，而且对上市公司及其控股股东或者实际控制人、董事、监事和高级管理人员职业前途与利益带来一定的影响。

（一）对上市公司再融资影响

上市公司再融资是上市公司获得进一步发展或者转型升级的重要资源，常用的再融资工具主要有增发、配股、可转债、公司债等。上市公司并购重组包括上市公司收购、重大资产重组、股份回购和分拆与分立等业务。上市公司的再融资的相关法律法规和业务规则都对上市公司及其董事、监事和高级管理人员等重要的治理主体有一定的要求。

2023 年 2 月 17 日中国证监会颁布的《上市公司证券发行注册管理办法》，重点对上市公司发行股票和可转债以及受托凭证的条件、程序、监督管理和法律责任作了规定。其中，第 9 条[②]和第 10

---

① 《证券法》第 170 条第 2 款规定了行政监管措施，该款规定，“为防范证券市场风险，维护市场秩序，国务院证券监督管理机构可以采取责令改正、监管谈话、出具警示函等措施”。除《证券法》列举规定的这三项行政监管措施以外，《证券期货市场监督管理措施实施办法（试行）》还规定了责令公开说明、责令参加培训、责令定期报告、认定为不适当人选、暂不受理与行政许可有关的文件等行政监管措施。

② 《上市公司证券发行注册管理办法》第 9 条规定：“上市公司向不特定对象发行股票，应当符合下列规定：……（二）现任董事、监事和高级管理人员符合法律、行政法规规定的任职要求……”

条[①]分别从积极条件和消极条件两方面对上市公司或者其现任董事、监事和高级管理人员提出了在一定期限内无违法违纪或者受到查处的要求；第11条又规定存在“现任董事、监事和高级管理人员最近三年受到中国证监会行政处罚，或者最近一年受到证券交易所公开谴责”“上市公司或者其现任董事、监事和高级管理人员因涉嫌犯罪正在被司法机关立案侦查或者涉嫌违法违规正在被中国证监会立案调查”情形之一的，均不得向特定对象发行股票；第13条又规定上市公司向不特定对象发行可转债和向特定对象发行可转债，还要分别满足该规则关于向不特定对象发行股票和向特定对象发行股票的条件。这样，上市公司的现任董事、监事和高级管理人员最近3年受到中国证监会行政处罚或者最近一年受到证券交易所公开谴责和上市公司或者其现任董事、监事和高级管理人员因涉嫌犯罪正在被司法机关立案侦查或者涉嫌违法违规正在被中国证监会立案调查都将是上市公司不得增发股票和可转债的法定消极条件，进而影响上市公司通过增发股票和发行可转债的再融资行为。

虽然《公司债券发行与交易管理办法》没有明确在上市公司等发行人及其董事、监事和高级管理人员在最近3年内存在违法犯罪行为而受到处(刑)罚或者因为证券违法犯罪受到证券监管机构或者司法机关立案调查的情况下不能发行债券，但是《公司债券发行与交易管理办法》第54条将“公司涉嫌犯罪被依法立案调查，公司的控股股东、实际控制人、董事、监事、高级管理人员涉嫌犯罪被依法采取强制措施”列为可能对上市交易公司债券的交易价格产生较大影响的重大事件之一。发生该类重大事件时，发行人应当立即将该重大事件的有关情况向中国证监会、证券交易场所报送临时报告，并予以公告，说明事件的起因、

① 《上市公司证券发行注册管理办法》第10条规定：“上市公司存在下列情形之一的，不得向不特定对象发行股票：……(二)上市公司或者其现任董事、监事和高级管理人员最近三年受到中国证监会行政处罚，或者最近一年受到证券交易所公开谴责，或者因涉嫌犯罪正在被司法机关立案侦查或者涉嫌违法违规正在被中国证监会立案调查……”

目前的状态和可能产生的法律后果。这就将上市公司及其管理人员涉嫌犯罪并被采取强制措施的情况与上市公司债券的交易价格和再发行融资行为紧密联系起来,前者将对后者产生重要的影响。上市公司及其董事、监事和高级管理人员涉嫌犯罪并被采取强制措施的行为不仅影响公开发行债券这种融资工具的使用,而且也影响非公开发行债券的业务开展。中国证券业协会发布的《非公开发行公司债券项目承接负面清单指引(2024 年修订)》将"公司被中国证监会行政处罚,或作为公司债券发债主体,因违反公司债券相关规定被中国证监会采取行政监管措施、被证券交易所等自律组织采取纪律处分措施,涉及整改事项且尚未完成整改的"情形列入非公开发行公司债券项目承接的负面清单,承销机构不得承接其非公开发行公司债券项目。

优先股是股份持有人优先于普通股股东分配公司利润和剩余财产,但参与公司决策管理等权利受到限制的一种再融资工具,上市公司通过发行优先股募集资金获取业务发展的资金是其常用的再融资工具之一。但是,《优先股试点管理办法》第 25 条①也对上市公司发行优先股设置了上市公司最近 12 个月内受到过中国证监会的行政处罚、上市公司因涉嫌犯罪正被司法机关立案侦查或涉嫌违法违规正被中国证监会立案调查、上市公司董事和高级管理人员不符合法律、行政法规和规章规定的任职资格等不得发行优先股的条件。如果上市公司或其董事和高级管理人员具有上述情形将失去通过发行优先股而融资的机会。

此外,根据注册制实施后沪深证券交易所发布的《上市公司证券发行上市审核规则》的相关规定,"上市公司及其控股股东、实际控制人、

① 《优先股试点管理办法》第 25 条规定:"上市公司存在下列情形之一的,不得发行优先股:(一)本次发行申请文件有虚假记载、误导性陈述或重大遗漏;(二)最近十二个月内受到过中国证监会的行政处罚;(三)因涉嫌犯罪正被司法机关立案侦查或涉嫌违法违规正被中国证监会立案调查;(四)上市公司的权益被控股股东或实际控制人严重损害且尚未消除;(五)上市公司及其附属公司违规对外提供担保且尚未解除;(六)存在可能严重影响公司持续经营的担保、诉讼、仲裁、市场重大质疑或其他重大事项;(七)其董事和高级管理人员不符合法律、行政法规和规章规定的任职资格;(八)严重损害投资者合法权益和社会公共利益的其他情形。"

现任董事、监事、高级管理人员最近三年受到中国证监会行政处罚、最近一年受到中国证监会行政监管措施或者证券交易所纪律处分”属于上市公司向特定对象发行股票不得适用简易程序审核的情形，上市公司及其相关治理主体违法违纪的记录对上市公司日后再融资的审核效率也有一定的影响。

（二）对上市公司并购重组的影响

上市公司并购重组包括上市公司收购、重大资产重组、股份回购和分拆与分立等业务，实践中最主要的重组上市和发行股份购买资产两类业务对上市公司及其相关主体均有一定的要求。

上市公司及其最近 3 年内的控股股东、实际控制人存在因涉嫌犯罪正被司法机关立案侦查或涉嫌违法违规正被中国证监会立案调查和上市公司及其控股股东、实际控制人最近 12 个月内受到证券交易所公开谴责的情形均是重组上市的消极条件。[①] 上市公司及其相关主体存在如上消极条件的将失去重组上市的壳资源价值。

众多的上市公司并购重组是通过发行股份购买资产的方式进行的，这也是上市公司实现转型升级提升质量的重要方式。但是，上市公司及其现任董事、高级管理人员存在因涉嫌犯罪正被司法机关立案侦查或涉嫌违法违规正被中国证监会立案调查的情形也是上市公司发行股份购买资产的常见消极条件。[②] 上市公司及其相关主体具有如上消极条件的也

---

① 2023 年 2 月 17 日修订的《上市公司重大资产重组管理办法》第 13 条第 2 款规定：“上市公司实施前款规定的重大资产重组，应当符合下列规定：……（三）上市公司及其最近三年内的控股股东、实际控制人不存在因涉嫌犯罪正被司法机关立案侦查或涉嫌违法违规正被中国证监会立案调查的情形。但是，涉嫌犯罪或违法违规的行为已经终止满三年，交易方案能够消除该行为可能造成的不良后果，且不影响对相关行为人追究责任的除外；（四）上市公司及其控股股东、实际控制人最近十二个月内未受到证券交易所公开谴责，不存在其他重大失信行为……”

② 2023 年 2 月 17 日修订的《上市公司重大资产重组管理办法》第 43 条规定：“上市公司发行股份购买资产，应当符合下列规定：……（三）上市公司及其现任董事、高级管理人员不存在因涉嫌犯罪正被司法机关立案侦查或涉嫌违法违规正被中国证监会立案调查的情形。但是，涉嫌犯罪或违法违规的行为已经终止满三年，交易方案有助于消除该行为可能造成的不良后果，且不影响对相关行为人追究责任的除外……”

就失去了通过发行股份购买资产实现转型升级并提质增效的机会。

上市公司分拆所属子公司独立上市是资本市场优化资源配置和深化并购重组功能的重要手段，有利于上市公司进一步实现业务聚焦、提升专业化经营水平、改善融资结构和重塑整体价值。但是，《上市公司分拆规则（试行）》在分拆上市必备的条件中要求拟分拆上市的上市公司及其控股股东、实际控制人最近36个月内未受到过中国证监会的行政处罚和上市公司及其控股股东、实际控制人最近12个月内未受到过证券交易所的公开谴责的条件。所以，上市公司及其相关主体受到行政处罚和纪律处分的记录将影响其分拆上市的可行性。

不仅如此，在严格退市机制的当下，传统的单一财务类强制退市指标被改革为交易类强制退市、财务类强制退市、规范类强制退市和重大违法类强制退市四类情形。如果说其中的规范类退市只涉及公司信息披露、规范运作和内部控制的规范性的话，重大违法类强制退市则是上市公司因为存在欺诈发行、重大信息披露违法或者存在涉及国家安全、公共安全、生态安全、生产安全和公众健康安全等领域的违法行为，影响上市公司的上市地位而强制性退市，而该类违法行为均是由上市公司相关治理主体的职务行为而引起的，强制退市后对这个退市公司的运行、融资和股东权益造成根本性影响。

（三）对股权激励的授权对象、行权和股票减持与转让的影响

上市公司股权激励是上市公司建立激励与约束机制、提升上市公司价值和质量比较有效的治理制度安排，但是上市公司董事和高级管理人员的违法违纪行为对股权激励的授权对象选定及其行权均有较大的影响。《上市公司股权激励管理办法》第8条第2款规定，“下列人员也不得成为激励对象：（一）最近12个月内被证券交易所认定为不适当人选；（二）最近12个月内被中国证监会及其派出机构认定为不适当人选；（三）最近12个月内因重大违法违规行为被中国证监会及其派出机构行政处罚或者采取市场禁入措施；（四）具有《公司法》规定的不得担任公司董事、高级管理人员情形的；（五）法律法规规定不得参与上市公

司股权激励的;(六)中国证监会认定的其他情形”。可见,上市公司董事和高级管理人员受到行政处罚和纪律处分对其能否成为股权激励对象(授权与否)具有较大甚至是决定性影响。不仅如此,《上市公司股权激励管理办法》第18条第2款又规定,“在股权激励计划实施过程中,出现本办法第八条规定的不得成为激励对象情形的,上市公司不得继续授予其权益,其已获授但尚未行使的权益应当终止行使”。上市公司董事和管理人员受到行政处罚或者纪律处分还会影响其能否成功行权。

上市公司大股东和董监高减持上市公司的股份与其个人利益息息相关,当然该行为也与上市公司的治理基础和中小股东利益紧密联系,所以相关监管规则对此行为也有限制与规范。《上市公司股东减持股份管理暂行办法》和《上市公司董事、监事和高级管理人员所持本公司股份及其变动管理规则》对上市公司及其大股东和董监高因证券期货违法犯罪而受到立案调查、行政处罚和严重的纪律处分期间及其后一定期限内的股份减持行为作了限制。[①]《上海证券交易所上市公司自律

① 《上市公司股东减持股份管理暂行办法》第7条和第8条分别规定:“存在下列情形之一的,大股东不得减持本公司股份:(一)该股东因涉嫌与本上市公司有关的证券期货违法犯罪,被中国证监会立案调查或者被司法机关立案侦查,或者被行政处罚、判处刑罚未满六个月的;(二)该股东因涉及与本上市公司有关的违法违规,被证券交易所公开谴责未满三个月的;(三)该股东因涉及证券期货违法,被中国证监会行政处罚,尚未足额缴纳罚没款的,但法律、行政法规另有规定,或者减持资金用于缴纳罚没款的除外;(四)中国证监会规定的其他情形。”“存在下列情形之一的,上市公司控股股东、实际控制人不得减持本公司股份:(一)上市公司因涉嫌证券期货违法犯罪,被中国证监会立案调查或者被司法机关立案侦查,或者被行政处罚、判处刑罚未满六个月的;(二)上市公司被证券交易所公开谴责未满三个月的;(三)上市公司可能触及重大违法强制退市情形,在证券交易所规定的限制转让期限内的;(四)中国证监会规定的其他情形。”《上市公司董事、监事和高级管理人员所持本公司股份及其变动管理规则》第4条规定:“存在下列情形之一的,上市公司董事、监事和高级管理人员所持本公司股份不得转让:(一)本公司股票上市交易之日起一年内;(二)本人离职后半年内;(三)上市公司因涉嫌证券期货违法犯罪,被中国证监会立案调查或者被司法机关立案侦查,或者被行政处罚、判处刑罚未满六个月的;(四)本人因涉嫌与本上市公司有关的证券期货违法犯罪,被中国证监会立案调查或者被司法机关立案侦查,或者被行政处罚、判处刑罚未满六个月的;(五)本人因涉及证券期货违法,被中国证监会行政处罚,尚未足额缴纳罚没款的,但法律、行政法规另有规定或者减持资金用于缴纳罚没款的除外;(六)本人因涉及与本上市公司有关的违法违规,被证券交易所公开谴责未满三个月的;(七)上市公司可能触及重大违法强制退市情形,在证券交易所规定的限制转让期限内的;(八)法律、行政法规、中国证监会和证券交易所规则以及公司章程规定的其他情形。”

监管指引第 15 号——股东及董事、监事、高级管理人员减持股份》和《深圳证券交易所上市公司自律监管指引第 18 号——股东及董事、监事、高级管理人员减持股份》除了细化落实《上市公司股东减持股份管理暂行办法》和《上市公司董事、监事和高级管理人员所持本公司股份及其变动管理规则》中的程序性规定与信息披露要求外，还补充规定上市公司可能触及重大违法强制退市情形的，自相关行政处罚事先告知书或者司法裁判作出之日起，至上市公司股票终止上市并摘牌或者上市公司收到行政处罚决定或生效司法裁判认定该上市公司未触及重大违法类强制退市情形时前，其控股股东、实际控制人、董监高及其一致行动人不得减持所持有的公司股份。① 退市制度改革以后，证券交易所《股票上市规则》对此情形作了更加清晰的规定。《上海证券交易所股票上市规则》第 9.5.10 条规定："上市公司可能触及本节规定的重大违法类强制退市情形的，自相关行政处罚事先告知书或者司法裁判作出之日起，至下列任一情形发生前，其控股股东、实际控制人、董事、监事和高级管理人员，以及上述主体的一致行动人不得减持公司股份：（一）公司股票终止上市并摘牌；（二）公司收到相关行政机关相应行政处罚决定或者人民法院生效司法裁判，显示公司未触及重大违法类强制退市情形。公司披露无控股股东、实际控制人的，其第一大股东及第一大股东的实际控制人应当遵守前款规定。"从这些规定中可以看出，

---

① 《上海证券交易所上市公司自律监管指引第 15 号——股东及董事、监事、高级管理人员减持股份》第 6 条和第 9 条分别规定："存在下列情形之一的，上市公司控股股东、实际控制人不得减持本公司股……（三）上市公司可能触及本所业务规则规定的重大违法强制退市情形的，自相关行政处罚事先告知书或者司法裁判作出之日起，至下列任一情形发生前：1. 上市公司股票终止上市并摘牌；2. 上市公司收到相关行政机关相应行政处罚决定或者人民法院生效司法裁判，显示上市公司未触及重大违法类强制退市情形……""存在下列情形之一的，上市公司董监高不得减持其所持本公司股份……（六）上市公司可能触及本所业务规则规定的重大违法强制退市情形的，自相关行政处罚事先告知书或者司法裁判作出之日起，至下列任一情形发生前：1. 上市公司股票终止上市并摘牌；2. 上市公司收到相关行政机关相应行政处罚决定或者人民法院生效司法裁判，显示上市公司未触及重大违法类强制退市情形；……"《深圳证券交易所上市公司自律监管指引第 18 号——股东及董事、监事、高级管理人员减持股份》也有该内容的规定。

上市公司及其相关治理主体的违法犯罪和违纪行为对其股票的减持均有一定的限制和影响。

(四)对上市公司日常监管评价的影响

上市公司及其相关治理主体受到行政处罚或者纪律处分将对上市公司的日常监管及其评价带来负面影响,证券监管机构也会为此做相应的监督管理和督促整改的工作。

《上海证券交易所上市公司自律监管指引第9号——信息披露工作评价》和《深圳证券交易所上市公司自律监管指引第11号——信息披露工作考核》均将上市公司控股股东和实际控制人规范运作情况以及公司董事、监事和高级管理人员遵守法律法规、履职尽责等方面情况纳入上市公司信息披露评价考核的范围之内,并明确上市公司出现董事、监事、高级管理人员、控股股东、实际控制人因与公司相关事项受到中国证监会及其派出机构行政处罚、交易所公开谴责或通报批评,或因涉嫌违反相关证券法规被有权机关立案调查情况的,该上市公司的信息披露评价结果不得为A(优秀)。为了督促上市公司提高合规运行的质量,该制度在信息披露考核评价结果的运用中针对信息披露考核为D(不合规)的上市公司开展面向公司控股股东、实际控制人、董事长、董事会秘书等合规培训,并通过电话、发函等方式督促公司控股股东、实际控制人及董事、监事、高级管理人员加强信息披露相关规则的学习,督促公司完善信息披露内部控制及执行效果。

(五)对董事、监事和高级管理人员职业的影响

担任上市公司董事、监事和高级管理人员首先要满足《公司法》规定的担任公司董事、监事和高级管理人员的条件,尤其是不能具有《公司法》规定的不得担任董事、监事和高级管理人员的情

形。① 同时，依据沪深证券交易所《股票上市规则》的规定，担任上市公司董事、监事和高级管理人员还不得具有被中国证监会采取不得担任上市公司董事、监事和高级管理人员的证券市场禁入措施，期限尚未届满或者被证券交易场所公开认定为不适合担任上市公司董事、监事和高级管理人员，期限尚未届满等情形。此外，如前所述，上市公司现任董事、监事和高级管理人员因证券期货违法犯罪受到证券监管机构或者司法机关立案调查、行政处罚或者证券交易所的公开谴责或公开认定不适合担任上市公司董事、监事、高级管理人员的纪律处分的，将会使上市公司的再融资和并购重组等业务活动在一定期限内不能开展，所以上市公司也会因此而更换受到行政处罚或者纪律处分的董事、监事和高级管理人员，也就在一定的期限或者范围内葬送了受到处罚(分)的上市公司董事、监事和高级管理人员的职业前途。

第二节　受查处的上市公司治理主体履职行为的类型与内容

我国自开放证券市场以来，上市公司及其控股股东、实际控制人、董事、监事和高级管理人员在履职中受到刑事追诉、行政处罚、行政监管措施和纪律处分的类型主要有运作不规范、违规证券交易和虚假陈述三种类型，每一种类型项下的易受查处的履职行为均有特定的内容，

① 《公司法》第 178 条规定："有下列情形之一的，不得担任公司的董事、监事、高级管理人员：(一)无民事行为能力或者限制民事行为能力；(二)因贪污、贿赂、侵占财产、挪用财产或者破坏社会主义市场经济秩序，被判处刑罚，执行期满未逾五年，或者因犯罪被剥夺政治权利，执行期满未逾五年，被宣告缓刑的，自缓刑考验期满之日起未逾二年；(三)担任破产清算的公司、企业的董事或者厂长、经理，对该公司、企业的破产负有个人责任的，自该公司、企业破产清算完结之日起未逾三年；(四)担任因违法被吊销营业执照、责令关闭的公司、企业的法定代表人，并负有个人责任的，自该公司、企业被吊销营业执照、责令关闭之日起未逾三年；(五)个人所负数额较大的债务到期未清偿被人民法院列为失信被执行人。违反前款规定选举、委派董事、监事或者聘任高级管理人员的，该选举、委派或者聘任无效。董事、监事、高级管理人员在任职期间出现本条第一款所列情形的，公司应当解除其职务。"

本章节结合实践中的经典案例予以介绍、分析和归纳。

一、上市公司运作不规范而受到行政处罚、行政监管措施或者纪律处分

我国上市公司治理与运行受传统计划经济向市场经济转换的宏观环境、现代企业制度建立与运行的实践、相关制度供给的滞后与科学性缺乏等因素的影响，上市公司的治理与运行具有鲜明的时代特征，不规范的治理与运行主要有上市公司独立性存在瑕疵、违规占用资金与违规担保、“三会”运作不规范、关联交易未依法审议或披露、内部控制失效、募集资金使用与管理不规范、提供担保和财务资助不规范、不履行或违反对市场作出的公开承诺、投资者利益保护和关系管理不规范、股权激励和员工持股计划等激励机制实施不规范等类型。

（一）上市公司独立性存在瑕疵

依据《公司法》、[1]《证券法》、[2]《上市公司治理准则》[3]等法律、法规和规章的要求，上市公司应该确保独立性，在资产、人员、财务、机构、业务等方面均与控股股东、实际控制人及其控制的其他企业完全分开，具有完整的业务体系及面向市场独立经营的能力。实践中，因上市公司独立性存在瑕疵而受到行政监管措施的案例则进一步揭示了上市公司独立性的具体内涵。

---

① 《公司法》第21条和第22条以对股东滥用股东权利的形式来确保公司财产与运行独立性。第21条规定：“公司股东应当遵守法律、行政法规和公司章程，依法行使股东权利，不得滥用股东权利损害公司或者其他股东的利益。公司股东滥用股东权利给公司或者其他股东造成损失的，应当承担赔偿责任。”第22条规定：“公司的控股股东、实际控制人、董事、监事、高级管理人员不得利用关联关系损害公司利益。违反前款规定，给公司造成损失的，应当承担赔偿责任。”

② 《证券法》第12条规定首次公开发行新股的公司，应当符合具备健全且运行良好的组织机构、具有持续经营能力等条件。

③ 《上市公司治理准则》第68条对上市公司独立性作出总的要求，该条规定：“控股股东、实际控制人与上市公司应当实行人员、资产、财务分开，机构、业务独立，各自独立核算、独立承担责任和风险。”第69条至第73条分别就上市公司与控股股东或实际控制人之间的人员、资产、财务、机构和业务独立性作了明确规定。

在人员的独立性上,《上市公司治理准则》第 69 条规定:“上市公司人员应当独立于控股股东。上市公司的高级管理人员在控股股东不得担任除董事、监事以外的其他行政职务。控股股东高级管理人员兼任上市公司董事、监事的,应当保证有足够的时间和精力承担上市公司的工作。”2023 年 12 月修订的《上海证券交易所上市公司自律监管指引第 1 号——规范运作》进一步明确:“控股股东、实际控制人应当维护上市公司人员独立,不得通过以下方式影响公司人员的独立性:(一)通过行使提案权、表决权等法律法规、本所相关规定及公司章程规定的股东权利以外的方式,影响公司人事任免或者限制公司董事、监事和高级管理人员履行职责;(二)聘任公司高级管理人员在控股股东、实际控制人或者其控制的企业担任除董事、监事以外的其他行政职务;(三)要求公司人员为其无偿提供服务;(四)向公司高级管理人员支付薪金或者其他报酬;(五)指使公司董事、监事和高级管理人员以及其他在上市公司任职的人员实施损害公司利益的决策或者行为;(六)法律法规、本所相关规定或者认定的其他情形。”依据上述规定,上市公司与其控股股东搞“两块牌子,一套人马”将会被禁止。例如,韶钢松山与其控股股东韶关钢铁的财务部、公司办公室、运营改善部、人力资源部、安全保卫部、投资管理部、内控管理部、企业文化部、设备管理部、能源环保部、物流部等部门存在“两块牌子,一套人马”的情况被广东证监局认定为上市公司人员独立性缺失而对其采取限期改正的行政强制措施。不仅如此,上市公司经营管理人员兼任控股股东经营管理人员是上市公司人员独立性缺失的典型代表。例如,辽宁能源副总裁同时在其控股股东沈煤集团担任安监局局长、丰华股份的财务总监同时担任其控股股东隆鑫控股财务部经理、中恒集团时任董事长代履行总经理职责,同时兼任其控股股东广西投资集团有限公司的副总经理等,均被证监局认定为上市公司人员独立性缺失而对其采取行政监管措施。此外,上市公司高级管理人员聘请或者任命取得控股股东或者实际控制人的许可或同意也将被认定为上市公司人员独立性的缺失。例如,城市公用对其控股上市公司惠天热电的高管人员任免和员工招聘录用等事项进行审批、郑州煤电曾发生的上市公司副总经理、总会计师、董事会秘书等高管的任免由公司董事会决议后又由集团公司发文任免均被证监局认定为上市公司存在人员独立性问题而对其采取行政监管措施。综合上述案例可以看出,除了上市公司与控股股东"两块牌子,一套人马"这种明显的人员独立性缺失情形以外,上市公司的总经理、副总经理、财务总监和董事会秘书等高级管理人员均不得在上市公司的控股股东或者实际控制人及其控制的其他企业中担任除董事和监事以外的其他职务;上市公司的董事、监事及高级管理人员均严格按照《公司法》和《公司章程》的有关规定选举或者聘任产生,不得在上市公司选举或者聘用程序之外"画蛇添足"地履行一个超越公司股东会或董事会作出人事任免决定的批准程序。

在资产的完整和独立性上,《上市公司治理准则》第 70 条规定:"控股股东投入上市公司的资产应当独立完整、权属清晰。控股股东、实际控制人及其关联方不得占用、支配上市公司资产。"在《上海证券交易所上市公司自律监管指引第 1 号——规范运作》中对上市公司资产的完整与独立性上进一步明确:"控股股东、实际控制人应当维护上市公司资产完整,不得通过以下方式影响公司资产的完整性:(一)与生产型公司共用与生产经营有关的生产系统、辅助生产系统和配套设施;(二)与非生产型公司共用与经营有关的业务体系及相关资产;(三)以显失公平的方式与公司共用商标、专利、非专利技术等;(四)以无偿或者以明显不公平的条件占有、使用、收益或者处分公司的资产;(五)未按照法律规定及合同约定及时办理投入或者转让给公司资产的过户手续;(六)法律法规、本所相关规定或者认定的其他情形。"依据上述规定,山东证监局 2019 年对张裕 A 现场检查并认定上市公司资产缺乏独立性的案例基本能说明该问题。2019 年,山东证监局对张裕 A 就公司商标、专利权属问题进行了专项核查,检查后发现张裕 A 存在资产不完整与独立的问题:一是山东证监局 2010 年就要求张裕 A 采取有效措施尽快解决“张裕”等商标权属问题，对于新注册的爱斐堡、黄金冰谷等商标，应及时办理变更注册手续。但是截至 2018 年年底，除《商标许可使用合同》约定的商标外，2010 年年底前由张裕 A 的控股股东张裕集团注册的“爱斐堡”系列防御商标等仍未变更注册手续。二是 2011 年以来，张裕集团将注册商标授权张裕 A 无偿使用，将申请专利授权张裕 A 有偿或无偿使用。对于无偿使用的商标和专利，张裕 A 均未与张裕集团签署许可使用合同。除部分商标与“张裕”商标无法剥离外，其余商标和专利均有条件由张裕 A 进行注册或申请，但仍由张裕集团注册或申请后特许张裕 A 使用，影响上市公司资产独立性。为此，山东证监局对张裕 A 采取责令改正的监管措施，并将相关情况按规定记入证券期货市场诚信档案，要求张裕 A 采取有效措施，与张裕集团协商确定具体实施方案，切实解决“张裕”等商标和专利归属问题，确保上市公司资产的完整与独立性。可见，上市公司资产独立就是要求上市公司资产产权清晰，公司具备与生产经营有关的生产系统、辅助生产系统和配套设施，合法拥有与生产经营有关的土地、厂房、机器设备以及商标、专利、非专利技术的所有权和使用权，公司资产完全独立于控股股东，不存在资产被实际控制人及其关联方控制和占用的情况。当然，更为严重的还有控股股东或者实际控制人以对外投资、借贷与担保、预付款、购买理财产品等形式的违规占用资金与违规担保，本书将随后专门研究和讨论该问题。

在财务独立性上，《上市公司治理准则》第 71 条规定：“上市公司应当依照法律法规和公司章程建立健全财务、会计管理制度，坚持独立核算。控股股东、实际控制人及其关联方应当尊重上市公司财务的独立性，不得干预上市公司的财务、会计活动。”《上海证券交易所上市公司自律监管指引第 1 号——规范运作》要求：“控股股东、实际控制人应当维护上市公司财务独立，不得通过以下方式影响公司财务的独立性：（一）与公司共用或者借用公司银行账户等金融类账户，或者将公司资金以任何方式存入控股股东、实际控制人及其关联人控制的账户；

(二)通过各种方式非经营性占用公司资金;(三)要求公司违法违规提供担保;(四)将公司财务核算体系纳入控股股东、实际控制人管理系统之内,如共用财务会计核算系统或者控股股东、实际控制人可以通过财务会计核算系统直接查询公司经营情况、财务状况等信息;(五)法律法规、本所相关规定或者认定的其他情形。”韶钢松山与其控股股东韶关钢铁及实际控制人宝武集团的财务核算系统联网,控股股东韶关钢铁及实际控制人宝武集团的相关人员具有上市公司韶钢松山财务核算系统的登录及查询数据权限的案例、沈煤集团通过设定财务指标及对上市公司辽宁能源下属部门下达任务的形式,干扰辽宁能源财务独立的案例、湖北能源与三峡集团共同使用 NC 财务系统服务器,其后台数据及一至三级科目设置等由其控股股东三峡集团管理和控制,上市公司进行后台数据读取和查询等操作需三峡集团同意的案例,均是证监局认定上市公司财务独立性缺失而对其采取行政强制措施的具体案例。从这些案例中可以看出,上市公司的财务独立不仅要求上市公司设立独立的财务部门,配备专门的财务人员,建立独立的财务核算体系,能够独立作出财务决策,具有规范的财务会计制度和对子公司的财务管理制度,而且要求上市公司在银行开设独立账户,不存在与控股股东、实际控制人及其控制的其他企业共用银行账户的情况。此外,完整的上市公司财务独立性还包括上市公司应该依法进行税务登记,独立进行纳税申报并缴纳税款。

在机构的独立性上,《上市公司治理准则》第 72 条规定:“上市公司的董事会、监事会及其他内部机构应当独立运作。控股股东、实际控制人及其内部机构与上市公司及其内部机构之间没有上下级关系。控股股东、实际控制人及其关联方不得违反法律法规、公司章程和规定程序干涉上市公司的具体运作,不得影响其经营管理的独立性。”据此规定,上市公司的机构独立是指上市公司依法设立了股东会、董事会及董事会专门委员会、监事会等组织机构及其他业务职能部门,其设置、运作、变更和撤销均独立进行,拥有独立的生产基地及办公场所,独立行使经营管理职权,上市公司与其控股股东或者实际控制人及其控制的其他企业在机构设置、人员及办公场所等方面完全分开,不存在机构混同、合署办公的情形。韶钢松山曾经发生的“两块牌子,一套人马”及合署办公情况除了人员的独立性以外,更多地体现机构的独立性缺失。除了韶钢松山的案例外,浪潮信息的部分职能部门与其控股股东浪潮集团合署办公也被山东证监会认定为独立性缺失而对其采取行政监管措施。

在业务的独立性上,《上市公司治理准则》第73条规定:“上市公司业务应当独立于控股股东、实际控制人。控股股东、实际控制人及其控制的其他单位不应从事与上市公司相同或者相近的业务。控股股东、实际控制人应当采取有效措施避免同业竞争。”业务独立性缺失的具体表现是上市公司的控股股东或者实际控制人干涉上市公司的具体经营管理事项。比较典型的是惠天热电控股股东城市公用干涉其采购与营销的案例。2017年,辽宁证监局在对惠天热电进行现场检查过程中发现,城市公用作为上市公司的间接控股股东,直接干预惠天热电对主要原材料采购、生产经营等业务,影响了其经营管理独立性。根据《上市公司治理准则》和《上市公司现场检查办法》(已被修改)的规定,辽宁证监局对城市公用采取责令改正的行政监管措施。但是该公司的整改并不彻底。2018年12月,辽宁证监局对惠天热电进行了现场回访检查,发现该公司仍然存在业务不独立的情形。主要表现为2017年至2018年,控股股东城市公用(已更名为盛京能源)以下发会议纪要的形式指定公司煤炭采购供应商名录,干扰公司的独立运营。随后公司及控股股东进行了相应的整改,盛京能源就煤炭采购事项将不再以任何形式限定惠天热电供应商范围,完全由惠天热电自行确定煤炭供应商范围;同时惠天热电拟成立物资购销子公司全权负责公司物资(包括煤炭)采购、调拨、管理等业务,确保公司煤炭采购的独立性。此外,沈煤集团通过定期召开办公会议及经理办公会的形式研究上市公司辽宁能源日常经营事项,干扰辽宁能源独立运营的案例、华联控股及下属深圳地区子公司的部分日常经营决策由上市公司控股股东华联集团审批的案例、湖北能源生产经营和投资管理事项需向控股股东三峡集团进行请示并根据有关批复开展工作等案例,都进一步解释了上市公司业务独立性的内容。综合上述,由上市公司业务独立性缺失而受到证券监管机构采取行政监管措施的具体案例可以看出,上市公司业务独立性在原则上要求上市公司具有独立的生产、供应、销售业务体系,具备独立面向市场自主经营能力的基础上,还要求上市公司的业务独立于控股股东、实际控制人及其控制的其他企业,与控股股东、实际控制人及其控制的其他企业间不存在构成重大不利影响的同业竞争或者显失公平的关联交易。

(二)违规占用资金与违规担保

上市公司违规占用资金和违规对外担保,典型的是以下三个案例。从这三个案例的违规方式、中国证监会的行政处罚及司法判决中可以看出证券监管机构和司法机关对该类违法犯罪行为的预防与打击态度。

2018 年 4 月 29 日,康美药业发布了一份"关于前期会计差错更正的公告",公告具体阐述了该公司 2017 年年度报告中出现的 14 项会计错误,其中最受市场关注的内容是财务数据出现会计差错,造成 2017 年该公司多计入货币资金 299 余亿元。这相当于该公司公开承认其账上近 300 亿元的货币资金是假的。一石激起千层浪,中国证监会立即对该公司和相关中介机构的信息披露违法事项进行立案调查。中国证监会经立案调查查明:2016 年 1 月 1 日至 2018 年 12 月 31 日,康美药业在未经过审批或授权程序的情况下,累计向控股股东及其关联方提供非经营性资金 11,619,130,802.74 元用于购买股票、替控股股东及其关联方偿还融资本息、垫付解质押款或支付收购溢价款等,存在着控股股东非经营性占用巨额资金的情况。中国证监会认为:依据 2005 年《证券法》

第66条第6项[①]和《公开发行证券的公司信息披露内容与格式准则第2号——年度报告的内容与格式》(2017年修订,已失效)第31条、[②]第40条[③]的规定,康美药业应当在相关年度报告中披露控股股东及其关联方非经营性占用资金的关联交易情况,但是康美药业未在2016年年度报告、2017年年度报告和2018年年度报告中披露前述情况,存在重大遗漏。康美药业的上述行为违反了2005年《证券法》第63条有关"发行人、上市公司依法披露的信息,必须真实、准确、完整,不得有虚假记载、误导性陈述或者重大遗漏"及第65条、第66条有关中期报告、年度报告的规定,构成2005年《证券法》第193条第1款规定的"发行人、上市公司或者其他信息披露义务人未按照规定披露信息,或者所披露的信息

---

① 2005年《证券法》第66条规定上市公司的年度报告除记载公司概况,公司财务会计报告和经营情况,董事、监事和高级管理人员简介和持股情况,已发行的股票或公司债券情况(包括持有公司股份最多的前十名股东名单和持股情况),公司的实际控制人等事项外,还要记载国务院证券监督管理机构规定的其他事项。

② 《公开发行证券的公司信息披露内容与格式准则第2号——年度报告的内容与格式》(2017年修订,已失效)第31条规定:"公司发生控股股东及其关联方非经营性占用资金情况的,应当充分披露相关的决策程序,以及占用资金的期初金额、发生额、期末余额、占用原因、预计偿还方式及清偿时间。公司应当同时披露会计师事务所对资金占用的专项审核意见。"

③ 《公开发行证券的公司信息披露内容与格式准则第2号——年度报告的内容与格式》(2017年修订,已失效)第40条规定:"公司应当披露报告期内发生的重大关联交易事项。若对于某一关联方,报告期内累计关联交易总额高于3000万元(创业板公司披露标准为1000万元)且占公司最近一期经审计净资产值5%以上,应当按照以下发生关联交易的不同类型分别披露。如已在临时报告披露且后续实施无进展或变化的,仅需披露该事项概述,并提供临时报告披露网站的相关查询索引。(一)与日常经营相关的关联交易,至少应当披露以下内容:关联交易方、交易内容、定价原则、交易价格、交易金额、占同类交易金额的比例、结算方式;可获得的同类交易市价,如实际交易价与市价存在较大差异,应当说明原因。大额销货退回需披露详细情况。公司按类别对报告期内发生的日常关联交易进行总额预计的,应当披露日常关联交易事项在报告期内的实际履行情况。(二)资产或股权收购、出售发生的关联交易,至少应当披露以下内容:关联交易方、交易内容、定价原则、资产的账面价值、评估价值、交易价格、结算方式及交易对公司经营成果和财务状况的影响情况,交易价格与账面价值或评估价值差异较大的,应当说明原因。如相关交易涉及业绩约定的,应当披露报告期内的业绩实现情况。(三)公司与关联方共同对外投资发生关联交易的,应当至少披露以下内容:共同投资方、被投资企业的名称、主营业务、注册资本、总资产、净资产、净利润、重大在建项目的进展情况。(四)公司与关联方存在债权债务往来或担保等事项的,应当披露形成原因,债权债务期初余额、本期发生额、期末余额及其对公司的影响。(五)其他重大关联交易。"

有虚假记载、误导性陈述或者重大遗漏”的行为,遂对康美药业等信息披露义务人及直接责任人予以行政处罚。

康得新是一家致力于预涂膜、光学膜、碳纤维等高分子化学材料的研发、生产与销售的高新技术企业,2010 年 6 月 1 日经中国证监会核准而登陆中国 A 股市场。康得新的大股东康得投资集团有限公司(以下简称康得集团)及其实际控制人钟某在投资经营预涂膜和光学膜产业取得巨大的成功之后,开始大规模进军碳纤维材料的研发、生产和投资领域,但是碳纤维产业的发展尚处于投资期,该项目的研发和技术投入需要大量的资金。在资金吃紧的情况下,钟某就打起了占用康得新流动资金的主意。康得集团通过与北京银行西单支行签订“现金管理业务合作协议”的方式,将康得新及其合并财务报表范围内 3 家子公司在北京银行西单支行开户存放的资金实时、全额归集到康得集团北京银行西单支行的账户。2019 年 1 月 21 日,康得新被爆出有两笔合计 15 亿元的超短期融资券违约,但奇怪的是其在北京银行西单支行的账户中仍然有 122 亿元资金。面对市场质疑,北京银行西单支行回复称其“可用余额为零”,这也就意味着上市公司康得新账户上的 122 亿元存款不翼而飞了。这一不可思议的现象引起监管机构的注意。中国证监会经立案调查后发现:康得新于 2015 年至 2018 年年度报告中披露的银行存款余额存在虚假记载,并没有如实地按照 2005 年《证券法》第 66 条第 6 项和《公开发行证券的公司信息披露内容与格式准则第 2 号——年度报告的内容与格式》(2017 年修订)第 31 条和第 40 条的规定记载并披露;同时,2016 年至 2018 年,康得新子公司张家港康得新光电材料有限公司(以下简称康得新光电)分别与厦门国际银行股份有限公司北京分行、中航信托股份有限公司签订了 4 份“存单质押合同”,约定以康得新光电的大额专户资金存单为康得集团提供担保,2016 年至 2018 年担保债务本金分别为 1,482,700,000.00 元、1,463,050,000.00 元、1,463,050,000.00 元。依据 2005 年《证券法》第 67 条第 2 款第 3 项,2007 年《上市公司信息披露管理办法》第 31 条第 1 款第 2 项、第 71

条第 1 款第 2 项，以及《深圳证券交易所股票上市规则》（2018 年修订）第 9.1 条、第 9.11 条的规定，康得新应当在签订担保合同之日起两个交易日内，披露其签订担保合同及对外提供担保事项，但康得新未按规定及时披露上述重大事件。依据《公开发行证券的公司信息披露内容与格式准则第 2 号——年度报告的内容与格式》（2017 年修订）第 40 条及第 41 条第 2 项的规定，康得新应当在相关年度报告中披露其为关联方提供担保的情况，但康得新未在 2016 年至 2018 年年度报告中披露该事项，导致相关年度报告存在重大遗漏。中国证监会认为：康得新上述两项违法行为违反了 2005 年《证券法》第 63 条、第 66 条、第 67 条和第 68 条的规定，构成 2005 年《证券法》第 193 条第 1 款规定的"发行人、上市公司或者其他信息披露义务人未按照规定披露信息，或者所披露的信息有虚假记载、误导性陈述或者重大遗漏"的行为，遂对康得新等信息披露义务人及直接责任人予以行政处罚。

2019 年 7 月 16 日，辅仁药业披露了"2018 年年度权益分派实施公告"，公告确定的红利派发股权登记日为 7 月 19 日、现金红利发放日为 7 月 22 日，但就在股权登记日（7 月 19 日）的晚间，因重要事项未公告而停牌一天的辅仁药业披露了一则"关于调整 2018 年年度权益分派有关事项暨继续停牌的公告"。在这个公告中辅仁药业表示，因资金安排的原因，未按有关规定完成现金分红款项划转，无法按照原定计划发放现金红利，原权益分派股权登记日、除权（息）日及现金红利发放日相应取消；并申请继续停牌不超过 3 个交易日，停牌期间，公司将积极做好相关资金准备，另行安排 2018 年年度权益分派事项，并重新确定权益分派股权登记日、除权（息）日及现金红利发放日，相关进展将及时公告。蹊跷的是辅仁药业 2019 年第一季度末公司合并报表上还显示有 18.16 亿元的货币资金，竟然连已经股东大会审议通过并公告的 6000 多万元分红款都拿不出来。市场为之哗然。就在辅仁药业披露延迟分红公告的当晚，上海证券交易所就向辅仁药业发出问询函，要求其披露如下四个事项：一是核实并说明办理本次权益分派相关资金安排的具体过程，以及未能按期划转现金分红款项的具体原因,并向投资者充分揭示有关风险;二是尽快做好相关资金安排,明确后续权益分派的具体时间,及时对外披露,并做好投资者的说明解释工作;三是核实并说明公司目前货币资金情况,分别列示公司及下属子公司货币资金余额及存放方式、受限情况,并说明是否存在流动性困难;四是核实并说明与控股股东、实际控制人及其关联方的资金往来和担保情况,是否存在违规占用资金及违规担保等情况。随后,中国证监会就辅仁药业的信息披露违法违规问题进行立案调查。中国证监会经进一步查明和审理,发现辅仁药业在 2015 年至 2018 年将货币资金提供给控股股东辅仁集团、辅仁集团母公司辅仁控股使用,辅仁药业未将提供给辅仁集团、辅仁控股的资金记入财务账簿,也未对辅仁集团、辅仁控股非经营性占用本公司资金情况予以披露,导致其披露的 2015 年、2016 年、2017 年和 2018 年年度报告存在虚假记载和重大遗漏。此外,2018 年,辅仁药业为辅仁集团及其实际控制人朱某臣借款提供 4 笔担保,涉及的合同金额合计 1.4 亿元,截至 2018 年 12 月 31 日未偿还金额为 7200 万元。辅仁药业未及时披露该对外担保事项,也未在 2018 年年度报告中披露该事项,导致相关年度报告存在重大遗漏。中国证监会认为:辅仁药业 2015 年至 2018 年年度报告中虚增货币资金、未披露控股股东及其关联方非经营性占用资金,以及 2018 年年度报告未披露关联方担保,导致定期报告存在虚假记载、重大遗漏的行为,违反了 2005 年《证券法》第 63 条规定的“上市公司依法披露的信息,必须真实、准确、完整,不得有虚假记载……”《公开发行证券的公司信息披露内容与格式准则第 2 号——年度报告的内容与格式》(2017 年修订)第 31 条第 1 款规定的“公司发生控股股东及其关联方非经营性占用资金情况的,应当充分披露相关的决策程序,以及占用资金的期初金额、发生额、期末余额、占用原因、预计偿还方式及清偿时间”、第 40 条第 4 项规定的“公司与关联方存在债权债务往来或担保等事项的,应当披露形成原因,债权债务期初余额、本期发生额、期末余额,及其对公司的影响”,以及 2005 年《证券法》第 66 条第 6 项的规定,构成2005年《证券法》第193条第1款规定的行为,遂对辅仁药业等信息披露义务人及直接责任人予以行政处罚。另外,对于辅仁药业2018年未及时披露关联方担保的行为,中国证监会认为其违反《关于规范上市公司对外担保行为的通知》(证监发〔2005〕120号,已失效)关于"上市公司董事会或股东大会审议批准的对外担保,必须在中国证监会指定信息披露报刊上及时披露"的规定、2005年《证券法》第67条第2款第12项关于"国务院证券监督管理机构规定的其他事项"的规定,构成2005年《证券法》第193条第1款规定的行为,辅仁药业董事长朱某臣、董事会秘书张某杰为直接负责的主管人员。

上述三个案例,不仅反映出监管机构对上市公司控股股东或实际控制人非经营性占用上市公司资金和要求其违规担保信息披露事项的密切关注,而且也体现了监管机构对待上市公司遗漏违规担保和大股东非经营性占用资金事项的信息披露行为的不同态度:因为大股东非经营性占用资金不属于《证券法》规定的重大事件,而是《证券法》和《公开发行证券的公司信息披露内容与格式准则第2号——年度报告的内容与格式》要求在上市公司年度报告中披露的内容,所以上市公司年度报告中遗漏了该事项时,在年度报告上签字确认年度报告内容真实、准确和完整的董监高就承担虚假陈述的法律责任。当上市公司没有按照法律、法规或者公司章程的规定履行董事会或者股东会审议程序而为股东、实际控制人或者关联人提供担保,也没有依法对外披露担保事项时,一方面,因为该事项是《证券法》规定的重大事件,所以上市公司应该以临时公告的形式自该协议签订之日起两个工作日内对外披露,没有履行该临时公告义务的直接责任人(一般是上市公司、上市公司的董事长、上市公司经理、上市公司的董事会秘书)将承担虚假陈述的法律责任;另一方面,该事项也是《证券法》和《公开发行证券的公司信息披露内容与格式准则第2号——年度报告的内容与格式》要求在上市公司年度报告中披露的内容,所以当上市公司年度报告中遗漏该事项时,在年度报告上签字确认年度报告内容真实、准确和完整的人员都应当承担虚假陈述的法律责任。所以在审核上市公司年度报告时上市公司董事、监事和高级管理人员应该重点关注这两个事项的区别及其自己的职责与责任。

实践中有集团公司的财务公司归集团旗下各子公司(包括上市公司)盈余资金的非经营性占用资金的例外情况。为提高企业集团内部资金使用效率,节约资金成本,我国自20世纪80年代起批准具备一定条件的企业集团设立财务公司。这些财务公司作为集团的“内部银行”,立足于服务集团整体,通过集中进行内部成员单位的资金归集、调配等方式实现集团分散资金的有效聚集融通,优化资源配置。这对集团公司旗下的子公司(包括上市公司)增加融资渠道和资金收益、减少融资成本等具有积极作用,也不存在集团公司通过财务公司占有上市公司资金或者利益输送的情况,所以在上市公司依法依规披露该关联交易的情况下,不会被监管机构视为上市公司非经营性占用资金的违法行为,成为上市公司非经营性占用资金的例外情形。但是,这种例外建立在公平、公正、公开交易的基础上。营口港与其控股股东下属的营口港务集团财务公司之间的不公平的存贷款往来就被辽宁证监局认定为隐形资金占用,遂依法对营口港采取责令改正的行政管理措施。[①] 因为财务公司是企业集团下的子公司,而上市公司是集团控股并独立运行的公众公司,所以上市公司董监高忠实与勤勉义务履行的职责要求

① 辽宁证监局2019年7月在对营口港的现场检查中发现,营口港将日常经营资金归集至控股股东营口港集团控股子公司营口港务集团财务有限公司(以下简称财务公司),由财务公司进行集中收付。营口港作为财务公司的成员单位,为财务公司提供了绝大部分的流动资金来源。其中,2017年年末财务公司从营口港归集资金16.95亿元,占财务公司归集资金的43.74%,而营口港从财务公司获取贷款3亿元。2018年年末财务公司从营口港公司归集资金30.43亿元,占财务公司归集资金的73.68%,而营口港获取贷款4.5亿元。营口港资金贡献率与其从财务公司获得的贷款比率严重失衡。在相应年份,营口港向财务公司归集大量资金,营口港集团将绝大部分资金用于向集团内其他公司发放贷款,造成财务公司剩余资金无法满足营口港的贷款需求,客观上导致营口港从外部金融机构融资,增加了上市公司相关资金成本。上述行为形成了关联方隐形非经营性占用上市公司资金。辽宁证监局据此对营口港作出责令改正的行政监督管理措施,上海证券交易所也依据《股票上市规则》对营口港及其董事长、总经理、财务负责人和董事会秘书作出了通报批评的纪律处分。

决定了其在审议该类关联交易事项时应该更加审慎地评估上市公司与财务公司之间交易的合理性、必要性和公允性，牢牢掌握资金自主使用权，严守资金安全风险底线，高度警惕其中潜藏的利益输送风险，避免出现隐形资金占用情形。

需要格外注意的是，上市公司非经营性资金占用的形式已趋于多样化和隐蔽化。有的上市公司通过购买理财产品、与银行协议存款等方式变相向控股股东或者实际控制人及其关联人输送利益或者使其非经营性占用资金；有的上市公司的控股股东存在通过高杠杆收购上市公司获得控制权、高比例股票质押、多元化投资经营等现象，故需要上市公司董事、监事和高级管理人员在履职时高度关注上市公司年度报告中对上市公司对外担保和非经营性占用资金事项的记载与描述。

除中国证监会依据《证券法》确立以信息披露为中心的行政监管及其法律责任追究外，上市公司依据《民法典》诉请上市公司控股股东或者实际控制人返还违规占用的资金或者赔偿因违规担保而侵害的利益、投资者利用《证券法》第 85 条的规定和第 95 条第 3 款规定的证券纠纷特别代表人诉讼机制要求控股股东或者实际控制人与上市公司及其高管承担虚假陈述的民事赔偿责任都会让其“倾家荡产”，背信损害上市公司利益罪和不披露、违规披露重要信息罪的刑事追诉会让控股股东或实际控制人及其控制的上市公司董监高遭受牢狱之灾，康美药业、康得新和辅仁药业都是按照这个路径落实相关责任追究的。

（三）“三会”运作不规范

《公司法》建立了公司股东会、董事会、监事会和管理层的“三会一层”治理结构，《上市公司章程指引》《上市公司治理准则》《股票上市规则》等规则对“三会”的组成与运作作了更加具体的规定。但是，实践中的诸多上市公司因“三会”运作不规范而受到行政处罚、行政监管措施或者纪律处分，并且形成了应该引起上市公司及其相关主体高度关注的行为模式。

“三会”的不规范运作首先表现为“三会”运作的基础性规范文件未

及时更新并有效执行。除了《公司法》《证券法》《上市公司治理准则》等法律法规和部门规章对上市公司治理机构及其运行有明确的规定和要求外，上市公司治理的有效运行还需要上市公司的《公司章程》《股东会议事规则》《董事会议事规则》《监事会议事规则》等治理文件和相关治理制度对公司治理规则的具体规定结合公司经营管理的实际予以贯彻和执行。但是有关上市公司治理的法律规范、监督管理制度和业务规则会随着证券市场的发展而不断修订和完善，上市公司的治理文件和制度也应根据这一法律规则和制度的变化而及时予以修正并在实践中贯彻执行。上市公司没有根据公司治理法律规则的修订而相应修订公司治理文件与制度或者没有将修订后的制度在实践中贯彻执行都会受到证券监管机构的关注或者处罚。①

股东会的召集、召开和决议形成等不规范是“三会”不规范运作的常见形式，主要有如下几种：一是应该召开而不召开股东会或者按时召开股东会。《公司法》等法规对股份有限公司股东会的召开有明确规定，②但实践中常见上市公司没有按此规定召集或者召开股东会而受到

① 例如，2023 年 6 月 8 日，山东证券局在对山东未名生物医药股份有限公司现场检查后认为该公司未及时按照最新法律法规修订公司章程，未及时建立独立董事工作制度，未妥善保存内幕信息知情人档案等，2021 年年度股东大会未在法律规定的期限内召开。以上行为违反了《上市公司治理准则》（证监会公告〔2018〕29 号）第 3 条、《上市公司章程指引（2022 年修订）》（证监会公告〔2022〕2 号）第 189 条、《上市公司独立董事规则》（证监会公告〔2022〕14 号）第 3 条、《上市公司监管指引第 5 号——上市公司内幕信息知情人登记管理制度》（证监会公告〔2022〕17 号）第 13 条、《关于上市公司内幕信息知情人登记管理制度的规定》（证监会公告〔2021〕5 号）第 13 条、《上市公司股东大会规则（2022 年修订）》（证监会公告〔2022〕13 号）第 4 条的规定。决定对该公司采取责令改正并出具警示函的行政监管措施，同时将相关情况记入诚信档案。

② 《公司法》第 113 条规定：“股东会应当每年召开一次年会。有下列情形之一的，应当在两个月内召开临时股东会会议：（一）董事人数不足本法规定人数或者公司章程所定人数的三分之二时；（二）公司未弥补的亏损达股本总额三分之一时；（三）单独或者合计持有公司百分之十以上股份的股东请求时；（四）董事会认为必要时；（五）监事会提议召开时；（六）公司章程规定的其他情形。”

行政处罚或者纪律处分。[①] 二是股东会召集与召开违背法律规定。《公司法》规定了股份公司股东会召集与召开的程序及其违反法律规定的股东会效力，[②]实践中既有不符合单独召集股东会或者绕开董事会和监事会而单独召集股东会的，也有在控制权之争的过程中上市公司(董事会)不依法召集股东会或者召集程序违反规定而出现司法纠纷的情况。[③] 三是迫不及待地将需要股东会审议的事项在经股东会审议通过

① 例如，2017 年 9 月 30 日和 10 月 31 日，众和股公告独立董事朱某某和公司董事詹某某因个人原因向公司董事会提出辞去独立董事和董事职务。这两位董事辞职后，董事会成员人数低于法定最低人数。按照 2013 年《公司法》的规定，董事人数低于法定人数时，公司应该在两个月内召开临时股东大会完成补选工作，但公司未按时完成。公司因此于 2018 年 2 月 23 日受到证券交易所的监管函，监管函要求公司及时整改，并杜绝上述问题的再次发生。再如，截至 2016 年 12 月 31 日和 2017 年 12 月 31 日，阳煤化工经审计的未分配利润分别为 -10.91 亿元和 -9.74 亿元，对应实收股本均为 17.57 亿元，公司连续两年未弥补亏损金额超过实收股本总额的 1/3。按照 2013 年《公司法》的相关规定，公司应该在上述事实发生之日起 2 个月内召开临时股东大会对相关事项进行审议。但是公司直到 2018 年 7 月 30 日才召开董事会审议通过了 2016 年和 2017 年未弥补亏损超过实收股本总额 1/3 的相关议案，并于 2018 年 8 月 15 日召开股东大会审议通过上述议案。公司因为该事项加之同期存在关联交易事项未及时提交董事会和股东会审议并披露的情况而受到证券交易所通报批评的纪律处分。

② 《公司法》第 114 条规定了股东会的召集与召开程序，它规定："股东会会议由董事会召集，董事长主持；董事长不能履行职务或者不履行职务的，由副董事长主持；副董事长不能履行职务或者不履行职务的，由过半数的董事共同推举一名董事主持。董事会不能履行或者不履行召集股东会会议职责的，监事会应当及时召集和主持；监事会不召集和主持的，连续九十日以上单独或者合计持有公司百分之十以上股份的股东可以自行召集和主持。"《公司法》第 26 条第 1 款又规定："公司股东会、董事会的会议召集程序、表决方式违反法律、行政法规或者公司章程，或者决议内容违反公司章程的，股东自决议作出之日起六十日内，可以请求人民法院撤销。"

③ 前者如 2021 年 6 月 8 日新潮能源收到《关于宁夏顺亿能源科技有限公司等股东自行召集山东新潮能源股份有限公司 2021 年第一次临时股东大会的通知函》，经新潮能源核查，该提名召集召开股东会的提名人不符合连续 90 日单独或者合计持有上市公司股份达 10% 的资格条件，而且是绕开董事会和监事会的前置程序而自行召集的，不符合法律规定的条件和程序，即使召集人自行召集召开了该股东会临时会议，因为属于可撤销的民事行为，该股东会决议效力也处于不确定的状态。后者在上市公司为争夺控制权的收购时常出现这种情况，例如 2015 年上海新梅新股东开南系向公司提出召开股东会临时会议遭到质疑和拒绝后，自行召集召开股东会而出现的"双头董事会"并就此引起司法纠纷。

前就生效或者实施,让股东会决议形式化。[①] 四是将股东会的法定职权授权给董事会或者其他主体代为行使,存在过度授权的问题。[②] 五是股东会的通知及其期限存在不规范的地方。[③] 六是股东会的会议出席情况和记录等方面违规。股东会的会议记录应该真实、准确、完整,但有些上市公司的股东会记录存在错误、造假的情形,例如奥瑞德光电股份有限公司2016 年第三次临时股东大会的部分股东未在股东大会报到登记册上签字,部分股东未在表决票上发表意见但均作为同意票计算、智

① 例如,2015 年 12 月 31 日,姚记扑克董事会审议通过了《关于减少募集资金项目投资额并部分变更的议案》,公司拟将原募投项目"投资控股中德索罗门自行车(北京)有限责任公司(以下简称中德索罗门)"变更为"投资参股中德索罗门及受让索罗门实业(天津)有限公司 100% 股权",并授权公司全资子公司启东姚记扑克实业有限公司(以下简称启东姚记)与中德索罗门、原出售方仇某明签订《关于收购中德索罗门自行车(北京)有限责任公司之补充协议》(以下简称补充协议)。补充协议中约定:"启东姚记以 3069 万元的价格将其已持有的中德索罗门公司 31% 的股权转让给仇某明。补充协议生效后,中德索罗门的董事会应由 5 名董事组成,启东姚记有权委派 2 名董事。"上述议案需提交 2016 年 1 月 19 日召开的股东大会审议通过后生效。然而,在上述议案尚未提交股东大会审议的情形下,该公司已实际执行部分协议内容。针对该公司上述行为,2016 年 8 月 29 日,深圳证券交易所给该公司下发了监管函,要求该公司及时整改,并杜绝上述问题的再次发生。

② 例如,皇氏集团 2017 年度股东大会审议通过子公司北京盛世骄阳文化传播有限公司及广西皇氏甲天下食品有限公司 100% 股权转让的议案,公司股东大会授权董事会全权办理公开挂牌转让有关的全部事宜。经过一次按照评估价挂牌转让失败后公司以评估价格下调 10% 的价格再次挂牌转让,但是按照《股票上市规则》的规定,公司资产转让的价格调整超过公司最近一个会计年度经审计净利润的 50% 以上需提交股东大会审议,该资产转让的价格调整达到了股东会审议的标准,属于股东会审议的法定事项,皇氏集团 2017 年度股东大会针对该股权转让的授权存在过度授权的问题。为此,深圳证券交易所发出关注函,要求该公司说明这次价格调整是否达到《股票上市规则(2018 年修订)》第 9.3 条规定的需要提交股东大会审议情形,如果达到了,说明公司董事会未将议案提交股东大会审议的原因及合理性,或公司董事会虽取得股东大会授权,但将应由股东大会审议的事项授权董事会决议是否合理,是否违反《公司法》《公司章程》等相关规则的禁止性规定。最终,公司提请股东大会对原授权进行修订,该议案经新一次股东大会审议通过。

③ 例如,2018 年 6 月 22 日,康盛股份发布《关于取消股东大会并延期审议相关事项的公告》称,公司无法按期在原定股东大会召开日前将置出资产富嘉融资租赁有限公司的股权解除质押,因此决定取消原定于 2018 年 6 月 25 日召开的 2018 年第三次临时股东大会,并推迟审议原定于本次股东大会审议的各项议案,股东大会的召开日期及股权登记日另行通知。按照《股东会议事规则》的规定,一旦出现股东大会延期或者取消、提案取消的情形,召集人应当在原定会议召开日前两个交易日发布公告,但 2018 年 6 月 23 日和 2018 年 6 月 24 日是周末,扣除这两天非交易日,康盛股份取消 6 月 25 日股东会的决定不符合规定,2018 年 7 月 6 日深圳证券交易所给该公司下发了监管函,要求该公司及时整改,并杜绝上述问题再次发生。

度股份 2019 年至 2021 年共有 6 次临时股东大会决议公告记载或披露的律师列席情况与实际不符，存在披露列席的律师未实际列席相关股东大会的情形等情况，这些情况均受到监管关注或者行政监管措施。

董事会的不规范运作是“三会”不规范运作最容易感知到的内容，主要表现在如下几方面：一是会议召集召开的程序及会议记录不规范。上市公司董事会会议应严格按照规定的程序进行，董事会应按规定的时间事先通知所有董事，并提供足够的资料。董事会的会议记录应该真实、准确完整。但在实务中，有些上市公司存在董事会会议通知随意；提案程序存在瑕疵；会议记录缺失、错误、造假；董事会会议记录签名由他人代签；董事会信息披露不充分；等等。[①] 二是董事会授权不规范。董事会的授权必须合法合规，对于法律规定的必须由董事会行使的职权，董事会不得授权他人行使；对于非法定职权，董事会在授权时必须遵守股东会决议和公司章程的规定，授权内容必须清楚明了。在实务中，有些上市公司董事会存在将法定职权授权他人行使、过分授权、授权内容模糊等问题。[②] 三是董事会及其专门委员会等组织的设立与运作不规范。《公司

① 例如，2015 年 6 月 11 日，辽宁证监局对欣泰电气采取出具警示函的行政监管措施，公司存在多项董事会运作不规范的行为，成为董事会召集召开程序的典型案例，主要包括如下几项内容：一是公司董事会召开程序不符合规定。公司召开第三届董事会第十二次会议时，董事长因故不能主持，未经过相应程序，直接由公司其他董事主持，不符合公司《公司章程》第 113 条“董事长不能履行职务或者不履行职务的，由半数以上董事共同推举一名董事履行职务”的规定。二是公司董事会通知时间不符合规定。经抽检，公司第三届董事会部分会议通知时间为 7 天，不符合公司《公司章程》第 114 条“董事会每年至少召开两次会议，由董事长召集，于会议召开 10 日以前书面通知全体董事和监事”的规定。三是公司董事会秘书聘任程序不符合规定。2014 年经公司董事长温某乙提名，公司董事会同意聘任杜某宁担任公司董事会秘书、副总经理，但公司《公司章程》第 129 条规定董事会秘书聘任应该由总经理提名。四是公司董事会会议表决程序不符合规定，公司第三届董事会部分会议表决文件中，董事长没有签署表决意见。

② 例如，2019 年 6 月 3 日通化金马召开董事会审议通过了《关于修订〈公司章程〉的议案》，并拟提交至 6 月 24 日召开的 2018 年年度股东大会审议。该修改公司章程的议案中对董事长的授权就存在过度授权并打破了董事会集体表决机制，它规定“对于交易涉及的资产总额占公司总资产的 20% 以内、交易的成交金额占公司净资产的 20% 以内、交易产生的利润占公司净利润的 20% 以内、交易标的营业收入占公司营业收入的 20% 以内以及交易标的的净利润占公司净利润的 20% 以内的交易事项，公司董事长可以直接作出审批决定”。

法》和《上市公司治理准则》规定了上市公司董事会的任期、组成、职责与议事规则。[①] 但在实务中,有些上市公司未按照规定按期换届或者董事会组成人员结构不符合法律法规的规定、[②]专门委员会设置不合规或形同虚设,未发挥真正的作用而受到监管关注或者处罚。[③] 四是独立董事制度未发挥应有的监督制衡作用。以 2001 年 8 月 16 日中国证监会颁布《关于在上市公司建立独立董事制度的指导意见》(已失效)为标志,我国建立了上市公司独立董事制度,并期望通过该制度的实施发挥独立董事的监督制衡作用从而提高上市公司的治理和运行质量。上市公司独立董事制度建立以来,虽然有乐山电力的独立董事成功行使特别职权对上

① 《公司法》(2018 年修正)第 45 条和 2023 年修订的《公司法》第 70 条第 1 款规定:"董事任期由公司章程规定,但每届任期不得超过三年。董事任期届满,连选可以连任。"《上市公司治理准则》第 38 条规定:"上市公司董事会应当设立审计委员会,并可以根据需要设立战略、提名、薪酬与考核等相关专门委员会。专门委员会对董事会负责,依照公司章程和董事会授权履行职责,专门委员会的提案应当提交董事会审议决定。专门委员会成员全部由董事组成,其中审计委员会、提名委员会、薪酬与考核委员会中独立董事应当占多数并担任召集人,审计委员会的召集人应当为会计专业人士。"第 39 条规定:"审计委员会的主要职责包括:(一)监督及评估外部审计工作,提议聘请或者更换外部审计机构;(二)监督及评估内部审计工作,负责内部审计与外部审计的协调;(三)审核公司的财务信息及其披露;(四)监督及评估公司的内部控制;(五)负责法律法规、公司章程和董事会授权的其他事项。"第 40 条规定:"战略委员会的主要职责是对公司长期发展战略和重大投资决策进行研究并提出建议。"第 41 条规定:"提名委员会的主要职责包括:(一)研究董事、高级管理人员的选择标准和程序并提出建议;(二)遴选合格的董事人选和高级管理人员人选;(三)对董事人选和高级管理人员人选进行审核并提出建议。"第 42 条规定:"薪酬与考核委员会的主要职责包括:(一)研究董事与高级管理人员考核的标准,进行考核并提出建议;(二)研究和审查董事、高级管理人员的薪酬政策与方案。"

② 例如,2022 年 1 月 24 日,广西广电第五届董事会、监事会任期届满,截至 2022 年 3 月,上市公司尚未完成董事会、监事会换届工作,不符合《公司法》(2018 年修正)第 45 条、第 52 条和《上市公司章程指引》(证监会公告〔2022〕2 号)第 138 条规定,亦不符合广西广电《公司章程》相关规定。此外,广西广电个别独立董事任职超过 6 年,不符合《上市公司独立董事规则》(证监会公告〔2022〕14 号)第 15 条的规定。再加上广西广电内幕信息管理、制度制定和会议管理等不规范,广西证监局决定对广西广电采取责令改正的行政监管措施,并记入证券期货市场诚信档案。

③ 例如,2019 年深圳证监局对赛为智能进行现场检查时,发现公司聘任总经理、董事会秘书、副总经理、财务总监等高级管理人员的议案均未提交公司设立的董事会提名委员会审议;公司董事会审计委员会仅对公司年度报告和半年度报告进行审议,未对公司一季度报告和三季度报告进行审议。针对上述违规行为,2020 年 3 月 18 日深圳证监局下发《关于对深圳市赛为智能股份有限公司采取责令改正措施的决定》,要求该公司对有关问题采取有效措施进行改正。

市公司的关联交易或负债情况予以监督的典型案例、南京公用独立董事发挥其对公司的对外投资和违规资金占用的监督与督促返还作用而免受处罚的案例，但也存在着上海家化与沪江日化之间的关联交易未通过董事会审议并依法披露、文峰股份股权代持和慧球科技实际控制人变化等事项的未依法信息披露、华泽钴镍未依法披露年度报告、康美药业和康得新系统性财务造假与非经营性资金占用等案例中独立董事均因未尽到监督和督促作用并因此而受到行政处罚的案例，这些独立董事受到行政处罚的案例表明实践中上市公司独立董事发挥监督制衡作用尚有很多不足。五是有些事项需要上市公司董事会审议而未提交审议。该情形比较典型的是上市公司违规担保、非经营性资金占用和非公允的关联交易事项，应当提交公司董事会审议并对外披露，但是上市公司采取了隐瞒或者规避的方式未提交董事会审议并披露。此外，还有部分上市公司改变募集资金用途、[1]重大投资、财务资助、兼并收购等应当依法提交公司董事会审议的重大事项未履行董事会审议程序而受到处罚或者处分。[2] 六

① 《证券法》（2019 年修订）第 14 条规定："公司对公开发行股票所募集资金，必须按照招股说明书或者其他公开发行募集文件所列资金用途使用；改变资金用途，必须经股东大会作出决议。擅自改变用途，未作纠正的，或者未经股东大会认可的，不得公开发行新股。"虽然该法规定上市公司改变募集资金用途必须经股东大会作出决议，但是股东大会表决之前一般都是通过保荐机构或者财务顾问沟通商议后董事会决议后提交股东大会表决，所以未履行决议程序而改变募集资金用途的，上市公司一般会受到监管关注或者处罚。

② 例如，2023 年 8 月 28 日，保利联合化工控股集团股份有限公司披露《关于子公司保利新联获取矿权并实施广东省韶关市红尾坑矿区矿山一体化项目的公告》称，控股子公司保利新联爆破工程集团有限公司于 2023 年 6 月 12 日通过竞拍方式获取广东省韶关市红尾坑矿区矿权，本次矿权获取金额合计 76,672.97 万元。上述交易金额占保利联合化工控股集团股份有限公司最近一期经审计净资产的 29.69%，保利联合化工控股集团股份有限公司未及时履行审议程序和信息披露义务，直至 2023 年 8 月 24 日才召开董事会审议并披露。保利联合化工控股集团股份有限公司的上述行为违反了深圳证券交易所《股票上市规则（2023 年修订）》第 1.4 条、第 6.1.2 条的规定。深圳证券交易所上市公司管理二部据此对保利联合化工控股集团股份有限公司发出监管函。再如，广东宝丽华新能源股份有限公司 2019 年至 2021 年有关董事（不含独立董事）、监事报酬事项未经公司股东大会决定，高级管理人员薪酬分配方案未经公司董事会批准，公司独立董事未就董事报酬事项向股东大会发表独立意见、未就高级管理人员报酬事项向董事会发表独立意见。上述情形违反了 2018 年《公司法》第 37 条、第 99 条，《上市公司治理准则》第 57 条、第 60 条以及《上市公司独立董事规则》（证监会公告〔2022〕14 号）第 23 条等规定。广东证监局根据《证券法》第 170 条第 2 款的规定决定对广东宝丽华新能源股份有限公司采取责令改正的行政监管措施。

是董事会成员没按规定出席会议并尽到勤勉尽责义务，董事会成员按照规定出席会议，认真审议相关议案，这是董事会规范运作的基础。但是在实务中有部分上市公司的董事怠于行使董事职权，个人的履职行为和质量会影响上市公司董事会的整体运行质量与形象。[①]

监事会运作不规范也是“三会”运作不规范的重要内容。2018 年《公司法》和《上市公司治理准则》对上市公司监事会的职权作了明确规定：监事会依法检查公司财务，监督董事、高级管理人员履职的合法合规性，行使公司章程规定的其他职权，维护上市公司及股东的合法权益；监事会可以独立聘请中介机构提供专业意见；监事会发现董事、高级管理人员存在违反法律法规或者公司章程，应当履行监督职责，并向董事会通报或者向股东大会报告，也可以直接向中国证监会及其派出机构、证券交易所或者其他部门报告。2023 年修订的《公司法》又完善了上市公司监事会的监督职权。但在上市公司运作实务中，监事会的运作常存在以下问题：一是由于存在监事职责边界不清晰、监事会成员兼职较多等问题，导致有些上市公司的监事会独立性丧失，监事会形同虚设，监事会的监督流于形式，很少有否决事项，未能充分发挥应有的

---

① 例如，根据华达汽车科技股份有限公司于 2023 年 8 月 25 日、9 月 16 日、9 月 21 日披露的董事会决议公告，公司时任董事陈某宏未出席公司第四届董事会第六次、第八次及第九次会议，也未委托其他董事代为出席会议。虽然陈某宏董事多次未出席董事会且未委托其他董事代为出席，未尽到作为董事的法定职责，但是该行为违反了 2018 年《公司法》第 112 条，《上海证券交易所股票上市规则》第 4.3.1 条、第 4.3.5 条，《上海证券交易所上市公司自律监管指引第 1 号——规范运作》第 3.1.1 条、第 3.1.6 条、第 3.3.2 条等有关规定以及其在《董事（监事、高级管理人员）声明及承诺书》中作出的承诺。鉴于上述违规事实和情节，上海证券交易所公司管理一部根据《股票上市规则》第 13.2.2 条和《上海证券交易所纪律处分和监管措施实施办法》有关规定，对华达汽车科技股份有限公司时任董事陈某宏作出监管警示的监管措施决定。再如，2023 年 11 月 29 日三峡新材临时董事会会议召开，公司的 3 位独立董事集体缺席（既未参会也未委托其他独立董事参会）。公司独立董事集体缺席董事会的事项被监管机构认定为独立董事未勤勉尽责履职，分别受到证券交易所和湖北证券局警示函的监管措施。以上两例董事无故缺席董事会而受到监管措施的事项虽然针对的是董事个人，但是通过上市公司受到的监管关注和信息披露行为既反映出该类公司董事会运作的随意性与不规范，也对上市公司的整体形象产生负面评价和影响。

监督职责。[①] 二是监事会的召开程序、议事规则、会议记录等存在违规行为,如监事会的通知时间不符合要求,会议记录出现遗漏、错误,甚至造假的情形。

(四)关联交易未依法审议或者披露

法律法规和证券监管规则对上市公司的关联交易的认定、审议程序与披露标准作了全面而详细的规定,但是在上市公司规范运作的实践中还是常现关联交易认定错误、审议程序不规范和未依法披露关联交易而受到行政处罚(分)的案例。

关联方与关联关系的认定是上市公司关联交易审议和披露的基础。《公司法》在规定"公司的控股股东、实际控制人、董事、监事、高级管理人员不得利用关联关系损害公司利益"的同时,又将关联交易界定为"公司控股股东、实际控制人、董事、监事、高级管理人员与其直接或者间接控制的企业之间的关系,以及可能导致公司利益转移的其他关系"。其他部门规章从各自各行业特征对公司的关联方与关联管理作了明确的界定。财政部2006年公布的《企业会计准则第36号——关联方披露》将关联方界定为"一方控制、共同控制另一方或对另一方施加重大影响,以及两方或两方以上同受一方控制、共同控制或重大影响",在此基础上,关联交易就被定义为"关联方之间转移资源、劳务或义务的行为,而不论是否收取价款"。《企业会计准则第36号——关联方披露》在界定关联方、关联交易及其类型的基础上,进一步要求企业无论是否发生关联交易均要在财务报表附注中披露所有关联方关系。企业与关联方发生关联方交易的,企业还应当在财务报表附注中披露该关

---

① 例如,2018年12月25日,上海证券交易所对天业股份下发纪律处分决定书。交易所查明天业股份存在控股股东违规占用公司巨额资金、公司为实际控制人及其关联方违规提供巨额担保、未披露业绩预亏公告、重大资产转让事项未及时披露,也未履行决策程序,公司未及时披露多起重大诉讼、主要账户被冻结情况、重大债务到期未清偿事项,公司内部控制存在重大缺陷,会计师对公司财务报告无法表示意见等多项违法违规事项,所以证券交易所在对该公司、公司控股股东、实际控制人、公司董事给予纪律处分的同时,也给予公司时任监事公开谴责,理由是其未能有效促使或监督公司依法合规运营、未能保证公司在所有重大方面保持有效的内部控制。

联方关系的性质、交易类型及交易要素，以此规范企业的关联方关系及其交易的信息披露行为，这是企业编制财务报表时对关联方关系及其交易认定的基本要求。《银行保险机构关联交易管理办法》对银行保险机构关联方的界定与《公司法》的定义大同小异，[①]但是在关联方外延的认定上，该规定结合银行保险机构的营利模式和行业特点，将银行保险机构的控股股东和实际控制人及其相关主体、持有或控制银行保险机构5%以上股权或者持股不足5%但对银行保险机构经营管理有重大影响的主体（包括自然人、法人或非法人组织）及其关联人、银行保险机构的董监高以及具有大额授信、资产转移、保险资金运用等核心业务审批或决策权的人员均被列为银行保险机构的关联方。[②] 不仅如此，银行保险及其监管机构可以根据实质重于形式和穿透的原则认定可能导致银

---

① 2022年《银行保险机构关联交易管理办法》第5条将银行保险机构的关联方界定为"与银行保险机构存在一方控制另一方，或对另一方施加重大影响，以及与银行保险机构同受一方控制或重大影响的自然人、法人或非法人组织"。

② 2022年《银行保险机构关联交易管理办法》第6条和第7条通过对关联自然人和关联法人分别规定的方式，规定了银行保险机构的关联方。其中，第6条规定："银行保险机构的关联自然人包括：（一）银行保险机构的自然人控股股东、实际控制人，及其一致行动人、最终受益人；（二）持有或控制银行保险机构5%以上股权的，或持股不足5%但对银行保险机构经营管理有重大影响的自然人；（三）银行保险机构的董事、监事、总行（总公司）和重要分行（分公司）的高级管理人员，以及具有大额授信、资产转移、保险资金运用等核心业务审批或决策权的人员；（四）本条第（一）至（三）项所列关联方的配偶、父母、成年子女及兄弟姐妹；（五）本办法第七条第（一）（二）项所列关联方的董事、监事、高级管理人员。"第7条规定："银行保险机构的关联法人或非法人组织包括：（一）银行保险机构的法人控股股东、实际控制人，及其一致行动人、最终受益人；（二）持有或控制银行保险机构5%以上股权的，或者持股不足5%但对银行保险机构经营管理有重大影响的法人或非法人组织，及其控股股东、实际控制人、一致行动人、最终受益人；（三）本条第（一）项所列关联方控制或施加重大影响的法人或非法人组织，本条第（二）项所列关联方控制的法人或非法人组织；（四）银行保险机构控制或施加重大影响的法人或非法人组织；（五）本办法第六条第（一）项所列关联方控制或施加重大影响的法人或非法人组织，第六条第（二）至（四）项所列关联方控制的法人或非法人组织。"

行保险机构利益转移的自然人、法人或非法人组织为其关联方,[1]根据银行、保险、信托等非银行机构的不同业务类型来识别关联交易,并依一般与重大关联交易而对其审议和披露。这是银行保险机构识别和认定其关联方及其关联交易应当遵循的基本规范。上市公司的关联交易认定规则主要是沪深北证券交易所《股票上市规则》。[2] 所以,上市公司不能仅仅依据《公司法》和《企业会计准则第36号——关联方披露》的规定来认定关联方关系和关联交易,还应当按照《股票上市规则》的相关规定认定上市公司的关联方关系和关联交易,银行保险类上市公司还要遵守《银行保险机构关联交易管理办法》的规定。上市公司违反如

① 《银行保险机构关联交易管理办法》第8条和第9条对银行保险及其监管机构认定关联方关系的兜底原则作了规定,其中第8条规定:"银行保险机构按照实质重于形式和穿透的原则,可以认定以下自然人、法人或非法人组织为关联方:(一)在过去十二个月内或者根据相关协议安排在未来十二个月内存在本办法第六条、第七条规定情形之一的;(二)本办法第六条第(一)至(三)项所列关联方的其他关系密切的家庭成员;(三)银行保险机构内部工作人员及其控制的法人或其他组织;(四)本办法第六条第(二)(三)项,以及第七条第(二)项所列关联方可施加重大影响的法人或非法人组织;(五)对银行保险机构有影响,与银行保险机构发生或可能发生未遵守商业原则、有失公允的交易行为,并可据以从交易中获取利益的自然人、法人或非法人组织。"第9条规定:"银保监会或其派出机构可以根据实质重于形式和穿透的原则,认定可能导致银行保险机构利益转移的自然人、法人或非法人组织为关联方。"

② 例如,《上海证券交易所股票上市规则》(2024年4月修订)第6.3.3条规定:"上市公司的关联人包括关联法人(或者其他组织)和关联自然人。具有以下情形之一的法人(或者其他组织),为上市公司的关联法人(或者其他组织):(一)直接或者间接控制上市公司的法人(或者其他组织);(二)由前项所述法人(或者其他组织)直接或者间接控制的除上市公司、控股子公司及控制的其他主体以外的法人(或者其他组织);(三)关联自然人直接或者间接控制的、或者担任董事(不含同为双方的独立董事)、高级管理人员的,除上市公司、控股子公司及控制的其他主体以外的法人(或者其他组织);(四)持有上市公司5%以上股份的法人(或者其他组织)及其一致行动人;具有以下情形之一的自然人,为上市公司的关联自然人:(一)直接或者间接持有上市公司5%以上股份的自然人;(二)上市公司董事、监事和高级管理人员;(三)直接或者间接地控制上市公司的法人(或者其他组织)的董事、监事和高级管理人员;(四)本款第(一)项、第(二)项所述人士的关系密切的家庭成员。在过去12个月内或者相关协议或者安排生效后的12个月内,存在本条第二款、第三款所述情形之一的法人(或者其他组织)、自然人,为上市公司的关联人。中国证监会、本所或者上市公司可以根据实质重于形式的原则,认定其他与上市公司有特殊关系,可能或者已经造成上市公司对其利益倾斜的法人(或者其他组织)或者自然人为上市公司的关联人。"

上相关规定，错误认定和披露关联方关系[①]或者仅仅依据年审财务报告确认的关联方关系而未尽到勤勉尽责的履职要求而受到行政处罚或者纪律处分。[②]

法律法规及证券监管规则在建立上市公司关联交易披露[③]和股东

---

① 例如，2015 年 10 月 30 日和 11 月 16 日，珠海中富第九届董事会 2015 年第九次会议、2015 年第六次临时股东大会审议通过《关于公司符合非公开发行股票条件的议案》《关于公司非公开发行股票方案的议案》等议案，拟向广东长洲投资有限公司（以下简称长洲投资）等多家机构非公开发行股票，其中长洲投资拟认购 14,000 万股，占发行后珠海中富总股份的 7.8%。2015 年 10 月 30 日，珠海中富与长洲投资签订附条件生效的《非公开发行股票之股份认购协议》。长洲投资实际控制人陈某勇通过长洲投资在未来 12 个月内间接持有珠海中富 5% 以上股份，成为珠海中富的关联人。2015 年 12 月 15 日，珠海中富与陈某勇控制的兴中投资签订《河南中富容器有限公司股权转让协议》，以 1.3 亿元的价格向兴中投资出售子公司河南中富 100% 股权，双方于 2016 年 1 月 27 日完成该项交易并办理股权过户登记的工商登记手续。陈某勇为珠海中富的关联人，珠海中富出售子公司股权给陈某勇控制的兴中投资构成关联交易，但是珠海中富未将陈某勇和兴中投资认定为关联方，对该项交易也未履行关联交易审议程序并作相应的披露。中国证监会依据 2014 年《证券法》第 68 条和《上市公司信息披露管理办法》（证监会令第 40 号）第 58 条的规定对珠海中富及其时任实控人（董事）、总经理和董事会秘书作出相应的行政处罚。

② 例如，2008 年 4 月至 2013 年 7 月，上海家化与吴江市黎里沪江日用化学品厂（以下简称沪江日化）发生采购销售、资金拆借等关联交易，但是上海家化未在相应年度报告中对关联方沪江日化及与其发生的关联交易进行披露。上海证监局依据以上事实和 2005 年《证券法》第 63 条、第 193 条的规定对上海家化及时任董监高作出警告和罚款的行政处罚。行政处罚作出后，受到处罚的部分董事（主要是独立董事）针对上海证监局作出的警告并罚款的行政处罚不服，提出"审计机构的年度审计报告中没有将沪江日化列为上海家化的关联方，二者之间不存在关联关系，独立董事基于对审计机构的信任而签署年度报告并没有过错"等抗辩理由，乃至在此后的行政诉讼中强化这些观点，均未得到证券监管机构和司法机关的认可。

③ 2024 年修订的《上海证券交易所股票上市规则》第 6.3.6 条规定："上市公司与关联人发生的交易达到下列标准之一的，应当履行相关决策程序后及时披露：（一）与关联自然人发生的交易金额（包括承担的债务和费用）在 30 万元以上的交易；（二）与关联法人（或者其他组织）发生的交易金额（包括承担的债务和费用）在 300 万元以上，且占上市公司最近一期经审计净资产绝对值 0.5% 以上的交易。"同期修订的《深圳证券交易所股票上市规则》《深圳证券交易所创业板股票上市规则》对深圳主板和创业板上市公司关联交易披露标准作了相同或者类似（创业板上市规则增加了财务资助的例外规定）规定。同期修订的《上海证券交易所科创板股票上市规则》第 7.2.3 条规定了"上市公司与关联人发生的交易（提供担保除外）达到下列标准之一的，应当及时披露：（一）与关联自然人发生的成交金额在 30 万元以上的交易；（二）与关联法人发生的成交金额占上市公司最近一期经审计总资产或市值 0.1% 以上的交易，且超过 300 万元"更有针对性并有差异的关联交易披露标准。

会审议标准[①]的同时，设置了12个月累计计算原则、[②]清零原则、[③]审慎性原则、[④]日常关联交易以预计总金额的形式“一揽子”审议与披露的简易规则、[⑤]豁免规则[⑥]以及“交易各方不得隐瞒关联关系或者采取其他手段，规避公司的关联交易审议程序和信息披露义务”[⑦]和“上市公司通过隐瞒关联关系或者采取其他手段，规避信息披露、报告义务的，由中国

---

① 2024年修订的《上海证券交易所股票上市规则》第6.3.7条规定：“上市公司与关联人发生的交易金额（包括承担的债务和费用）在3000万元以上，且占上市公司最近一期经审计净资产绝对值5%以上的，应当披露审计报告或者评估报告，并将该交易提交股东大会审议。”同期修订的《深圳证券交易所股票上市规则》《深圳证券交易所创业板股票上市规则》对深圳主板和创业板上市公司关联交易股东会审议标准作了与沪主板上市关联交易需提交股东会审议标准内容相同的规定。同期修订的《上海证券交易所科创板股票上市规则》第7.2.4条规定了“上市公司与关联人发生的交易金额（提供担保除外）占上市公司最近一期经审计总资产或市值1%以上的交易，且超过3000万元，应当比照第7.1.9条的规定，提供评估报告或审计报告，并提交股东大会审议。与日常经营相关的关联交易可免于审计或者评估”的科创板关联交易需提交股东会审议的标准。

② 2024年修订的《上海证券交易所股票上市规则》第6.3.15条规定：“上市公司在连续12个月内发生的与同一关联人进行的交易或者与不同关联人进行的相同交易类别下标的相关的交易，应当按照累计计算的原则，分别适用披露和股东会审议标准的规定。”

③ 2024年修订的《上海证券交易所股票上市规则》第6.1.16条第2款规定：“公司已按照股票上市规则的相关规定履行披露和审议等相关义务的，该项交易不再纳入对应的累计计算范围。公司已披露但未履行股东大会审议程序的交易事项，仍应当纳入相应累计计算范围以确定应当履行的审议程序。”沪深证券交易所其他板块的《股票上市规则》均有该内容的相同规定。本书将已经履行披露和审议的交易不再纳入累计计算的范围之内的规则总结为“清零原则”。

④ 2024年修订的《上海证券交易所股票上市规则》第6.3.7条第4款规定：“公司关联交易事项未达到应提交股东会审议的标准，但中国证监会、证券交易所根据审慎原则要求，或者公司按照其章程或者其他规定，以及自愿提交股东大会审议的，应当按照该条第1款的规定履行审议程序和披露义务，并适用有关审计或者评估的要求。”沪深证券交易所其他板块的股票上市规则均有该内容的规定。

⑤ 2024年修订的《上海证券交易所股票上市规则》第6.3.17条第3项规定：“公司可以按类别合理预计当年度日常关联交易金额，履行审议程序并披露；实际执行超出预计金额的，应当按照超出金额重新履行审议程序并披露。”沪深证券交易所其他板块的股票上市规则也有相同的规定。从这些规定中可以看出，日常关联交易可以以预计总额度的形式简化审议和披露形式。

⑥ 沪深证券交易所股票交易规则规定了申请豁免股东会审议、免于按照关联交易履行相关义务、豁免审计或评估、申请豁免披露或者履行相关义务等豁免的情形及其适用条件，这些规定构成了上市公司关联交易的豁免规则。

⑦ 2024年修订的《上海证券交易所股票上市规则》第6.3.1条的规定。

证监会按照《证券法》第 197 条处罚”[①]的法律责任追究规则，由此建立了上市公司关联交易披露和审议的科学、全面、系统的规则体系。但是在上市公司规范运作的实践中，还是常见因各种原因未依法审议并披露关联交易[②]或者超过日常关联交易额度未及时履行审议和披露义务而受到行政处罚或者纪律处分的案例。[③] 从这些案例中可以看出，确保关联交易价格的公允性、审议程序的合法性和信息披露的规范性是上市公司相关治理主体在履职中重点关注的事项。

（五）内部控制失效，失去对子公司的控制

《企业内部控制基本规范》要求在我国设立的大中型企业建立内部控制体系，以实现合理保证企业经营管理合法合规、资产安全、财务报告及相关信息真实完整，提高经营效率和效果，促进企业实现发展战略的目标。除了企业内部控制的原则和要素等基本要求外，我国上市公司依据《企业内部控制应用指引第 1 号——组织架构》的要求并结合上市公司规范运作实践重点强化了上市公司对其子公司的管理控制，[④]形

---

① 《上市公司信息披露管理办法》第 54 条第 2 款的规定。

② 例如，2013 年至 2019 年，紫鑫药业实际控制人郭某生通过股权控制、核心人员选聘、资金集中管理、统一管理制度等手段，以模拟集团化管理模式控制 182 家关联公司，2013 年至 2020 年，郭某生指使其中 48 家关联公司与紫鑫药业发生关联交易，紫鑫药业未按规定审议并在定期报告中披露上述事项，构成定期报告信息披露的重大遗漏。除紫鑫药业实际控制人郭某生组织、指使从事上述违法行为外，其他董事、监事、财务负责人和董事会秘书或者故意隐瞒紫鑫药业的关联交易事项或者知悉紫鑫药业存在关联交易但未阻止紫鑫药业关联交易信息披露违法行为发生，无法提供已履行勤勉尽责义务的证据，中国证监会依据《证券法》有关虚假陈述法律责任的相关规定给予紫鑫药业及其实际控制人、直接负责的董监高警告和罚款的行政处罚。

③ 例如，金冠电气与关联方在 2022 年度实际发生的日常关联交易超出了年度预计金额，但公司未按规定对超出预计金额的关联交易进行股东大会审议和信息披露。2024 年 1 月 15 日，上海证券交易所依据《上海证券交易所科创板股票上市规则》的相关规定对金冠电气及有关责任人予以监管警示，同时要求公司及董事、监事和高级管理人员采取有效措施进行整改，并深入排查合规隐患，制定针对性防范措施，提高公司信息披露和规范运作水平。

④ 《企业内部控制应用指引第 1 号——组织架构》第 10 条在组织结构设计中专门规定：“企业拥有子公司的，应当建立科学的投资管控制度，通过合法有效的形式履行出资人职责、维护出资人权益，重点关注子公司特别是异地、境外子公司的发展战略、年度财务预决算、重大投融资、重大担保、大额资金使用、主要资产处置、重要人事任免、内部控制体系建设等重要事项。”

成了内部控制体系建设的中国特色。沪深证券交易所《上市公司自律监管指引第 1 号——规范运作》在强化上市公司母子公司管理控制的同时，设置了内部审计部门对包括母子公司内部控制在内的内部控制制度完善性及有效性实施审计监督、公司董事会对内部控制有效性实施评估和外部审计机构对上市公司内部控制审计的完整机制，建立了系统而全面的以管理控制为特色的内部控制体系。

其实，母子公司结构是集团公司治理的常见形态，也是上市公司借助对外投资和子公司执行公司发展战略进而实现经营目的的重要手段。一般而言，母子公司按照母公司拥有对子公司控制权的不同而将子公司划分为控股子公司和参股子公司，上市公司控股子公司是指上市公司拥有控制权的子公司，即上市公司持有其 50% 以上的股份，或者能够决定其董事会半数以上成员的当选，或者通过协议或其他安排能够实际控制的公司。因为上市公司控股子公司是实现上市公司经营目的的重要手段，决定或者影响着上市公司的经营业绩，被视为上市公司经营管理行为的重要内容，所以证券监管的业务规则对上市公司控股子公司的管理控制①和

---

① 《上海证券交易所上市公司自律监管指引第 1 号——规范运作》(2023 年修订)第 5.16 条规定："上市公司应当重点加强对控股子公司实行管理控制，主要包括：(一)建立对各控股子公司的控制制度，明确向控股子公司委派的董事、监事及重要高级管理人员的选任方式和职责权限等；(二)根据上市公司的战略规划，协调控股子公司的经营策略和风险管理策略，督促控股子公司据以制定相关业务经营计划、风险管理程序和内部控制制度；(三)制定控股子公司的业绩考核与激励约束制度；(四)制定控股子公司重大事项的内部报告制度，及时向上市公司报告重大业务事件、重大财务事件以及其他可能对上市公司股票及其衍生品种交易价格产生较大影响的信息，并严格按照授权规定将重大事件报上市公司董事会审议或者股东大会审议；(五)要求控股子公司及时向上市公司董事会秘书报送其董事会决议、股东大会决议等重要文件；(六)定期取得并分析各控股子公司的季度或者月度报告，包括营运报告、产销量报表、资产负债表、利润表、现金流量表、向他人提供资金及对外担保报表等，并根据相关规定，委托会计师事务所审计控股子公司的财务报告；(七)对控股子公司内控制度的实施及其检查监督工作进行评价。上市公司存在多级下属企业的，应当相应建立和完善对各级下属企业的管理控制制度。上市公司对分公司和具有重大影响的参股公司的内控制度应当比照上述要求作出安排。"《深圳证券交易所上市公司自律监管指引第 1 号——主板上市公司规范运作》(2023 年修订)第 5.17 条和《深圳证券交易所上市公司自律监管指引第 2 号——创业板上市公司规范运作》(2023 年修订)第 5.22 条均有该条相同的规定。

信息披露[①]提出了严格的要求,违反这些规定的上市公司及其相关治理主体将受到证券监管机构的行政处罚(分)。

除上市公司缺乏或者没有严格执行其对控股子公司的管理控制制度而导致其对子公司失去控制进而出现子公司财务“爆雷”、高级管理人员贪腐或对抗等失控乱象外,上市公司收购后的整合更容易出现因权益纠纷而不配合年度财务报告的审计工作导致上市公司不能按期披露无保留意见的审议报告并被实施退市风险警示和其他风险警示的失控乱象。[②]

上市公司在信息披露上失去对其子公司的控制主要是上市公司及其子公司没有严格执行上市公司信息披露事务管理制度的规定对子公司的对外投资、对外担保、签订重大合同、收到补偿款或者政府补助等影响上市公司证券及其衍生品价格的事项及时报告并披露,构成《证券法》规定的虚假陈述行为。当然,在高估值、高溢价、高商誉的上市公司

---

① 《上市公司信息披露管理办法》第 30 条要求上市公司制定包括涉及子公司的信息披露事务管理和报告制度在内的信息披露事务管理制度。第 26 条又规定:“上市公司控股子公司发生本办法第二十二条规定的重大事件,可能对上市公司证券及其衍生品种交易价格产生较大影响的,上市公司应当履行信息披露义务。上市公司参股公司发生可能对上市公司证券及其衍生品种交易价格产生较大影响的事件的,上市公司应当履行信息披露义务。”

② 例如,创新医疗为了实现业务转型发展于 2016 年通过向康瀚投资、建恒投资等发行股份购买建华医院 100% 股权的方式让建华医院成为其控股子公司,因为双方在执行收购时签订的对赌协议及其业绩补偿存在争议并诉至法院,在争议未决的背景下建华医院拒绝执行创新医疗对其董事会改组及变更法定代表人的决定并拒绝配合年审会计师事务所的年度预审工作,2019 年 11 月 12 日创新医疗在其发布的《关于全资子公司建华医院相关事项的公告》中称“公司对建华医院失去控制”。又如,2018 年上半年科华生物与天隆公司及其股东方达成逐步收购天隆公司股权的协议,协议约定科华生物在以 5.54 亿元的价格收购天隆公司 62% 的股权后的 2021 年度内,天隆公司股东有权要求科华生物受让其持有的天隆公司的全部股权,届时天隆公司的整体估值以 9 亿元或天隆公司 2020 年度经审计的扣除非经常性损益后的净利润 ×25 倍的孰高者为准。但是,天隆公司这个以体外检测试剂研发、生产和销售为主营业务的公司在 2020 年业绩爆发式增长,科华生物要按照事前股权收购协议约定的价格实施天隆公司剩余 38% 股份的收购需要支付 105.04 亿元的价款,双方就余股收购事项发生争议并诉诸诉讼或仲裁手段来解决,争议期间,天隆公司拒绝配合科华生物的年报审计工作,导致科华生物公告其暂时失去对其控股子公司天隆公司的控制,并决定自 2021 年 10 月 1 日起不将其纳入合并报表范围。年报审计机构据此对科华生物 2021 年度财务报告出具了无法表示意见的审计报告,证券交易所也据此对其实施退市风险警示和其他风险警示。

收购环境下,存在签订有对赌协议的上市公司收购标的为了满足对赌协议的约定条件而实施财务造假的母子公司信息披露失控现象。这种上市公司在信息披露上失去对子公司控制更加隐蔽而难以识别。但是,不管哪种构成虚假陈述的母子公司信息披露的失控行为,上市公司和没有积极履行勤勉尽责义务的相关治理主体都将依法承担虚假陈述的法律责任。

(六)募集资金使用与管理不规范

《证券法》第14条只是概括性地对上市公司募集资金使用规定"公司对公开发行股票所募集资金,必须按照招股说明书或者其他公开发行募集文件所列资金用途使用;改变资金用途,必须经股东大会作出决议。擅自改变用途,未作纠正的,或者未经股东大会认可的,不得公开发行新股"。证券交易所规范运作指引则要求上市公司董事会建立募集资金存储、使用和管理的内部控制制度,对募集资金存储、使用、变更、监督和责任追究以及募集资金使用的申请、分级审批权限、决策程序、风险控制措施及信息披露程序等内容进行明确规定,还进一步要求上市公司董事、监事和高级管理人员勤勉尽责地督促上市公司规范使用募集资金,自觉维护公司募集资金安全,不得参与、协助或纵容公司擅自或变相改变募集资金用途。具体而言,证券交易所规范运作指引要求上市公司设立募集资金的专门账户和台账,与商业银行和保荐机构签订募集资金存储三方协议并公告,规范募集资金的用途,[①]上市公

---

① 例如,《上海证券交易所上市公司自律监管指引第1号——规范运作》第6.3.8条至第6.3.10条和第6.3.15条分别对募集资金投资对象及其变化和变更募集资金用途及其程序作了详细规定。其中,第6.3.8条规定:"上市公司募集资金原则上应当用于主营业务。募集资金使用不得有如下行为:(一)除金融类企业外,募投项目为持有交易性金融资产和其他权益工具投资、借予他人、委托理财等财务性投资,直接或者间接投资于以买卖有价证券为主要业务的公司;(二)通过质押、委托贷款或者其他方式变相改变募集资金用途;(三)将募集资金直接或者间接提供给控股股东、实际控制人及其他关联人使用,为关联人利用募投项目获取不正当利益提供便利;(四)违反募集资金管理规定的其他行为。"第6.3.9条规定:"募集资金投资项目出现下列情形之一的,上市公司应当对该项目的可行性、预计收益等重新进行论证,决定是否继续实施该项目:(一)募集资金投资项目涉及的市场环境发生重大变化的;(二)募集资金投资项目搁置时间超过一年的;(三)超过最近一次募集资金投资

司的内部审计部门应当最少每半年检查并向董事会审计委员会报告一次募集资金的存储和使用情况，上市公司董事会应当持续关注募集资金实际管理与使用情况，每半年度全面核查募投项目的进展情况，对募集资金的存放与使用情况出具《公司募集资金存放与实际使用情况的专项报告》，经董事会审议通过后予以公告。募集资金的保荐人或者独立财务顾问应当至少每半年度对上市公司募集资金的存放与使用情况进行一次现场调查，每年度出具并公告其专项核查报告。上市公司在开展的年度财务报告审计时应当聘请会计师事务所对募集资金存放与使用情况出具鉴证报告，并与《公司募集资金存放与实际使用情况的专项报告》、保荐机构或者独立财务顾问的专项核查报告一并披露。这些规则共同建立了严格的上市公司募集资金使用和管理的监督核查、审议及信息披露制度，也是证券监督管理机构监督上市公司规范运作的重点之一。但是，在上市公司规范运作实践中常出现上市公司及相关

计划的完成期限且募集资金投入金额未达到相关计划金额50%的；(四)募集资金投资项目出现其他异常情形的。公司应当在最近一期定期报告中披露项目的进展情况、出现异常的原因，需要调整募集资金投资计划的，应当同时披露调整后的募集资金投资计划。”第6.3.10条规定：“上市公司将募集资金用作以下事项时，应当经董事会审议通过，并由监事会以及保荐人或者独立财务顾问发表明确同意意见：(一)以募集资金置换预先已投入募集资金投资项目的自筹资金；(二)使用暂时闲置的募集资金进行现金管理；(三)使用暂时闲置的募集资金暂时补充流动资金；(四)变更募集资金用途；(五)超募资金用于在建项目及新项目。公司变更募集资金用途，还应当经股东大会审议通过。相关事项涉及关联交易、购买资产、对外投资等的，还应当按照本所《股票上市规则》等规则的有关规定履行审议程序和信息披露义务。”第6.3.15条规定：“上市公司存在下列情形的，视为募集资金用途变更，应当在董事会审议通过后及时公告，并履行股东大会审议程序：(一)取消或者终止原募集资金项目，实施新项目；(二)变更募集资金投资项目实施主体；(三)变更募集资金投资项目实施方式；(四)本所认定为募集资金用途变更的其他情形。募集资金投资项目实施主体在上市公司及全资子公司之间进行变更，或者仅涉及变更募投项目实施地点，不视为对募集资金用途的变更，可免于履行股东大会程序，但仍应当经董事会审议通过，并及时公告变更实施主体或地点的原因及保荐人意见。”这些规定对募集资金的使用、禁止使用和合理使用及其改变的条件及其审议程序作了具体规定，加上该自律规则对节余募集资金、超额募集资金的使用以及募投项目延期等情况下的审议和披露事项作了具体规定，以此规范上市公司募集资金使用。

责任人员因为募集资金未专户管理、[1]募集资金置换自有资金或者补充流动资金或购买理财产品[2]存在不规范的情况或者擅自变更募集资金用途等行为而受到行政处罚或者纪律处分。[3] 所以,上市公司募集资金的管理和使用的程序与信息披露情况是否符合证券监管规定,这是上

---

① 例如,2024 年 1 月 8 日,中国证监会浙江证监局因为咸亨国际存在募集资金专户之间部分资金混用于不同募投项目和募集资金使用不规范的情况而给予其公司及时任董事长和总经理出具警示函的行政监管措施。又如,飞利信将公司 2018 年 4 月 10 日的股东大会决议决定的拟投入 2.43 亿元募集资金用于丽水市大数据云中心建设(一期)项目交由其全资子公司北京天云动力科技有限公司(以下简称天云动力)实施,但是天云动力在收到飞利信工程预付款项后,未设置募集资金专户存储相关资金,而是将相关款项按照日常流动资金管理,用于项目备货、日常经营以及偿还关联方的资金往来,未能做到募集资金专款专用,并存在募集资金使用不规范的问题。深圳证券交易所依据《创业板股票上市规则(2018 年修订)》第 16.2 条、第 16.3 条和《上市公司纪律处分实施标准(试行)》第 24 条的规定和飞利信的如上违规行为给予公司和时任董事长兼总经理通报批评的纪律处分,给予飞利信时任财务总监出具监管函的纪律处分。

② 例如,健民集团在未履行相关决策程序和披露义务的情况下于 2019 年 9 月 27 日分别使用闲置募集资金 8900 万元、1012 万元购买两笔银行理财产品,并于 2019 年 12 月 26 日、31 日收回到期本息。上海证券交易所认为健民集团的如上行为违反了《上海证券交易所股票上市规则》第 1.4 条、第 2.1 条、第 2.3 条,《上海证券交易所上市公司募集资金管理办法》第 14 条等有关规定,遂于 2020 年 3 月 30 日对该公司及时任董事会秘书和财务总监予以监管关注。

③ 例如,根据塞力斯医疗科技集团股份有限公司于 2022 年 8 月 16 日披露的《2022 年半年度募集资金存放与实际使用情况的专项报告》,该公司存在募集资金用于临时周转但未按规定履行审议程序及信息披露义务的违规行为。一是 2022 年 3 月 8 日,该公司使用 2020 年可转换公司债券募集资金专户中的募集资金 2200 万元用于偿还全资子公司武汉塞力斯生物技术有限公司的到期债务,于 2022 年 3 月 10 日归还至募集资金专户。二是 2022 年 3 月 21 日、25 日,该公司分别使用 2020 年可转换公司债券募集资金专户中的募集资金 1300 万元、3000 万元用于归还公司到期应予支付的银行票据融资款,后分别于 2022 年 4 月 2 日、5 月 12 日归还至募集资金专户。三是 2022 年 3 月 25 日,该公司使用 2018 年非公开发行募集资金专户中的募集资金 2000 万元用于归还公司到期应予支付的银行票据融资款,后分批于 2022 年 4 月 24 日、5 月 13 日归还至募集资金专户。此外,该公司将 2020 年可转换债券募集资金专户中的募集资金 482.78 万元,用于采购安全设备及试剂耗材,直至 2022 年 8 月 15 日才归还至募集资金专户,与前期募集说明书披露的募集资金用途不一致。在未履行相应审议程序和信息披露义务的情况下,该公司将募集资金从专户转出后用于临时周转和其他事项。同时,该公司还存在违反募集说明书披露用途,违规使用募集资金的情形。上述行为违反了《上市公司监管指引第 2 号——上市公司募集资金管理和使用的监管要求》第 9 条,《上海证券交易所股票上市规则》第 2.1.1 条、第 7.7.3 条,《上海证券交易所上市公司自律监管指引第 1 号——规范运作》第 6.3.2 条、第 6.3.14 条、第 6.3.15 条等有关规定。上海证券交易所据此给予该公司时任董事长、总经理、财务总监和董事会秘书通报批评的纪律处分。

市公司各治理主体(尤其是董事长、总经理、财务总监和董事会秘书)履行职责时需要高度关注的事项。

(七)提供担保和财务资助不规范

除防范通过关联担保实施非经营性资金占用外,证券监管规则设置了提供担保与财务资助的审议和披露规则来防止上市公司及相关治理主体通过不规范的对外担保或者财务资助输送利益从而侵害上市公司及其投资者的利益。当然,上市公司应该按照法律法规和证券监管规定建立提供担保和财务资助的内部控制,其内部控制制度的建立及其执行情况也在一定程度上表征着上市公司治理的水平与状况。

上市公司应当按照法律法规和《股票上市规则》的规定,①在公司章程中分别明确本公司股东大会和董事会审议提供担保事项的审批权限以及违反审批权限和审议程序的责任追究机制,并在上市公司的管理和运行中严格执行该制度。上市公司发生违规担保行为的,应当及时披露,并采取合理、有效措施解除或者改正违规担保行为,降低公司损失,维护公司及中小股东的利益,并追究有关人员的责任。如果上市公司提供担保的行为未依法履行审议程序和信息披露义务或者出现违规担保未履行信息披露义务并采取有效措施挽回损失的,上市公司及相

---

① 例如,《上海证券交易所股票上市规则》第6.1.10条规定:"上市公司发生'提供担保'交易事项,除应当经全体董事的过半数审议通过外,还应当经出席董事会会议的三分之二以上董事审议通过,并及时披露。担保事项属于下列情形之一的,还应当在董事会审议通过后提交股东大会审议:(一)单笔担保额超过上市公司最近一期经审计净资产10%的担保;(二)上市公司及其控股子公司对外提供的担保总额,超过上市公司最近一期经审计净资产50%以后提供的任何担保;(三)上市公司及其控股子公司对外提供的担保总额,超过上市公司最近一期经审计总资产30%以后提供的任何担保;(四)按照担保金额连续12个月内累计计算原则,超过上市公司最近一期经审计总资产30%的担保;(五)为资产负债率超过70%的担保对象提供的担保;(六)对股东、实际控制人及其关联人提供的担保;(七)本所或者公司章程规定的其他担保。上市公司股东大会审议前款第(四)项担保时,应当经出席会议的股东所持表决权的三分之二以上通过。"

关责任人将会被认定为未履行勤勉尽责义务而受到行政处罚(分),[①]严重的还会因此而承担民事赔偿责任。

财务资助,是指上市公司及其控股子公司在日常经营活动之外有偿或者无偿对外提供资金或委托贷款等行为。证券监管规则要求上市公司应当建立健全有关财务资助的内部控制制度,根据法律法规和证券监管规则的相关规定[②]在公司章程中明确股东大会、董事会审批提供财务资助的审批权限、审议程序以及违反审批权限、审议程序的责任追究机制,对财务资助采取充分、有效的风险防范措施,并履行相应的信息披露义务。在上市公司规范运作实践中,上市公司往往对存在利益输送的财务资助行为采取不提交董事会或者股东会审议或怠于履行信息披露义务的隐瞒方式并由此而受到证券监管机构的行政处罚或者纪律处分。[③]

---

① 例如,2017 年 11 月 25 日,天晟新材为董事长、原实际控制人控制的晟衍(上海)投资管理有限公司向个人借款 3000 万元提供担保。2018 年 1 月 16 日,天晟新材将 4700 万元定期存单进行质押,为常州三六九养老投资发展有限公司融资提供担保。天晟新材未就上述担保事项履行审议程序和信息披露义务,虽然上述担保分别于 2020 年 6 月、2019 年 1 月解除,但是深圳证券交易所认为天晟新材的上述行为违反了该所《创业板股票上市规则(2014 年修订)》第 1.4 条、第 9.11 条、第 10.2.7 条和《创业板上市公司规范运作指引(2015 年修订)》第 8.3.4 条的规定,公司时任董事长、总经理和财务总监未能恪尽职守、履行忠实勤勉义务,遂于 2024 年 4 月 29 日对该公司和时任董事长、总经理和财务总监给予通报批评的纪律处分。

② 例如,《上海证券交易所股票上市规则》第 6.1.9 条规定:"上市公司发生'财务资助'交易事项,除应当经全体董事的过半数审议通过外,还应当经出席董事会会议的三分之二以上董事审议通过,并及时披露。财务资助事项属于下列情形之一的,还应当在董事会审议通过后提交股东大会审议:(一)单笔财务资助金额超过上市公司最近一期经审计净资产的 10%;(二)被资助对象最近一期财务报表数据显示资产负债率超过 70%;(三)最近 12 个月内财务资助金额累计计算超过公司最近一期经审计净资产的 10%;(四)本所或者公司章程规定的其他情形。资助对象为公司合并报表范围内的控股子公司,且该控股子公司其他股东中不包含上市公司的控股股东、实际控制人及其关联人的,可以免于适用前两款规定。"

③ 例如,2022 年 6 月 29 日至 12 月 28 日,四方新材多次对庆谊辉进行财务资助,累计财务资助金额达 1.29 亿元。庆谊辉最近一期财务报表数据显示资产负债率超过 70%,但公司未按规定及时就上述财务资助事项履行董事会、股东大会审议程序和信息披露义务,上海证券交易所据此于 2023 年 11 月 23 日对该公司及时任董事长兼总经理、财务总监和董事会秘书给予通报批评的纪律处分。

(八)不履行或者违反对市场作出的公开承诺

上市公司及其股东或者实际控制人、关联人、收购人在首次公开发行股票、再融资、并购重组以及公司治理专项活动整改等过程中往往会作出股份锁定或者增减持、解决同业竞争或者产权瑕疵问题、资产注入、股权激励等各项承诺。这些治理主体对市场作出的公开承诺是上市公司规范运作的重要组成部分,也是证券市场诚信文化建设的重要内容,对维护公开、公平、公正的证券市场秩序具有基础性制度价值。所以,证券监管规则,一方面,要求承诺人通过上市公司及时披露其承诺事项,上市公司在定期报告中披露报告期内发生或者正在履行中的所有承诺事项及具体履行情况,以此建立履行承诺的信用基础与市场监督约束机制。另一方面,要求作出公开承诺的相关主体切实履行其作出的各项公开承诺,采取有效措施确保承诺的履行,不得擅自变更或者解除承诺,变更或者豁免已经作出的公开承诺需要履行严格的审议程序并履行相应的信息披露义务。[1] 上市公司董事会应当密切关注承诺人实现承诺的实际情况,督促承诺人严格遵守承诺。董事会发现承诺人违反承诺时应当主动、及时要求相关承诺人承担违约责任,并将承诺人违反公开承诺的情况及公司采取的挽救措施予以公开披露。没有履行积极督促和信息披露义务的上市公司董事将承担未尽勤勉义务的法律责任。上述机制的设计目的在于督促承诺主体切实履行其作出的

① 例如,《上海证券交易所上市公司自律监管指引第1号——规范运作》第6.4.9条规定:"除因相关法律法规、政策变化、自然灾害等自身无法控制的客观原因外,变更、豁免承诺的方案应当经上市公司全体独立董事过半数同意后,提交董事会和股东大会审议,上市公司应当向股东提供网络投票方式,承诺人及其关联人应当回避表决。监事会应当就承诺人提出的变更方案是否合法合规、是否有利于保护公司或其他投资者的利益发表意见。变更、豁免承诺的方案未经股东大会审议通过且承诺到期的,视同逾期不履行承诺。"深圳证券交易所自律监管指引中对不同板块上市公司规范运作也有相同规定。从这些规定中可以看出,变更和豁免承诺均设置有严格的审议和披露程序,目的是保持承诺的严肃性及其契约精神的遵守,避免承诺主体随意更改或者违反承诺。尤其是控股股东和实际控制人在承诺期限届满时因各种客观原因需要延长承诺履行期限的将被视为更改承诺,需要履行股东会审议程序,而此时的承诺人在股东会上表决时回避表决,也就很容易被股东会审议该更改承诺的议案时予以否决而被认定为逾期不履行承诺,进而承担相应的法律责任。

公开承诺，坚守契约精神，维护上市公司利益和证券市场秩序。

在上市公司规范运作实践中，除了承诺主体未履行承诺①或者违反承诺②而受到处罚（分）外，因为2019年修订的《证券法》第84条第2款新增了“发行人及其控股股东、实际控制人、董事、监事、高级管理人员等作出公开承诺的，应当披露。不履行承诺给投资者造成损失的，应当依法承担赔偿责任”的规定，还出现了投资者对承诺主体未履行承诺给其造成投资损失主张民事赔偿的诉讼案例，③该法律规定及其相应判决的作出，将对上市公司承诺主体未履行或者违背其作出的公开承诺给予较大的警示和威慑。

（九）投资者利益保护和关系管理不规范

分红是上市公司保障股东资产收益权的重要方式。《证券法》第91

---

① 例如，2019年12月，国华网安通过发行股份购买包括彭某、郭某某、郑州众合在内的19名交易对方持有的北京智游网安科技有限公司（以下简称智游网安）100%股权。根据国华网安于2019年12月披露的《发行股份购买资产暨关联交易报告书（修订稿）》，国华网安与彭某、郭某某、郑州众合等签署的《深圳中国农大科技股份有限公司与北京智游网安科技有限公司主要股东之补偿协议》及补充协议，若智游网安在2022年12月31日对截至2021年12月31日的应收账款仍未能完全回收的，彭某、郭某某、郑州众合应在会计师事务所就应收账款回收情况出具专项核查意见后的10个工作日内，就未能回收的差额部分，按各自在本次交易前持有的智游网安出资额占三方合计持有智游网安出资额的比例，以现金方式向国华网安支付补偿金。但是，彭某、郭某某、郑州众合迟迟未按照公开披露的内容履行补偿义务。2024年5月29日，深圳证券交易所依据以上事实和《深圳证券交易所股票上市规则（2023年修订）》第13.2.3条和《上市公司自律监管指引第12号——纪律处分实施标准（2024年修订）》第33条第1款第3项及第2款的规定，分别给予彭某公开谴责的处分和郭某某、郑州众合通报批评的处分。

② 例如，2023年4月6日，正源股份的第二大股东国栋建设及其一致行动人国栋南园共同承诺其增持的股份在6个月内不减持，并于当年4月10日通过上市公司公告承诺情况。但在2023年8月4日，国栋南园卖出正源股份1267.36万股股份，违背其公开作出的承诺。2024年2月28日，中国证监会四川证监局对国栋南园采取责令整改的监管措施。2024年3月，国栋南园已经购回其减持股份，并将购回产生的收益支付至上市公司，该项整改措施才算完毕。

③ 2024年5月24日，上海金融法院公开审理了2019年《证券法》修订以来全国首例因上市公司董监高未履行增持承诺引发的证券侵权纠纷案件。该案原告刘某某、郑某某起诉称：2021年6月15日，金力泰发布公告，表明公司董事兼总裁袁某、控股子公司总经理罗某计划在6个月内增持金力泰公司股份。自己因此购买了金力泰股票，而公司高管一直未履行承诺导致其投资损失，故要求金力泰公司及高管袁某、罗某共同赔偿投资差额损失、佣金损失等共计900余万元。

条规定:“上市公司应当在章程中明确分配现金股利的具体安排和决策程序,依法保障股东的资产收益权。上市公司当年税后利润,在弥补亏损及提取法定公积金后有盈余的,应当按照公司章程的规定分配现金股利。”证券监管的自律性规则依据《证券法》的该项规定设置了上市公司在公司章程中规定公司利润分配政策的内容和对既定的利润分配作出调整的决策程序及机制、在上市公司年度财务报告中详细披露公司现金分红政策的制定及执行情况、独立董事和监事会在公司制定现金分红具体方案时的监督作用、有能力分红而未分红或者分红比例过低和高比例分红或高送转分案合理性解释的信息披露等制度和机制,并重点对未按规定制定明确的股东回报规划、未针对现金分红等利润分配政策制定并履行必要的决策程序、未在定期报告或其他报告中详细披露现金分红政策的制定及执行情况、章程有明确规定但未按照规定分红、现金分红监管中发现的虚假陈述和违规交易等其他违法违规情形予以监管关注的方式,确保上市公司规范实施分红,保护股东尤其是中小股东的权益。不过,上市公司分红与否及其具体比例和方式更多的是一种商业判断,所以监管机构对其认为异常的分红行为以问询及其合理性解释的信息披露监管的方式予以监管,[①]对上市公司在有关利润分配政策的陈述或者说明中有虚假或重大遗漏应当给予行政处罚(分)的,证券监管机构将依照信息披露违法违规的规定予以处理。

除法定的信息披露情形外,上市公司需要通过接待投资者调研、业绩说明会和互动易与易互动平台加强与投资者的沟通与交流,并将如上保护投资者利益方式与信息披露制度相结合,不得泄露或者利用上市公司未公开的信息从事证券交易。因为易互动或者互动易平台是由

---

① 例如,2024 年 3 月 16 日和 4 月 12 日,方大特钢和吉林高速分别公告公司 2023 年度利润分配预案,两公司的利润分配预案均是不进行分红。利润分配预案公告后,上海证券交易所立即分别向这两家上市公司下发监管问询函,要求其补充说明公司货币资金余额较高且多年盈利的背景下,连续多年不或少现金分红的原因及合理性。2024 年 4 月 8 日和 18 日,方大特钢和吉林高速分别发布调整后的公司利润分配方案,拟实施现金分红。

比较熟悉上市公司信息披露规则的相关人员直接办理的，出现差错或者违规的情况较少，并且该业务属于上市公司自愿性信息披露的内容，相关违规情形将在本书的信息披露违规章节中予以分析和介绍。上市公司相关治理主体在介绍公司的经营业绩时，容易发生主管经营类的高管因为对上市公司信息披露规则不太熟悉在介绍公司发展战略和经营业绩时违反上市公司信息披露规则而受到处罚（分）的情况。[①] 所以上市公司应当加强对经营类高级管理人员投资者交流会和业绩说明会以及上市公司信息披露规则的培训，经营类高级管理人员也自觉了解相关规则，避免违规行为的发生。

（十）股权激励和员工持股计划等激励机制实施不规范

股权激励和员工持股计划是上市公司建立激励与约束相协调并实现股东与经营管理层利益相融洽的重要方式。《上市公司股权激励管理办法》和证券交易所相关自律监管指引对上市公司股权激励和员工持股计划实施条件、决策与审议程序、具体内容要求、信息披露规则和监管责任作了全面而系统的规定，并通过设置股权激励的严格条件、明

① 例如，2021 年 5 月 27 日，容百科技时任董事长与时任董事会秘书等公司工作人员共同参加了东吴证券举行的“2021 中期策略会”相关投资者交流会活动。交流会上，公司时任总裁助理兼正极事业部常务副总经理在作“关于高镍行业趋势及公司近期发展”主题报告时指出，公司下游需求旺盛，第二季度以来公司维持现有产能满产、已披露的新增产能陆续投产，公司第二季度、第三季度业绩超预期。不仅如此，公司时任董事长在随后的交流环节上还补充道，“今年开始公司前驱体业务迅速上产量，从第一季度开始扭亏为盈，第二季度将会显著盈利，下半年前驱体业务盈利会达到更好状态”。该次交流会活动引起媒体广泛报道和转载，市场关注度较高，引起公司股票异常波动。上海证券交易所认为上市公司的产能建设进展、实际投产及产量情况，属于投资者高度关注的重要经营性信息，对于投资者明确对上市公司的业绩预期具有直接影响。同时，上市公司的未来业绩属于对上市公司股票交易价格和投资者决策可能产生较大影响的核心信息。上述相关信息应当由公司在符合中国证监会规定条件的媒体上真实、准确、完整、及时、公平地披露。但是，公司有关人员在小范围的投资者交流会上透露有关产能建设、实际投产及产量等重大信息，并作出公司主要业务未来业绩超预期的预测，公司股票价格随后发生异常波动。上述行为严重违反了信息披露公平性要求，影响恶劣。时任董事长和董事会秘书对公司本次信息披露违规行为负有不可推卸的责任，上海证券交易所遂依据相关规定，决定对董事长和董事会秘书以通报批评。

确激励对象的范围、[1]规范股权激励和员工持股计划的内容、设定股权激励和员工持股计划的审议与监督程序，以及信息披露义务等机制来确保上市公司的股权激励和员工持股计划规范进行，进而达到公司股东利益与员工利益相一致的结果。但是在上市公司规范运作实践中存在着随意扩大激励对象、[2]信息披露不规范与不及时，[3]甚至有控股股东希望借股权激励机制套取股票交易价差和操纵股票价格等违法

---

① 《上市公司股权激励管理办法》第8条规定："激励对象可以包括上市公司的董事、高级管理人员、核心技术人员或者核心业务人员，以及公司认为应当激励的对公司经营业绩和未来发展有直接影响的其他员工，但不应当包括独立董事和监事。外籍员工任职上市公司董事、高级管理人员、核心技术人员或者核心业务人员的，可以成为激励对象。单独或合计持有上市公司5%以上股份的股东或实际控制人及其配偶、父母、子女，不得成为激励对象。下列人员也不得成为激励对象：(一)最近12个月内被证券交易所认定为不适当人选；(二)最近12个月内被中国证监会及其派出机构认定为不适当人选；(三)最近12个月内因重大违法违规行为被中国证监会及其派出机构行政处罚或者采取市场禁入措施；(四)具有《公司法》规定的不得担任公司董事、高级管理人员情形的；(五)法律法规规定不得参与上市公司股权激励的；(六)中国证监会认定的其他情形。"

② 例如，2021年7月，神驰机电披露《2021年限制性股票激励计划(草案)》称，拟向248名在公司(含合并报表子公司)任职的中层管理人员及核心骨干进行股票激励。2021年9月，神驰机电披露《2021年限制性股票激励计划首次授予结果公告》称其向在公司(含合并报表子公司)任职的中层管理人员及核心骨干合计200人进行股票激励。但实际上该公司2021年限制性股票激励计划激励对象中有25人非公司员工而不符合授予条件。其中16人系公司实际控制人暨时任董事长兼总经理艾某控制的公司员工，另外9人系为公司提供潜在客户产品需求信息等业务支持的外部人员。2023年7月6日，上海证券交易所经调查核实后认为神驰机电在实施股权激励计划的过程中存在部分激励对象未能符合相关规则规定的授予条件要求的情况，且公司前期在草案和授予结果等公告中披露的激励对象范围与事实不符，并由此导致相关定期报告财务信息披露不准确。在该股权激励违规行为中公司实际控制人暨时任董事长兼总经理艾某作为公司经营决策及信息披露的第一责任人，负责确定激励对象名单，未能勤勉尽责，对公司股权激励违规负有主要责任；时任监事李某某负责名单核查工作，未能勤勉尽责，对公司股权激励违规负有主要责任，遂依据相关规定对上述董事和监事给予通报批评的纪律处分。

③ 例如，2018年12月21日，赛轮股份完成2018年股权激励计划限制性股票的授予登记工作，在股权激励股份授予完成后，公司控股股东暨实际控制人杜某某的一致行动人与其合计持有公司股份所占比例达20.70%，但公司未依据《上市公司收购管理办法》的相关规定披露《关于股东权益变动的提示性公告》及《详式权益变动报告书》，直到2019年3月2日公司才披露上述公告。2019年6月17日，上海证券交易所据此给予相关人员监管关注的纪律处分。

犯罪行为，[①]这些都背离了股权激励制度提升上市公司治理水平的初衷。

二、信息披露违法违规

在委托代理制下，作为受托人的管理层具有对公司经营状况的信息优势，可以凭借该信息优势和管理权进行机会主义的交易行为，从而侵害处于信息劣势一方的股东利益。上市公司信息披露制度作为有效的外部监督和公司治理工具，通过提高上市公司透明度来降低信息不对称性进而抑制控股股东和管理层的机会主义行为。为此，《证券法》《上市公司信息披露管理办法》《上市公司收购管理办法》等法律和规章以及《股票上市规则》等自律性规则共同对上市公司信息披露的内容与形式要求、信息披露事务管理、信息披露监督管理与法律责任作了全面系统的规定，确立了上市公司信息披露的真实性、准确性与完整性的标准。在上市公司规范运作中，因信息披露不规范而受到行政处罚或者纪律处分的情况主要有未依法按期披露定期报告、财务会计报告不真实、未依法披露临时公告、未依法披露权益变动报告或者收购报告书、业绩预告（快报）出现性质错误或者重大误差、自愿性信息披露不真实等，本书将逐一予以介绍和分析。

---

① 例如，截至2016年10月24日，顾地科技的实际控制人任某某共控制顾地科技32.7%的股份。2016年11月23日，顾地科技披露《2016限制性股票激励计划（草案）》，公告给予越野一族体育赛事公司31位员工2764.8万股（占总股本8%）的股票激励，授予价格为每股17.31元。2017年1月，任某某为上述31位员工提供资金认购激励股票，并与31位员工签署借款协议，约定股票解禁后按出资方要求在二级市场卖出、出资方要分享50%的股票收益。2017年1月23日，任某某通过第三人的银行账户按照上述员工各自认购金额将资金转入31名股票激励对象账户。随后，上述员工将这些资金作为股票认购款转入顾地科技账户。但是任某某未将上述向31名受激励员工提供借款并分享股票收益的情况告知上市公司。中国证监会经调查核实后暂以信息披露违法为由给予任某某警告和一定数额罚款的行政处罚。

（一）未依法按期披露定期报告

《证券法》第 79 条[①]和第 197 条第 1 款[②]分别规定了上市公司定期报告的披露要求及其法律责任。不管是没有及时聘请外部审计机构对公司年度财务报告进行审计、审计师未能按时出具审计报告，还是未能与审计师就审计结论达成一致意见等原因导致年度报告等定期报告未依法按时报送并公告，上市公司及未尽勤勉尽责义务的相关责任人员均会依法受到相应的行政处罚。

未依法按期披露年度报告而受到行政处罚比较典型案例的是华泽钴镍案。2018 年 4 月 12 日，华泽钴镍发布《关于预测无法在法定期限内披露定期报告及股票可能被暂停上市的风险提示性公告》，该公告称：华泽钴镍董事会于 2018 年 3 月 14 日审议通过了《关于聘请亚太（集团）会计师事务所（特殊合伙人）为公司 2017 年度报告审计机构的议案》，且该议案于 2018 年 4 月 4 日经 2018 年第二次临时股东大会审议批准；由于审计费逾期支付等原因，公司确定 2017 年度审计机构较晚，对年度报告可能无法在法定期限内披露进行了特别风险提示。4 月 28 日，华泽钴镍发布《关于无法在法定期限披露定期报告及公司股票停牌的公告》，该公告称：因公司无法在法定期限内披露 2017 年年度报告，公司股票将于 2017 年年度报告披露期限届满后次一交易日（2018 年 5 月 2 日）起被实施停牌；对暂停上市甚至终止上市等潜在可能进行了特

① 《证券法》第 79 条规定："上市公司、公司债券上市交易的公司、股票在国务院批准的其他全国性证券交易场所交易的公司，应当按照国务院证券监督管理机构和证券交易场所规定的内容和格式编制定期报告，并按照以下规定报送和公告：（一）在每一会计年度结束之日起四个月内，报送并公告年度报告，其中的年度财务会计报告应当经符合本法规定的会计师事务所审计；（二）在每一会计年度的上半年结束之日起二个月内，报送并公告中期报告。"

② 《证券法》第 197 条第 1 款规定："信息披露义务人未按照本法规定报送有关报告或者履行信息披露义务的，责令改正，给予警告，并处以五十万元以上五百万元以下的罚款；对直接负责的主管人员和其他直接责任人员给予警告，并处以二十万元以上二百万元以下的罚款。发行人的控股股东、实际控制人组织、指使从事上述违法行为，或者隐瞒相关事项导致发生上述情形的，处以五十万元以上五百万元以下的罚款；对直接负责的主管人员和其他直接责任人员，处以二十万元以上二百万元以下的罚款。"

别风险提示；延期披露原因为公司无法筹措资金支付审计费、二股东拒绝支援资金、其他股东未对资金支援表达态度等；直至4月25日大股东全额垫付审计费，亚太（集团）会计师事务所才回复拟于5月2日进场，并计划6月28日出具审计报告。6月29日，华泽钴镍披露2017年年度报告和2018年第一季度报告。中国证监会对华泽钴镍未依法按期披露2017年年度报告事项立案调查后，拟依法对该公司及其相关责任人作出警告和数额不等罚款的行政处罚，拟受处罚对象提出的年度报告未能披露的直接原因在于关联方资金占用导致华泽钴镍无力支付审计费用，作为管理层在客观上无法阻止年度报告延期披露的发生、任职时间短，任职时年度报告无法按期披露已成必然的既定事实、未在公司取得薪酬或者津贴、已通过多种方式履行勤勉尽责义务，以及维护中小股东利益等免责理由，均因不是法定免除处罚的理由或者缺乏相应的证据，未得到监管机构的认可，该违法行为的归责原则是勤勉尽责义务的履行与否及其程度。

未按期披露定期报告的违法行为，除了将依法受到行政处罚以外，还有可能影响到上市公司的上市地位。以《上海证券交易所股票上市规则》的规定及其实施为例，该规则第9.4.1条规定“上市公司出现下列情形之一的，本所对其股票实施退市风险警示：……（二）未在法定期限内披露半年度报告或者经审计的年度报告，公司股票及其衍生品种自前述期限届满的次一交易日起停牌，此后公司在股票及其衍生品种停牌2个月内仍未披露……”实施退市风险警示后2个月内，上市公司披露相关半年度报告或者经审计的年度报告，且不存在半数以上董事无法保证真实性、准确性和完整性的情形的，上市公司可以申请撤销退市风险警示。如果不符合撤销退市风险警示条件，证券交易所将依法决定该上市公司终止上市。从上述规定可以看出，未按期披露定期报告是规范类退市的情形之一，适用于沪深证券交易所的所有上市公司，触发该类退市情形导致上市公司退市或者退市风险警示或者影响上市公司的上市地位或者对其证券交易与形象产生重要影响，上市公司相关治理主体也将依法承担相应的法律责任。

(二)财务会计报告不真实

上市公司财务会计报告不真实,也就是俗称的“财务造假”。从郑某文、蓝天股份的传统上市公司财务造假案例到被界定为“有预谋、有组织,长期、系统实施财务造假”的獐子岛、康美药业和康得新等财务造假案例,表面上看起来上市公司财务造假花样繁多,但深入分析总结这些案例,笔者发现上市公司财务造假的手段和模式还是比较单一的,主要有通过虚构业务从而虚增营业收入和利润、提前确认项目进度从而粉饰经营业绩、通过少计存货商誉应收账款与坏账隐藏损失、跨期调节收入成本与费用、通过资产重组的方式虚增利润这几种方式。不仅如此,公司内部治理主体对上市公司的真实状况比较了解,在严格的法律责任威慑下,他(她)们就会对财务造假的异常现象作出出具非标准的财务报告审计报告、不能按期披露经审计的年度报告、(审计结果不能达成一致时)突然更换年报财务会计报告审计师、董监高在年度报告审议前辞职或者对年度财务报告出具不保真的意见、大股东存在大比例股份减持或者股权激励行权等异常、业绩对赌压线完成等异常反应。该类异常反应也会引起市场和监管机构的高度关注,进而受到立案调查核实后的处罚。

上市公司财务造假行为动摇了资本市场诚实信用的根基,所以财务造假成为证券监管重点打击和惩罚的对象之一。证券监督管理针对上市公司财务造假建立了行政、民事和刑事的完整追责规则体系,从事财务造假的相关治理主体将会以虚假陈述的违法行为受到证券监管机构的立案调查并依照《证券法》第 197 条第 2 款规定的虚假陈述违法行为的行政处罚,因为该虚假陈述的侵权行为依据《证券法》第 85 条和第 95 条的规定将承担侵权民事责任,构成犯罪的还会受到《刑法》第 161 条规定的违规披露、不披露重要信息罪的追诉。獐子岛、康美药业、康得新等财务造假的相关主体均是按照这个立体化的追责体系追究其相应法律责任的。不仅财务造假的上市公司相关治理主体会依法受到惩罚，而且沪深证券交易所股票上市规则已将财务造假规定为重大违法类强制退市的情形之一，财务造假的上市公司的上市地位与资本市场的形象也会受到重大影响。当然，随着退市赔偿制度的建立和完善，因重大违法类强制退市公司的董监高还可能面临着该规则体系规范下民事赔偿责任的承担问题。

（三）未依法披露临时公告

《上市公司信息披露管理办法》第 22 条第 2 款扩充了《证券法》第 81 条第 2 款规定的重大事件范围，[①]上市公司需要发布临时公告的法定

① 《证券法》第 81 条第 2 款规定："前款所称重大事件包括：（一）公司股权结构或者生产经营状况发生重大变化；（二）公司债券信用评级发生变化；（三）公司重大资产抵押、质押、出售、转让、报废；（四）公司发生未能清偿到期债务的情况；（五）公司新增借款或者对外提供担保超过上年末净资产的百分之二十；（六）公司放弃债权或者财产超过上年末净资产的百分之十；（七）公司发生超过上年末净资产百分之十的重大损失；（八）公司分配股利，作出减资、合并、分立、解散及申请破产的决定，或者依法进入破产程序、被责令关闭；（九）涉及公司的重大诉讼、仲裁；（十）公司涉嫌犯罪被依法立案调查，公司的控股股东、实际控制人、董事、监事、高级管理人员涉嫌犯罪被依法采取强制措施；（十一）国务院证券监督管理机构规定的其他事项。"《上市公司信息披露管理办法》第 22 条第 2 款规定："前款所称重大事件包括：（一）《证券法》第八十条第二款规定的重大事件；（二）公司发生大额赔偿责任；（三）公司计提大额资产减值准备；（四）公司出现股东权益为负值；（五）公司主要债务人出现资不抵债或者进入破产程序，公司对相应债权未提取足额坏账准备；（六）新公布的法律、行政法规、规章、行业政策可能对公司产生重大影响；（七）公司开展股权激励、回购股份、重大资产重组、资产分拆上市或者挂牌；（八）法院裁决禁止控股股东转让其所持股份；任一股东所持公司百分之五以上股份被质押、冻结、司法拍卖、托管、设定信托或者被依法限制表决权等，或者出现被强制过户风险；（九）主要资产被查封、扣押或者冻结；主要银行账户被冻结；（十）上市公司预计经营业绩发生亏损或者发生大幅变动；（十一）主要或者全部业务陷入停顿；（十二）获得对当期损益产生重大影响的额外收益，可能对公司的资产、负债、权益或者经营成果产生重要影响；（十三）聘任或者解聘为公司审计的会计师事务所；（十四）会计政策、会计估计重大自主变更；（十五）因前期已披露的信息存在差错、未按规定披露或者虚假记载，被有关机关责令改正或者经董事会决定进行更正；（十六）公司或者其控股股东、实际控制人、董事、监事、高级管理人员受到刑事处罚，涉嫌违法违规被中国证监会立案调查或者受到中国证监会行政处罚，或者受到其他有权机关重大行政处罚；（十七）公司的控股股东、实际控制人、董事、监事、高级管理人员涉嫌严重违纪违法或者职务犯罪被纪检监察机关采取留置措施且影响其履行职责；（十八）除董事长或者经理外的公司其他董事、监事、高级管理人员因身体、工作安排等原因无法正常履行职责达到或者预计达到三个月以上，或者因涉嫌违法违规被有权机关采取强制措施且影响其履行职责；（十九）中国证监会规定的其他事项。"此外，证券交易所股票上市规则（以《上海证券交易所股票上市规则》第 7.7.8 条规定为例）规定："上市公司出现下列情形之一的，应当及时披露：（一）变更公司名称、股票简称、公司章程、注册资本、注册地址、主要办公地址和联系电话

情形也就相应有所增加。依据《上市公司信息披露管理办法》第51条第2款和第3款"上市公司董事长、经理、董事会秘书,应当对公司临时报告信息披露的真实性、准确性、完整性、及时性、公平性承担主要责任。上市公司董事长、经理、财务负责人应当对公司财务会计报告的真实性、准确性、完整性、及时性、公平性承担主要责任"的规定,上市公司临时公告的真实性、准确性、完整性、及时性、公平性等缺失,上市公司董事长、经理、财务负责人和董事会秘书将承担主要法律责任。

因为上市公司重大事件种类繁多,也许是上市公司相关信息披露负责人对其业务不够熟悉或者是对该类业务不够重视,未依法披露临时公告而受到行政处罚或者纪律处分的数量在上市公司信息披露违法违纪受到处罚(分)的案件中所占比例也是最高的,需要引起上市公司各治理主体的高度重视。

因为《证券法》第197条第1款和第2款分别规定的是未依法报送有关报告或者履行信息披露义务和报告或者披露的信息有虚假记载、误导性陈述或者重大遗漏两类违法行为,所以就会出现未依法披露临时公告的事项在年度报告中出现遗漏而分别受到未依法履行信息披露

等。公司章程发生变更的,还应当将经股东大会审议通过的公司章程在本所网站上披露;(二)经营方针和经营范围发生重大变化;(三)依据中国证监会关于行业分类的相关规定,上市公司行业分类发生变更;(四)董事会就公司发行新股、可转换公司债券、优先股、公司债券等境内外融资方案形成相关决议;(五)公司发行新股或者其他境内外发行融资申请、重大资产重组事项等收到相应的审核意见;(六)生产经营情况、外部条件或者生产环境发生重大变化(包括行业政策、产品价格、原材料采购、销售方式等发生重大变化);(七)订立重要合同,可能对公司的资产、负债、权益和经营成果产生重大影响;(八)公司的董事、三分之一以上监事、总经理或者财务负责人发生变动;(九)法院裁定禁止公司控股股东转让其所持本公司股份;(十)任一股东所持公司5%以上的股份被质押、冻结、司法标记、司法拍卖、托管、设定信托或者限制表决权等,或者出现被强制过户风险;(十一)持有公司5%以上股份的股东或者实际控制人持股情况或者控制公司的情况发生较大变化;公司的实际控制人及其控制的其他企业从事与公司相同或者相似业务的情况发生较大变化;(十二)获得对当期损益产生重大影响的额外收益,可能对公司的资产、负债、权益或者经营成果产生重要影响;本所或者公司认定的其他情形。"

和虚假陈述两个违法行为两次处罚的情况。[①]

（四）未依法披露权益变动报告或者收购报告书

《上市公司收购管理办法》以5%的持股比例为尺度设置了股份增持的“慢走规则”，该规则包括持股达5%时的权益变动报告书及持股达5%整数倍时的简式权益变动报告书、详式权益变动报告书、上市公司收购报告书等信息披露与暂停交易的要求。违反该规则的权益变动或上市公司收购行为将依照信息披露违法的规定承担行政法律责任。[②]实践中的问题是《证券法》第197条规定中的“责令改正”在未依法披露权益变动报告或者收购报告书中具体内容存在争议，是指改正信息披露的违法行为还是既包括改正信息披露的违法行为也包括其中的违规交易也一并予以改正呢？如果是指后者则意味着该违法主体先将持股比例减持到信息披露违法状态之前，然后再依法履行信息披露义务之后逐步增持相应的股份。笔者认为，《证券法》第197条规定的“责令改正”仅指改正信息披露违法行为，因为该法条仅仅是对信息披露违法行为法律责任的规定，不包括违规交易的法律责任。当然，《证券法》第63条对违规交易的违法行为规定了“在买入后的三十六个月内，对该超过

① 例如，2020年3月至2022年12月，南卫股份将其从银行获取的贷款经由供应商等中间方转至上市公司控股股东的关联方，导致南卫股份发生关联方非经营性资金占用，达到临时报告披露标准，但是南卫股份未及时披露，对后续发生的资金占用也未及时披露。同时，南卫股份上述非经营性资金占用事项未在2020年年报、2021年半年报和年报、2022年半年报和年报中依法披露，存在定期报告重大遗漏的违法行为。2024年6月4日，中国证监会江苏证监局分别依据《证券法》第197条第1款和第2款的规定给予公司及其董事长兼总经理和财务总监两个警告并罚款的行政处罚。同一上市公司非经营性资金占用的事项，临时报告不披露、定期报告虚假陈述，构成两次违规，适用《证券法》第197条两个条款的规定，分别进行了处罚。

② 例如，2016年6月6日，马某证券账户持股比例达到西藏发展已发行股份的5.0007%，马某未按规定及时履行公告义务，直到6月21日才披露权益变动报告书。中国证监会西藏证监局以马某违反《证券法》未依法履行信息披露义务的相关规定给予其警告和罚款的行政处罚。又如，2013年7月至11月，王某某实际控制上海开南系投资账户组进行证券投资。截至2013年11月27日，该账户组合计持有上海新梅全部已发行股份的14.86%，但王某某未披露该账户组受同一人控制或存在一致行动关系及持股情况，也未在该账户组合计持有上海新梅股票首次超过5%和达到10%时及时报告和公告。中国证监会宁波证监局依法作出责令王某某改正违法行为、给予警告并处以50万元罚款的行政处罚。

规定比例部分的股份不得行使表决权”的法律责任，这个法律责任的规定内容也就比较全面了。

（五）业绩预告（快报）出现性质错误或者重大误差

依照沪深证券交易所股票上市规则的相关规定，上市公司预计年度经营业绩和财务状况将出现净利润为负值、净利润实现扭亏为盈、在盈利的前提下净利润与上年同期相比上升或者下降50%以上、期末净资产为负值等情形之一以及主板上市公司出现利润总额、净利润或者扣除非经常性损益后的净利润孰低者为负值，且扣除与主营业务无关的业务收入和不具备商业实质的收入后的营业收入低于3亿元的，均应当在会计年度结束后1个月内进行预告；上市公司出现在定期报告披露前向有关机关报送未公开的定期财务数据，预计无法保密、在定期报告披露前出现业绩泄露，或者因业绩传闻导致公司股票及其衍生品种交易异常波动、拟披露第一季度业绩，但上年度年度报告尚未披露等情形之一，应当及时披露业绩快报。未依照上述规则披露业绩预告（快报）或者业绩预告（快报）出现性质错误或重大差错的，一般情况下上市公司董事长、总经理、财务负责人、董事会审计委员会主任和董事会秘书均会受到通报批评的纪律处分，[①]但像园城黄金业绩预告披露的财务数据对其终止上市有重大影响的违规行为，证券交易所依规给予其相

---

① 《上海证券交易所上市公司自律监管指引第10号——纪律处分实施标准（2024年修订）》第27条规定：“上市公司未按规定披露年度业绩预告，存在下列情形之一的，本所可以对上市公司及相关监管对象予以通报批评：（一）业绩预告披露不准确，预告业绩与定期报告业绩存在盈亏性质变化、差异幅度达到100%等重大差异；（二）业绩预告未披露或者逾期披露，情节严重的。存在下列情形之一的，本所可以视情形从重实施纪律处分：（一）相关财务数据对上市公司证券被实施风险警示、终止上市等事项或者条件具有重大影响的；（二）预告业绩与定期报告业绩差异绝对金额特别巨大的；（三）其他从重情形。存在下列情形之一的，本所可以视情形从轻、减轻、免除实施纪律处分：（一）上市公司披露业绩预告时，确有客观障碍，影响公司准确预计业绩；（二）上市公司披露业绩预告后，发生不可抗力，影响业绩预告准确性；（三）上市公司已在业绩预告中，明确且有针对性地披露了不确定性因素及其影响，充分提示风险；（四）上市公司业绩预告或者更正公告逾期时间较短，影响轻微；（五）触及终止上市条件的上市公司，已主动、充分提示相关退市风险，并积极配合退市实施相关工作的；（六）其他从轻、减轻、免除情形。上市公司未按规定披露业绩快报等其他业绩预测信息的，参照本条处理。上市公司未按规定披露半年度业绩预告的，参照本条规定从轻处理。”

关治理主体公开谴责的纪律处分。当然，相关治理主体在上市公司业绩预告（快报）的编制与披露过程中尽到勤勉尽责义务并具有减免处分情节的，证券交易所也会依规给予其减免纪律处分。

（六）自愿性信息披露不真实

按照上市公司披露信息的行为特征，信息披露被划分为强制性信息披露与自愿性信息披露，前者是指上市公司必须依据相关法律、法规和章程所规定的内容与形式进行的信息披露；后者指除强制性披露的信息之外，上市公司基于公司形象、投资者关系、回避诉讼风险等动机主动进行的信息披露。《上市公司治理准则》第 91 条规定："鼓励上市公司除依照强制性规定披露信息外，自愿披露可能对股东和其他利益相关者决策产生影响的信息。自愿性信息披露应当遵守公平原则，保持信息披露的持续性和一致性，不得进行选择性披露，不得利用自愿性信息披露从事市场操纵、内幕交易或者其他违法违规行为，不得违背公序良俗、损害社会公共利益。自愿披露具有一定预测性质信息的，应当明确预测的依据，并提示可能出现的不确定性和风险。"在鼓励自愿性信息披露的同时也对自愿性信息披露规定了具体要求，这些规定和要求在《证券法》第 84 条、《上市公司信息披露管理办法》第 5 条和沪深证券交易所《股票上市规则》中均有相同或者类似的规定，但是因为上述规则的效力等级分别属于法律、部门规章和自律性规则，由此构建了上市公司自愿性信息披露的行政监管和自律性监管的规则体系。上市公司在对外发布自愿性信息披露时，应遵守上述法律、部门规章及自律性规则的规定，做到真实、准确、完整，保证信息披露的持续性和一致性，不得进行选择性披露，否则可能会受到行政处罚或者纪律处分。

在上市公司规范运作实践中，自愿性信息披露的信息发布与否及其如何发布均由上市公司自主决定，这就给上市公司及其相关治理主体利用自愿性信息披露的信息“选择性披露”、[①]“报喜不报忧”、[②]“炒概念”、[③]“蹭热点”[④]误导投资者创造了机会，当然这些违法违规行为在自愿性信息披露行为纳入信息披露证券监管的背景下也将受到相应的处罚（分）。不仅如此，部分自愿性信息披露的信息已逐步被要求走上强

---

① 例如，同属于未达法定信息披露标准的两个对外投资事项，百利科技于 2019 年 4 月 26 日披露了其董事会审议以 4500 万元参与投资设立百利坤艾氢能膜材有限公司事项，但是 2019 年 12 月 6 日公司董事会审议通过的通过其子公司出资 10,000 万元人民币成立坤艾青岛公司从事能源科技与新材料科技等相关业务的事项却未公开披露。上海证券交易所认为本次投资坤艾青岛公司与之前投资设立坤艾氢能膜材有限公司属于同类自愿披露事项，存在选择性披露，遂对百利科技及时任董事会秘书予以监管关注。

② 例如，宝利国际于 2015 年 1 月至 8 月发布了 5 项对外投资合作意向协议，因意向性协议不具备合同赖以履行的主要条款，不属于需要强制披露的“重要合同”，属于自愿性披露的信息。公司在签订投资意向书时公告了该信息，但在未能签订具体协议甚至明确终止相关业务时却未公告该信息，该行为违背先前公告中对相关事项进展及时披露的承诺，隐瞒负面事实，信息披露不完整，中国证监会依据 2005 年《证券法》第 193 条的规定给予该公司及其直接负责的主管人员和责任人员警告并罚款的行政处罚。

③ 例如，2023 年 9 月 14 日，苏大维格在“互动易”平台回复投资者“贵司光刻机及相关技术有哪些知名企业在使用”的提问时称“公司光刻机已实现向国内龙头芯片企业的销售，并已实现向日本、韩国、以色列等国家的出口；同时，公司向国内相关芯片光刻机厂商提供了定位光栅尺部件”，该回复引起公司股价大涨，但是中国证监会江苏证监局认为公司回复所称的“光刻机”并非用于芯片制造的光刻机，构成误导性陈述，据此分别对公司和董事会秘书给予罚款的行政处罚。

④ 例如，2023 年 11 月 27 日 12 时 50 分，思美传媒在回复“互动易”平台投资者关于“公司作为抖音的长期合作伙伴，是否有相关业务与抖音超市合作”的提问时称“抖音超市现阶段由本公司代运营”。彼时正值抖音测试视频内容付费话题持续发酵，多只“真假”概念股应声大涨。受“互动易”平台该消息影响，思美传媒股价在下午开盘后立即涨停。当日收盘后，思美传媒在互动易平台答复投资者相关提问又称“公司所称代运营抖音超市，是指公司代运营了抖音超市的官方直播间之一”。即便如此，思美传媒的上述言论也很快遭到抖音方面“网传思美传媒代运营抖音超市，此为不实消息”的澄清。中国证监会浙江证监局认为思美传媒的上述信息构成误导性陈述，依据《证券法》的相关规定给予公司和时任董事会秘书警告和罚款的行政处罚。

制性信息披露的轨道，[①]并有更加明确和可操作性的指引规范规制自愿性信息披露行为。所以，上市公司进行自愿性信息披露要在依法披露的前提下坚守真实性、准确性和完整性的合规底线，保持自愿性信息披露的持续性和一致性，不得进行选择性披露。

三、违规证券交易

按照单个交易行为所触犯规范的性质和所受到处罚（分）的结果进行分类，上市公司规范运作中易受到处罚（分）的违规交易主要有窗口期交易、短线交易、违规减持、内幕交易和操纵市场。其中，窗口期交易属于违反自律性规则应受纪律处分的违规行为；短线交易和违规减持是违反法律规定可能受到行政处罚的违法行为；内幕交易和操纵市场属于可能受到刑事处罚的违法犯罪行为。

（一）窗口期交易

因为上市公司的定期报告、季度报告、业绩预告、业绩快报、临时报告等拟披露信息，可能涉及股价敏感信息或包含可能导致股票价格波动或影响投资者判断的信息。所以，证券监管规则针对上市公司董监高这种具有获悉上述相关信息天然优势的特定群体，设置了在该等信息披露前的特定期间内（窗口期）禁止股票交易等限制，以建立并维持

---

① 以上海证券交易所环境信息披露为例，2008 年 5 月 14 日，上海证券交易所发布《关于加强上市公司社会责任承担工作暨发布〈上海证券交易所上市公司环境信息披露指引〉的通知》，鼓励各上市公司根据《证券法》《上市公司信息披露管理办法》的相关规定，及时披露公司在承担社会责任方面的特色做法及取得的成绩，并在披露公司年度报告的同时在交易所网站上披露公司的年度社会责任报告，这时的年度社会责任报告是自愿性披露的信息。自 2008 年 12 月 31 日起，上海证券交易所在其关于上市公司年度报告工作的通知中设定了特定公司的社会责任报告披露义务，强制性要求“上证公司治理板块”的示范企业、发行境外上市外资股的公司以及金融类公司披露社会责任报告，但是对上述特定公司以外的上市公司来说，社会责任报告还是自愿性披露的信息。2024 年 4 月 12 日，上海证券交易所发布《上海证券交易所上市公司自律监管指引第 14 号——可持续发展报告（试行）》，要求上证 180 指数、科创 50 指数样本公司以及境内外同时上市的公司按照该指引及该所相关规定披露《上市公司可持续发展报告》，鼓励其他上市公司自愿披露《可持续发展报告》，强制性规范要求的范围逐步扩大了。

公开、公平和公正的证券交易市场。

《上市公司董事、监事和高级管理人员所持本公司股份及其变动管理规则》和证券交易所《股票上市规则》《自律监管指引》共同建立了上市公司窗口期交易的规则体系，要求上市公司董事、监事和高级管理人员在下列期间不得买卖本公司股票：（1）上市公司年度报告、半年度报告公告前15日内；（2）上市公司季度报告、业绩预告、业绩快报公告前五日内；（3）自可能对本公司证券及其衍生品种交易价格产生较大影响的重大事件发生之日起或者在决策过程中，至依法披露之日止。违反上述规则实施窗口期交易的上市公司董监高将依据上述规章和自律监管规则的规定受到纪律处分或者行政监管措施。需要引起各上市公司董监高注意的是2024年修订的《上市公司董事、监事和高级管理人员所持本公司股份及其变动管理规则》第17条[①]通过扩大“在限制期限内转让股份”适用范围的规定，将窗口期交易纳入《证券法》违规交易的范畴之内，严重的窗口期违规交易行为还会依法受到行政处罚。[②]

（二）违规减持

2016年制定并于2017年修订的《上市公司股东、董监高减持股份的若干规定》（已废止）和《上市公司股东减持股份管理暂行办法》、《上市公司董事、监事和高级管理人员所持本公司股份及其变动管理规则》对持有

---

① 2024年5月修订的《上市公司董事、监事和高级管理人员所持本公司股份及其变动管理规则》第17条规定：“上市公司董事、监事、高级管理人员存在下列情形之一的，中国证监会依照《证券法》第一百八十六条处罚；情节严重的，中国证监会可以对有关责任人员采取证券市场禁入的措施：（一）违反本规则第四条、第十三条的规定，在限制期限内转让股份的……”

② 例如，威帝股份时任董事陈某华在2023年7月15日公司披露半年度业绩预告前以大宗交易的方式卖出其持有的公司股份构成窗口期交易，中国证监会黑龙江证监局认为陈某华的窗口期交易行为违反了《上市公司董事、监事和高级管理人员所持本公司股份及其变动管理规则（2022年修订）》第12条第2项和《证券法》第36条第2款的相关规定，构成《证券法》第186条所述的违法行为，遂于2024年2月29日依法对陈某华作出责令改正，警告并罚款的行政处罚。

上市公司5%以上的大股东、实际控制人、董监高减持股份的前提条件、[①]

① 中国证监会2024年在废止《上市公司股东、董监高减持股份的若干规定》基础上制定了《上市公司股东减持股份管理暂行办法》，其中第7条规定："存在下列情形之一的，大股东不得减持本公司股份：(一)该股东因涉嫌与本上市公司有关的证券期货违法犯罪，被中国证监会立案调查或者被司法机关立案侦查，或者被行政处罚、判处刑罚未满六个月的；(二)该股东因涉及与本上市公司有关的违法违规，被证券交易所公开谴责未满三个月的；(三)该股东因涉及证券期货违法，被中国证监会行政处罚，尚未足额缴纳罚没款的，但法律、行政法规另有规定，或者减持资金用于缴纳罚没款的除外；(四)中国证监会规定的其他情形。"第8条规定："存在下列情形之一的，上市公司控股股东、实际控制人不得减持本公司股份：(一)上市公司因涉嫌证券期货违法犯罪，被中国证监会立案调查或者被司法机关立案侦查，或者被行政处罚、判处刑罚未满六个月的；(二)上市公司被证券交易所公开谴责未满三个月的；(三)上市公司可能触及重大违法强制退市情形，在证券交易所规定的限制转让期限内的；(四)中国证监会规定的其他情形。"第10条规定："存在下列情形之一的，控股股东、实际控制人不得通过证券交易所集中竞价交易或者大宗交易方式减持股份，但已经按照本办法第九条规定披露减持计划，或者中国证监会另有规定的除外：(一)最近三个已披露经审计的年度报告的会计年度未实施现金分红或者累计现金分红金额低于同期年均归属于上市公司股东净利润的百分之三十的，但其中净利润为负的会计年度不纳入计算；(二)最近二十个交易日中，任一日股票收盘价(向后复权)低于最近一个会计年度或者最近一期财务报告期末每股归属于上市公司股东的净资产的。"第11条规定："最近二十个交易日中，任一日股票收盘价(向后复权)低于首次公开发行时的股票发行价格的，上市公司首次公开发行时的控股股东、实际控制人及其一致行动人不得通过证券交易所集中竞价交易或者大宗交易方式减持股份，但已经按照本办法第九条规定披露减持计划，或者中国证监会另有规定的除外。上市公司在首次公开发行时披露无控股股东、实际控制人的，首次公开发行时持股百分之五以上的第一大股东及其一致行动人应当遵守前款规定。前两款规定的主体不具有相关身份后，应当继续遵守本条前两款规定。"2024年修订的《上市公司董事、监事和高级管理人员所持本公司股份及其变动管理规则》第4条规定："存在下列情形之一的，上市公司董事、监事和高级管理人员所持本公司股份不得转让：(一)本公司股票上市交易之日起一年内；(二)本人离职后半年内；(三)上市公司因涉嫌证券期货违法犯罪，被中国证监会立案调查或者被司法机关立案侦查，或者被行政处罚、判处刑罚未满六个月的；(四)本人因涉嫌与本上市公司有关的证券期货违法犯罪，被中国证监会立案调查或者被司法机关立案侦查，或者被行政处罚、判处刑罚未满六个月的；(五)本人因涉及证券期货违法，被中国证监会行政处罚，尚未足额缴纳罚没款的，但法律、行政法规另有规定或者减持资金用于缴纳罚没款的除外；(六)本人因涉及与本上市公司有关的违法违规，被证券交易所公开谴责未满三个月的；(七)上市公司可能触及重大违法强制退市情形，在证券交易所规定的限制转让期限内的；(八)法律、行政法规、中国证监会和证券交易所规则以及公司章程规定的其他情形。"上述规定分别对上市公司特定股东、实际控制人和董监高减持上市公司股份的前提条件作了系统全面的规定。

减持节奏、[①]信息披露要求[②]及其法律责任均作了明确规定。但是,在上市公司规范运作的实践中,上市公司的特定股东、实际控制人或者董监高违反相关规定在限制转让期间减持股份、[③]超比例减持股份[④]或者减

① 2024年修订的《上市公司董事、监事和高级管理人员所持本公司股份及其变动管理规则》第5条对上市公司董监高减持上市公司股份的节奏作了限制,它规定:"上市公司董事、监事和高级管理人员在就任时确定的任职期间,每年通过集中竞价、大宗交易、协议转让等方式转让的股份,不得超过其所持本公司股份总数的百分之二十五,因司法强制执行、继承、遗赠、依法分割财产等导致股份变动的除外。上市公司董事、监事和高级管理人员所持股份不超过一千股的,可一次全部转让,不受前款转让比例的限制。"《上市公司股东减持股份管理暂行暂行办法》第12条和第14条分别对大股东减持上市公司股份的节奏作了规定,其中第12条规定:"大股东通过证券交易所集中竞价交易减持股份,或者其他股东通过证券交易所集中竞价交易减持其持有的公司首次公开发行前发行的股份的,三个月内减持股份的总数不得超过公司股份总数的百分之一。"第14条规定:"大股东通过大宗交易方式减持股份,或者其他股东通过大宗交易方式减持其持有的公司首次公开发行前发行的股份的,三个月内减持股份的总数不得超过公司股份总数的百分之二;股份受让方在受让后六个月内不得减持其所受让的股份。"

② 《上市公司股东减持股份管理暂行办法》第9条和《上市公司董事、监事和高级管理人员所持本公司股份及其变动管理规则》第9条均规定上市公司大股东或者董监高计划通过证券交易所集中竞价交易或者大宗交易方式减持股份的,应当在首次卖出前15个交易日向证券交易所报告并披露减持计划。减持计划实施完毕的,大股东或者董监高应当在2个交易日内向证券交易所报告,并予公告;在预先披露的减持时间区间内,未实施减持或者减持计划未实施完毕的,应当在减持时间区间届满后的2个交易日内向证券交易所报告,并予公告。

③ 例如,首航高科的实际控制人兼董事黄某佳于2023年12月1日因涉嫌信息披露违法违规被中国证监会立案调查,在立案调查期间,黄某佳持有的首航高科6,777,268股股份,因股票质押回购违约被司法拍卖,并于2023年12月14日完成股份过户。上述行为违反了《上市公司股东、董监高减持股份的若干规定》(已作废)第6条和第7条有关大股东或者董监高在因证券违法犯罪被立案调查期间不得转让股份的禁止性规定,中国证监会甘肃证监局依据《证券法》第36条和第186条的规定决定对其采取出具警示函的行政监管措施,并记入证券期货市场诚信档案。又如,2023年5月18日至24日,罗欣药业的控股股东罗欣控股通过大宗交易减持罗欣药业股份合计6225万股,占罗欣药业总股本的5.72%。证券监管部门认为罗欣控股在合计减持比例达到5%时未按《上市公司收购管理办法》第13条的规定停止交易,违规减持约787万股,占总股本的0.72%,合计成交金额约为5233.93万元。按照拟制成本法计算,罗欣控股违法所得约为230万元。上述行为构成《证券法》第36条和第186条所述限制期买卖股票的违法情形。因此,中国证监会浙江证监局对罗欣控股给予警告,没收违法所得约230万元,并处罚款50万元的行政处罚。

④ 例如,2024年5月23日至6月28日,天山电子持股5%以上的股东李某勇及其一致行动人中金蓝海通过集中竞价方式累计减持天山电子股份136.59万股,累计减持股份占天山电子股份总数的比例达到1.07%,违反了《上市公司股东减持股份管理暂行办法》第12条"大股东通过证券交易所集中竞价交易减持股份,或者其他股东通过证券交易所集中竞价交易减持其持有的公司首次公开发行前发行的股份的,三个月内减持股份的总数不得超过公司股份总数的百分之一"的规定,中国证监会广西监管局依法对李某勇及其一致行动人中金蓝海采取责令购回违规减持股份并向上市公司上缴价差的行政监管措施。

持股份未依法履行预披露义务[①]等信息披露要求而受到行政处罚(分)或者行政监管措施的现象比较常见。虽然《证券法》和《上市公司股东、董监高减持股份的若干规定》规定了上市公司特定股东和董监高减持股份的前提条件、减持比例与节奏、减持股份的预披露等信息披露制度以及违反该规则的法律责任,设置了较为科学的上市公司减持股份制度,但是在上市公司规范运作实践中还存在着通过离婚、解散公司(合伙)、解除一致行动协议等改变身份或者通过赠与、协议转让、执行股票质押等改变方式或者通过转融通、认购 ETF 份额、可交换债换股等新型工具等形式"绕道减持",规避上述规则及其法律责任的承担。加之《上市公司股东、董监高减持股份的若干规定》还存在着未区分一般大股东与控股股东和实际控制人的减持责任、允许上市特定股东在限售期转融通股票、违规减持的法律责任过轻等制度性缺陷。针对上述问题与瑕疵,中国证监会于 2024 年 5 月 24 日发布《上市公司股东减持股份管理暂行办法》《上市公司董事、监事和高级管理人员所持本公司股份及其变动管理规则》,废止《上市公司股东、董监高减持股份的若干规定》的效力,同时沪深北证券交易所发布配套的减持股份自律监管指引。上述规则在保留了大股东减持预披露要求、爬行减持即每 3 个月的减持比例限制、首发前股份的减持比例限制等,在《上市公司股东、董监高减持股份的若干规定》核心条款的基础上主要修改了如下规则:区分控股股东、实际控制人与一般大股东在上市公司违规处罚时禁止减持股份的情形,重申上市公司如存在破发、破净、分红不达标情形的,控股股东、实际控制人及其一致行动人不得通过集中竞价或大宗交易方式减持其持有的该上市公司股份;强化上市公司董监高减持股份应当遵循

① 例如,2021 年 5 月 14 日,上海瀛翊开始减持其所持药明康德股票,截至 2021 年 6 月 8 日上市公司发现该行为止,上海瀛翊累计减持药明康德股份合计 1724.97 万股,占总股本的 0.6962%,减持总金额 28.94 亿元,但是上海瀛翊的上述股份减持行为未依法在减持行为前 15 日履行信息披露义务。中国证监会经立案调查后认为上海瀛翊的上述行为构成了《证券法》第 36 条和第 186 条规定的违规减持行为,责令上海瀛翊改正,给予警告,并处以 2 亿元罚款的行政处罚。

“实际持有”的原则，优化董监高减持股份的禁止性情形；新增防范特定股东和董监高“绕道减持”的规则以及大股东和董监高大宗交易预披露的要求；明确董监高违规减持的，中国证监会可以采取“责令购回并向上市公司上缴差价”的措施，增加监管谈话、出具警示函等监管措施，细化违规减持应予处罚的具体情形，明确违规减持将依照《证券法》第 186 条的规定实施处罚，加大对违规减持的打击追责力度。这些改革措施在规范上市公司大股东和董监高理性、有序地减持股份，打击“违规减持”，维护公平的证券交易秩序方面具有重要意义，当然也给上市公司的特定股东和董监高减持其持有的上市公司股份提出了更加严格的要求。

（三）短线交易

《证券法》第 44 条①和第 189 条②分别规定了禁止短线交易及关联交易的法律责任。从这两个法律条文的具体规定可以看出，持股 5% 以上股份的股东和上市公司的董监高是短线交易的适用主体，当然因为《证券法》第 44 条第 2 款规定了短线交易的“持股”主体除了其自身外，还包括自然人股东和董监高的配偶、父母、子女以及其利用他人账户持有的股票或者其他具有股权性质的证券，所以短线交易的责任主体就包括持股 5% 以上的股东和上市公司董监高及其配偶、父母、子女；短线交易的适用范围不仅包括股票在证券交易所挂牌交易的上市公司而且

① 《证券法》第 44 条规定：“上市公司、股票在国务院批准的其他全国性证券交易场所交易的公司持有百分之五以上股份的股东、董事、监事、高级管理人员，将其持有的该公司的股票或者其他具有股权性质的证券在买入后六个月内卖出，或者在卖出后六个月内又买入，由此所得收益归该公司所有，公司董事会应当收回其所得收益。但是，证券公司因购入包销售后剩余股票而持有百分之五以上股份，以及有国务院证券监督管理机构规定的其他情形的除外。前款所称董事、监事、高级管理人员、自然人股东持有的股票或者其他具有股权性质的证券，包括其配偶、父母、子女持有的及利用他人账户持有的股票或者其他具有股权性质的证券。公司董事会不按照第一款规定执行的，股东有权要求董事会在三十日内执行。公司董事会未在上述期限内执行的，股东有权为了公司的利益以自己的名义直接向人民法院提起诉讼。公司董事会不按照第一款的规定执行的，负有责任的董事依法承担连带责任。”

② 《证券法》第 189 条规定：“上市公司、股票在国务院批准的其他全国性证券交易场所交易的公司的董事、监事、高级管理人员、持有该公司百分之五以上股份的股东，违反本法第四十四条的规定，买卖该公司股票或者其他具有股权性质的证券的，给予警告，并处以十万元以上一百万元以下的罚款。”

也包括新三板挂牌公司；短线交易的对象不仅包括上市公司的股票而且包括可转债、优先股等具有股权性质的证券；从事短线交易所得收益归上市公司所有，公司董事会负责收回该收益，董事会未依法收回该收益的除面临着股东派生诉讼外，负有责任的董事还将依法承担连带赔偿责任，这些机制就是让短线交易者从短线交易中获取不到利益。不仅如此，依据《证券法》的规定，短线交易者不仅获取不到经济利益而且还将依法受到“警告并处以十万元以上一百万元以下的罚款”的行政处罚，这个行政处罚的结果还将衍生出最近 3 年丧失担任上市公司董监高资格的风险以及该行政处罚被依法公开之后面临的声誉风险，这是上市公司特定股东和董监高在履职中需要高度警惕并要重点预防的事项。

自 1993 年 4 月国务院发布的《股票发行与交易管理暂行条例》规定短线交易禁止规则以来，短线交易的认定标准及其法律责任的规定日臻完善，除极少数毫无法治观念和规则意识的上市公司大股东或者董监高会因无知或者在内幕交易和操纵市场获取暴利的诱惑下而从事短线交易外，[①]更多的因为误操作或者近亲属的证券交易触犯短线交易规则而受到处罚（分）。[②] 因为《证券法》对短线交易的追责规定了客观

---

① 例如，聆达股份实际控制人王某育在 2020 年 4 月 2 日至 2021 年 8 月 2 日通过其控制使用的 15 个证券账户交易聆达股份的股票，除了在持股比例达到 5% 时及后续变动 1% 时未按规定履行报告和披露义务、权益变动报告存在误导性陈述、在限制转让期转让股票等行为外，还存在短线交易行为。中国证监会根据上述三类违法行为的事实和《证券法》的相关规定于 2023 年 8 月 16 日对王某育信息披露违法、违规交易和短线交易作出行政处罚决定，其中对其短线交易行为给予警告并处以 20 万元罚款的行政处罚。

② 因误操作而实施短线交易。例如，成都银行持股 5% 以上的股东成都产业控股资本公司因工作人员误操作于 2024 年 8 月 5 日先以 14.44 元每股的价格卖出成都银行 22,500 股，发现问题后当天又以 14.43 元每股的价格买入成都银行 22,500 股，构成了短线交易。因特定股东或者董监高近亲属从事短线交易而受到处罚的。例如，2021 年 7 月 1 日至 2023 年 6 月 7 日明洋智能监事郑某力配偶、母亲、子女证券账户存在买入该公司股票后 6 个月内卖出以及卖出后 6 个月内又买入该股票的行为，广东监管局决定对郑某力给予警告并处以 10 万元罚款的行政处罚；万通发展董事吴某毛因其配偶黄某在 2022 年 4 月 27 日至 2023 年 2 月 22 日间出现了短线交易万通发展股票的行为，被北京证监局处以警告并 10 万元罚款的行政处罚；中科曙光董事长李某杰因其妻子张某华在 2023 年 3 月至 2024 年 3 月期间对中科曙光股票进行了累计买入 334 万股和卖出 334 万股的短线交易而受到天津证监局警告及 80 万元罚款的行政处罚；等等。

主义和无过错责任原则，所以从事短线交易的主观目的和行为动机均不是认定短线交易违法行为构成的要素，误操作和不知情也不是短线交易免责的法定理由，需要上市公司特定股东和董监高明白该项规则并在履职中予以高度关注。

(四)内幕交易

《证券法》第50条至第53条在总结我国证券市场发展实践经验的基础上对内幕交易的禁止、内幕信息知情人、内幕交易行为作了系统而全面的规定。依据这些法律条文的规定，上市公司及其董监高、持有上市公司5%以上股份的股东及其董监高或者上市公司实际控制人及其董监高均是证券交易内幕信息知情人，而证券交易内幕信息的知情人和非法获取内幕信息的人利用内幕信息从事证券交易活动均为法律禁止的内幕交易行为，该行为包括买卖内幕信息涉及公司的证券、泄露内幕信息和建议他人买卖内幕信息涉及的证券三种模式。《证券法》第53条第3款和第191条分别规定了内幕交易的民事和行政责任。《刑法》第180条规定了内幕交易、泄露内幕信息罪的犯罪构成与法定刑，最高人民检察院和公安部于2022年4月29日联合发布的《关于公安机关管辖的刑事案件立案追诉标准的规定(二)》第30条进一步明确内幕交易、泄露内幕信息罪的刑事立案追诉标准。① 从这些法律对内幕交易主

---

① 《最高人民检察院、公安部关于公安机关管辖的刑事案件立案追诉标准的规定(二)》第30条规定："证券、期货交易内幕信息的知情人员、单位或者非法获取证券、期货交易内幕信息的人员、单位，在涉及证券的发行，证券、期货交易或者其他对证券、期货交易价格有重大影响的信息尚未公开前，买入或者卖出该证券，或者从事与该内幕信息有关的期货交易，或者泄露该信息，或者明示、暗示他人从事上述交易活动，涉嫌下列情形之一的，应予立案追诉：(一)获利或者避免损失数额在五十万元以上的；(二)证券交易成交额在二百万元以上的；(三)期货交易占用保证金数额在一百万元以上的；(四)二年内三次以上实施内幕交易、泄露内幕信息行为的；(五)明示、暗示三人以上从事与内幕信息相关的证券、期货交易活动的；(六)具有其他严重情节的。内幕交易获利或者避免损失数额在二十五万元以上，或者证券交易成交额在一百万元以上，或者期货交易占用保证金数额在五十万元以上，同时涉嫌下列情形之一的，应予立案追诉：(一)证券法规定的证券交易内幕信息的知情人实施或者与他人共同实施内幕交易行为的；(二)以出售或者变相出售内幕信息等方式，明示、暗示他人从事与该内幕信息相关的交易活动的；(三)因证券、期货犯罪行为受过刑事追究的；(四)二年内因证券、期货违法行为受过行政处罚的；(五)造成其他严重后果的。"

体广泛性、行为多样性和入刑门槛低的规定中可以看出立法和监管者证券内幕交易严厉打击的态度，也从另一方面反映出我国证券市场内幕交易现象比较普遍，尤其是诸多上市公司控股股东或者实际控制人因盲目自信或者缺乏证券规则意识而从事内幕交易受到刑事处罚进而影响到上市公司稳定与发展，不禁令人扼腕叹息。

（五）操纵证券市场

《证券法》第 55 条规定了禁止操纵证券市场、操纵证券市场的行为模式和操纵证券市场行为应当承担的民事赔偿责任；《证券法》第 192 条规定了操纵证券市场应当承担的“责令依法处理其非法持有的证券，没收违法所得，并处以违法所得一倍以上十倍以下的罚款；没有违法所得或者违法所得不足一百万元的，处以一百万元以上一千万元以下的罚款。单位操纵证券市场的，还应当对直接负责的主管人员和其他直接责任人员给予警告，并处以五十万元以上五百万元以下的罚款”的行政责任；《刑法》第 182 条规定了操纵证券、期货市场罪的犯罪构成及其法定刑；《最高人民检察院、公安部关于公安机关管辖的刑事案件立案追诉标准的规定（二）》第 34 条又明确了操纵证券、期货市场罪的立案追诉标准，尤其是明确了上市公司及其控股股东或者实际控制人、上市公司董监高、上市公司收购人或者其交易对手方及其董监高实施操纵证券市场行为获利或者避免损失额在 50 万元以上的均应受到刑事立案追诉，建立了操纵证券市场的民事、行政和刑事的立体追责体系。但是，在上市公司规范运作实践中，上市公司控股股东或者实际控制人及其董监高、上市公司的收购人或者交易对手方及其董监高在缓解股票质押的风险、配合特定股东减持股份、规避面值退市的风险、受伪市值管理获取暴利的蛊惑等目的与动机驱使下从事操纵证券市场的违法犯罪行为，而在监管“长牙带刺”的基调下，以身试法操纵证券市场者必将落得个“竹篮打水一场空”的结局并面临着牢狱之灾的风险。

第三节　我国上市公司治理的最新改革与发展

随着《证券法》《公司法》《刑法》《上市公司治理准则》等法律的修订与修正和《国务院关于进一步提高上市公司质量的意见》《关于依法从严打击证券违法活动的意见》《国务院关于加强监管防范风险推动资本市场高质量发展的若干意见》等法规的颁布，以及《上市公司独立董事管理办法》《上市公司董事、监事和高级管理人员所持本公司股份及其变动管理规则》《上市公司投资者关系管理工作指引》等规章和业务规则的颁布实施，上市公司的运行、投资者保护、信息披露等治理规则均有重大改革与发展。综合上市公司治理有关的法律法规、规章和业务规则的修改内容，上市公司治理的改革主要集中在体现中国特色、强化中小投资者利益保护、借鉴公司治理的先进经验和解决上市公司治理实践中的突出问题这几个方面。

一、上市公司治理的中国特色

我国上市公司治理在社会主义市场经济体制的环境下运行，必然融入中国特色的规则与原则。总结起来，我国上市公司治理主要具有以下中国特色。

（一）要求在上市公司治理中贯彻落实新发展理念

党的十八大以来，我国逐渐形成了以新发展理念为主要内容的习近平经济思想。2015 年 10 月，党的十八届五中全会首次提出了“创新、协调、绿色、开放、共享”的发展理念，强调创新发展注重的是解决发展动力问题，协调发展注重的是解决发展不平衡问题，绿色发展注重的是解决人与自然和谐问题，开放发展注重的是解决发展内外联动问题，共享发展注重的是解决社会公平正义问题。上市公司治理同样需要贯彻落实新的发展理念，《上市公司治理准则》第 3 条明确规定，“上市公司应当贯彻落实创新、协调、绿色、开放、共享的发展理念，弘扬优秀企业家精神，积极履行社会责任，形成良好公司治理实践”。

（二）强化上市公司在环境保护、社会责任方面的引领作用

近年来，我国加大了环境保护力度，“绿水青山就是金山银山”的理念深入人心。上市公司更应该在环境保护方面做好示范作用，《上市公司治理准则》第 86 条规定，“上市公司应当积极践行绿色发展理念，将生态环保要求融入发展战略和公司治理过程，主动参与生态文明建设，在污染防治、资源节约、生态保护等方面发挥示范引领作用”。《公司法》第 20 条明确规定：“公司从事经营活动，应当充分考虑公司职工、消费者等利益相关者的利益以及生态环境保护等社会公共利益，承担社会责任。国家鼓励公司参与社会公益活动，公布社会责任报告。”

为了强化上市公司在环境保护、社会责任方面的引领作用，2017 年 12 月，中国证监会修订了上市公司年度报告和半年度报告信息披露内容与格式准则，本次修订明确提出分层次的上市公司环境信息披露制度，即要求重点排污公司强制披露、其他公司执行“遵守或解释”原则；同时，鼓励公司自愿披露有利于保护生态、防止污染的信息，进一步强化公司承担环境与社会责任，推动构建绿色金融体系，为人民创造良好生产生活环境、建设美丽中国贡献力量。同时，本次修订新增上市公司支持扶贫开发工作的信息披露要求，鼓励公司披露精准扶贫规划、成效等方面的信息。2021 年 6 月 28 日，中国证监会公布了修订后的《公开发行证券的公司信息披露内容与格式准则第 3 号——半年度报告的内容与格式（2021 年修订）》和《公开发行证券的公司信息披露内容与格式准则第 2 号——年度报告的内容与格式（2021 年修订）》，将定期报告正文与环境保护、社会责任有关条文统一整合至新增后的“第五节　环境和社会责任”，并在定期报告新增报告期内公司因环境问题受到行政处罚情况的披露内容，鼓励公司自愿披露在报告期内为减少其碳排放所采取的措施及效果和巩固拓展脱贫攻坚成果、乡村振兴等工作情况。2024 年 4 月 12 日，沪深北证券交易所发布的《上市公司可持续发展报告指引》更加全面系统引导相关上市公司引领保护环境和履行社会责

任的潮流。

（三）发挥党建在上市公司，尤其是国有控股上市公司治理中的作用

2016 年 10 月，全国国有企业党的建设工作会议强调："要坚持中国特色现代企业制度改革方向，把加强党的领导和完善公司治理统一起来，把党的领导融入公司治理各环节，把企业党组织内嵌到公司治理结构之中，明确和落实党组织在公司法人治理结构中的法定地位，确保国有企业党委（党组）领导作用发挥组织化、制度化、具体化。"①

2018 年 9 月修订的《上市公司治理准则》第 5 条规定，"在上市公司中，根据《公司法》的规定，设立中国共产党的组织，开展党的活动。上市公司应当为党组织的活动提供必要条件。国有控股上市公司根据《公司法》和有关规定，结合企业股权结构、经营管理等实际，把党建工作有关要求写入公司章程"。

2019 年 12 月 30 日，中共中央印发《中国共产党国有企业基层组织工作条例（试行）》。条例要求国有企业党委（党组）发挥领导作用，把方向、管大局、保落实，依照规定讨论和决定企业重大事项。主要职责是：加强企业党的政治建设，坚持和落实中国特色社会主义根本制度、基本制度、重要制度，教育引导全体党员始终在政治立场、政治方向、政治原则、政治道路上同以习近平同志为核心的党中央保持高度一致；深入学习和贯彻习近平新时代中国特色社会主义思想，学习宣传党的理论，贯彻执行党的路线方针政策，监督、保证党中央重大决策部署和上级党组织决议在本企业贯彻落实；研究讨论企业重大经营管理事项，支持股东（大）会、董事会、监事会和经理层依法行使职权；加强对企业选人用人的领导和把关，抓好企业领导班子建设和干部队伍、人才队伍建设；履行企业党风廉政建设主体责任，领导、支持内设纪检组织履行监

① 《中共中央政治局召开会议　审议〈中国共产党党和国家机关基层组织工作条例〉和〈中国共产党国有企业基层组织工作条例（试行）〉　中共中央总书记习近平主持会议》，载《人民日报》2019 年 11 月 30 日，第 1 版。

督执纪问责职责，严明政治纪律和政治规矩，推动全面从严治党向基层延伸；加强基层党组织建设和党员队伍建设，团结带领职工群众积极投身企业改革发展；领导企业思想政治工作、精神文明建设、统一战线工作，领导企业工会、共青团、妇女组织等群团组织。条例要求国有企业应当将党建工作要求写入公司章程，写明党组织的职责权限、机构设置、运行机制、基础保障等重要事项，明确党组织研究讨论是董事会、经理层决策重大问题的前置程序，落实党组织在公司治理结构中的法定地位。坚持和完善“双向进入、交叉任职”领导体制，切实把党的领导融入公司治理各环节，把企业党组织内嵌到公司治理结构之中，使党组织发挥作用组织化、制度化、具体化。

2020 年 12 月 31 日，国资委印发《国有企业公司章程制定管理办法》，其中第 9 条明确规定公司党组织条款应当按照《中国共产党章程》《中国共产党国有企业基层组织工作条例（试行）》等有关规定，写明党委（党组）或党支部（党总支）的职责权限、机构设置、运行机制等重要事项。明确党组织研究讨论是董事会、经理层决策重大问题的前置程序。设立公司党委（党组）的国有企业应当明确党委（党组）发挥领导作用，把方向、管大局、保落实，依照规定讨论和决定企业重大事项；明确坚持和完善“双向进入、交叉任职”领导体制及有关要求。设立公司党支部（党总支）的国有企业应当明确公司党支部（党总支）围绕生产经营开展工作，发挥战斗堡垒作用；具有人财物重大事项决策权的企业党支部（党总支），明确一般由企业党员负责人担任书记和委员，由党支部（党总支）对企业重大事项进行集体研究把关。对于国有相对控股企业的党建工作，需结合企业股权结构、经营管理等实际，充分听取其他股东包括机构投资者的意见，参照有关规定和本条款的内容把党建工作基本要求写入公司章程。

2021 年 5 月，中共中央办公厅印发了《关于中央企业在完善公司治理中加强党的领导的意见》。该意见提出，中央企业党委（党组）是党的组织体系重要组成部分，在公司治理结构中具有法定地位，在企业发挥把方向、管大局、促落实的领导作用。同时，意见在明晰中央企业党委（党组）讨论和决定重大事项的职责范围，规范党委（党组）前置研究讨论重大经营管理事项的要求和程序，明确党委（党组）在董事会授权决策和总经理办公会决策中发挥作用的方式，强化党委（党组）在执行、监督环节的责任担当，以及加强党委（党组）自身建设等方面，作出了制度性安排。

2023 年修订的《公司法》进一步强调了公司尤其是国有控股公司党建在公司治理中的作用。《公司法》第 18 条规定："在公司中，根据中国共产党章程的规定，设立中国共产党的组织，开展党的活动。公司应当为党组织的活动提供必要条件。"第 170 条进一步明确，"国家出资公司中中国共产党的组织，按照中国共产党章程的规定发挥领导作用，研究讨论公司重大经营管理事项，支持公司的组织机构依法行使职权"。

（四）积极培育中国特色金融文化

2023 年 10 月 30 日至 31 日，中央金融工作会议在北京举行，会议提出把马克思主义金融理论同当代中国具体实际相结合、同中华优秀传统文化相结合，奋力开拓中国特色金融发展之路。同时，中央金融工作会议提出在金融系统大力弘扬中华优秀传统文化，积极培育中国特色金融文化。做到诚实守信，不逾越底线。坚持契约精神，恪守市场规则和职业操守；做到以义取利，不唯利是图。处理好功能性和营利性的关系，履行好社会责任；做到稳健审慎，不急功近利。树立正确的经营观、业绩观和风险观，不超越承受能力而过度冒险；做到守正创新，不脱实向虚。聚焦服务实体经济开展创新，不搞自我膨胀的伪创新；做到依法合规，不胡作非为。严格遵纪守法，遵守监管要求。这样，"诚实守信、以义取利、稳健审慎、守正创新、依法合规"就是中国特色金融文化的基本要求和主要内容，上市公司治理相关治理机制与制度设计以及上市公司治理实践均应谨守中国特色金融文化的原则和要求，积极培育中国特色金融文化。

二、强化中小投资者的权益保护

股东是上市公司的基石，股权结构也是上市公司治理的基础。基于所有权与控制权分离而产生的上市公司治理问题，在股权分散的背景下主要体现为内部人控制而侵害股东利益；在股权过度集中的情景下还存在控股股东或者实际控制人通过不公允的关联交易等"隧道挖掘"行为侵害中小投资者利益的现象。在股权相对集中的情形下，上述公司治理的两类问题同时存在，而股权相对集中又是我国上市公司股权结构的常态，因此加强对中小投资者的权益保护也成为上市公司治理机制与制度设计需要面对的问题。

2013 年 12 月 25 日，国务院办公厅发布了《关于进一步加强资本市场中小投资者合法权益保护工作的意见》，提出健全投资者适当性制度、优化投资回报机制、保障中小投资者知情权、健全中小投资者投票机制、建立多元化纠纷解决机制、健全中小投资者赔偿机制、加大监管和打击力度、强化中小投资者教育、完善投资者保护组织体系九个方面进一步加强资本市场中小投资者合法权益保护工作。

2018 年修订的《上市公司治理准则》更加注重对中小投资者合法权益保护工作：首先，将控股股东、实际控制人及其关联方纳入公司治理的规制范围中，并加强其独立性和关联交易与同业竞争的行为约束。《上市公司治理准则》第 4 条规定："上市公司股东、实际控制人、董事、监事、高级管理人员，应当依照法律、行政法规、部门规章、规范性文件和自律规则行使权利、履行义务，维护上市公司利益。"将上市公司控股股东、实际控制人及其关联方纳入公司治理规制范围中，在《上市公司治理准则》第六章"控股股东及其关联方与上市公司"中明确了上市公司与控股股东或实际控制人独立性、关联交易公平性与避免同业竞争的相关规则，对控股股东或者实际控制人的行为予以规制。其次，从股东回报、股东权利行使等方面加强对中小投资者权益的保护，比如《上市公司治理准则》第 10 条规定，"上市公司应当积极回报股东，在公司章程中明确利润分配办法尤其是现金分红政策。上市公司应当披露现金分红政策制定及执行情况,具备条件而不进行现金分红的,应当充分披露原因”。《上市公司治理准则》在中小股东权利行使的保护上,强调上市公司要为股东参与公司治理提供会议地点选择、网络投票、提案讨论时间等多方面的便利,设置征集投票权、累积投票制、独立董事制度和中小投资者保护机构,并规定中小投资者保护机构应当在上市公司治理中发挥积极作用,通过持股行权等方式多渠道保护中小投资者合法权益。最后,《上市公司治理准则》规定的中小投资者保护机构和体制机制,在此后颁布的法律法规、[①]部门规章、业务规则中予以细化并落实。[②]

2019 年修订的《证券法》以增设“投资者保护”专章的形式进一步加强对中小投资者的权益保护。除了明确征集股东权利规则和投资者保护机构的法律地位、构建证券违法行为民事赔偿责任体系外,《证券法》还针对上市公司中小投资者利益保护设置了先行赔付、支持诉讼、证券纠纷特别代表人诉讼、行政执法当事人承诺等制度,从实体到程序,切实保护了中小投资者的合法权益。

---

① 2023 年修订的《公司法》规定影子董事和实质董事制度和《刑法》第 161 条将控股股东和实际控制人纳入违规披露、不披露重要信息罪的犯罪主体均是通过对控股股东或者实际控制人行为的限制来保护中小股东的利益。此外,2023 年修订的《公司法》第 115 条将中小股东临时提案权的持股比例由修订前《公司法》第 102 条规定的 3% 降低至 1% 并且明确禁止公司提高该持股比例基数、第 189 条将股东代表诉讼的被告范围扩张至公司全资子公司的董监高,建立双重股东代表诉讼制度、第 26 条规定删除修订前《公司法》对股东提起撤销之诉需提供担保的规则均是对中小股东利益保护的规定。

② 《上市公司股东减持股份管理暂行办法》第 10 条将“最近三个已披露经审计的年度报告的会计年度未实施现金分红或者累计现金分红金额低于同期年均归属于上市公司股东净利润的百分之三十”列入控股股东或者实际控制人不得通过证券交易所集中竞价交易或者大宗交易方式减持股份的情形之一;沪深证券交易所 2024 年修订的《股票上市规则》引入现金分红不达标(最近一个会计年度净利润为正值且母公司报表年末未分配利润为正值的公司,最近三个会计年度累计现金分红总额低于最近三个会计年度年均净利润的 30%,且最近三个会计年度累计现金分红金额低于 5000 万元)将会被实施“其他风险警示”措施的机制。上述的分红不达标将限制控股股东或者实际控制人减持公司股份或者被实施“其他风险警示”措施,目的均在于以更强的约束督促公司回报投资者,保护中小投资者利益。

三、合理借鉴公司治理的国际经验

从 1993 年《公司法》在借鉴公司治理“三会一层”结构的基础上建立起“产权清晰、权责明确、政企分开、管理科学”的现代企业制度开始，我国在总结中国上市公司治理实践的同时不断吸收国际经验，并将其融入上市公司治理制度中，推动上市公司治理体系的完善。

（一）鼓励通过“自治性规范”的形式，倡导公司治理最佳实践

公司治理没有固定的模式，只有适合公司发展战略和运行特征的公司治理才是科学合理的公司治理。自 20 世纪 80 年代以来，英美等成熟市场都在倡导公司最佳实践，并取得了很好的效果。作为对该项国际经验的借鉴，我国《上市公司治理准则》第 2 条第 2 款明确规定：“上市公司应当贯彻本准则所阐述的精神，改善公司治理。上市公司章程及与治理相关的文件，应当符合本准则的要求。鼓励上市公司根据自身特点，探索和丰富公司治理实践，提升公司治理水平。”依据该规定，上市公司可以以修改公司章程的形式，在遵守强制性规范的前提下，结合公司运行与发展实际制定公司治理相关制度，对公司治理的具体规范进行明晰化、明细化、严格化，增加或者简化一些个性化规则等，使得公司治理结构更加科学合理。

（二）借鉴公司治理的先进制度，融合不同公司治理模式的优点，提供公司治理结构的多样化选择

我国 1993 年《公司法》设定的公司治理基础架构是“三会一层”结构，该治理结构及其职权设置形成了股东会主决策、董事会和管理层负责执行、监事会负责监督的互相协调与制衡的结构，这是大陆法系公司治理借鉴政治结构设计的典型模式。英美法系的公司治理采用单层模式，即公司股东会选举产生董事会，董事会内部分层为独立董事与非独立董事，独立董事负责监督非独立董事及其管理层经营管理合法合规性，防范控股股东或者实际控制人和管理层通过非公允的关联交易或者利益输送行为侵害中小股东的合法权利。

我国上市公司的治理结构在借鉴"三会一层"治理结构的同时，以2001年8月16日中国证监会颁布的《关于在上市公司建立独立董事制度的指导意见》(已失效)为标志，在上市公司董事会中引入了独立董事制度。以2018年修订的《上市公司治理准则》确立利益相关者利益至上的上市公司治理结构和2023年修订的《公司法》规定职工董事为标志，我国上市公司治理又采用了职工董事制度。不仅如此，2023年修订的《公司法》第121条第1款规定："股份有限公司可以按照公司章程的规定在董事会中设置由董事组成的审计委员会，行使本法规定的监事会的职权，不设监事会或者监事。"该条规定实质上是法律允许股份有限公司以公司章程自治的形式选择适用单层公司治理结构。虽然上市公司实现单层治理结构的改革尚需要对董事会审计委员会的组成、职责、运行机制等方面进行改造，证券监管机构也需要根据该项改革修改或者颁布相应的监管规则，但是《公司法》在上市公司借鉴成熟市场公司治理先进规则上提供了相应的制度供给。

2024年12月27日，中国证监会对系列配套规则进行集中修改或废止，并对《上市公司章程指引(修订草案征求意见稿)》及《上市公司股东会规则(修订草案征求意见稿)》向社会公开征求意见。《上市公司章程指引(修订草案征求意见稿)》明确规定上市公司不设置监事会，由董事会审计委员会行使《公司法》规定的监事会的职权。上市公司董事会审计委员会的组成、职责、审议事项、召集、召开等与《上市公司独立董事管理办法》规定一致。这样，上市公司治理结构设置就面临着取消监事会和改造审计委员会的改革，从法律规范上推动上市公司治理结构由大陆法系传统的双层结构向英美法系传统的单层结构转变。

(三)强化董事会及其专门委员会的功能，倡导董事会成员的多样化

2023年修订的《公司法》与修订前的《公司法》相比，一方面，新修订的《公司法》删除了此前《公司法》规定的股东会"决定公司的经营方针和投资计划"和"审议批准公司的年度预算方案、决算方案"这两项职权，新增"股东会可以授权董事会对发行公司债券作出决议"一项职权；

另一方面，新修订的《公司法》删除了此前《公司法》对经理法定职权的列举式规定，并且规定经理“根据公司章程的规定或者董事会的授权行使职权”。上述《公司法》对股东会、董事会和经理等职权范围规定的调整，扩大并强化了董事会的职权行使范围，实现了股权相对分散与证券公众化背景下的“董事会中心主义”制度设计目标。

从 2002 年《上市公司治理准则》颁布开始，上市公司董事会被要求必须设立审计委员会并根据需要设立战略委员会、提名委员会、薪酬与考核委员会等专门委员会，各专门委员会的组成、职权和责任均随着证券监管规则的修订而日臻完善，这样就使得上市公司董事会的工作有了相应的平台和抓手，让董事会的功能得到进一步强化。

2023 年修订的《公司法》使公司董事会成员构成实现了多元化，既有股权董事也有职工董事和独立董事，即使是股权董事，为了防止控股股东或者实际控制人独霸董事会席位的情况发生，《公司法》规定了累积投票制来实现董事会构成中中小股东的相应席位或者代表权。不仅如此，《上市公司治理准则》第 25 条还规定“鼓励董事会成员的多元化”，从整个董事会的组成上看，董事会成员的选择还应该从性别、民族、专业背景等多样化因素考虑其人选，这样才能让董事会的决策更加专业、合理和科学。

（四）内部控制与全面风险管理体系

美国 COSO 委员会于 1992 年提出了报告《内部控制——整体框架》，该框架指出“内部控制是受企业董事会、管理层和其他人员影响，为经营的效率效果、财务报告的可靠性、相关法规的遵循性等目标的实现而提供合理保证的过程，它包括控制环境、风险评估、控制活动、信息和沟通、监督五要素”。2004 年美国 COSO 委员会又发布《企业风险管理——整合框架》，该框架认为“企业风险管理是一个过程，它由一个主体的董事会、管理当局和其他人员实施，应用于战略制订并贯穿于企业之中，旨在识别可能会影响主体的潜在事项，管理风险以使其在该主体的风险容量之内，并为主体目标的实现提供合理保证”。该框架拓展了内部控制的内容与目标,在要素上包括了内部环境、目标设定、事项识别、风险评估、风险应对、控制活动、信息与沟通、监控这八项内容,更有力、更广泛地关注于企业风险管理这一更加宽泛的领域,成为成熟证券市场上市公司内部控制与全面风险管理的基本框架。

我国《企业内部控制基本规范》,要求自 2009 年 7 月 1 日起在上市公司实施。《企业内部控制基本规范》第 3 条规定:“本规范所称内部控制,是由企业董事会、监事会、经理层和全体员工实施的、旨在实现控制目标的过程。内部控制的目标是合理保证企业经营管理合法合规、资产安全、财务报告及相关信息真实完整,提高经营效率和效果,促进企业实现发展战略。”我国《企业内部控制配套指引》,以 18 项指引的形式对企业内部控制进行了具体规范,并要求从 2011 年 1 月 1 日起在境内外同时上市的公司实施,自 2012 年 1 月 1 日起在沪深证券交易所主板上市公司实施。

2018 年修订的《上市公司治理准则》第 94 条规定:“上市公司应当建立内部控制及风险管理制度,并设立专职部门或者指定内设部门负责对公司的重要营运行为、下属公司管控、财务信息披露和法律法规遵守执行情况进行检查和监督。上市公司依照有关规定定期披露内部控制制度建设及实施情况,以及会计师事务所对上市公司内部控制有效性的审计意见。”对上市公司内部控制与风险管理建设、审计及其披露作出明确规定与要求。

2021 年 6 月 28 日,中国证监会颁布《公开发行证券的公司信息披露内容与格式准则第 2 号——年度报告的内容与格式》第 38 条规定:“公司应当披露报告期内的内部控制制度建设及实施情况。报告期内若发现公司内部控制存在重大缺陷,应当披露具体情况,包括缺陷发生的时间、对缺陷的具体描述、缺陷对财务报告的潜在影响,已实施或拟实施的整改措施、整改时间、整改责任人及整改效果。”要求上市公司在年度报告中对其内部控制制度建设及其实施情况予以披露。

2023 年 12 月 8 日,财政部、中国证监会联合颁布《关于强化上市公司及拟上市企业内部控制建设推进内部控制评价和审计的通知》,对上市公司、拟上市企业的内部控制体系建设与评价提出新的、更严格的要求,明确要求上市公司和拟上市公司根据企业内部控制规范体系的要求建立内部控制体系,在披露公司年度报告的同时,披露经董事会批准的公司内部控制评价报告以及会计师事务所出具的财务报告内部控制审计报告。逐步将内部控制与风险管理框架纳入上市公司监管规范体系之中。

2024 年 4 月 12 日,中国证监会颁布的《关于严格执行退市制度的意见》增加连续多年内控非标意见退市情形,督促上市公司切实强化内部管理和公司治理。

(五)推动机构投资者参与公司治理

机构投资者与中小投资者不同,它们掌握的资金量大、持股比例高,且往往以长期持有为目的,既有动力也有专业能力参与上市公司治理进而提升上市公司发展质量。欧美等成熟市场都比较注重机构投资者在公司治理中的作用,如《OECD 公司治理原则(2004)》第二章"股东权利与关键所有权功能"第 F 条指出,"应为包括机构投资者在内的所有股东行使所有权创造有利条件"。为了克服公司股权高度分散的投资者"搭便车"问题,《OECD 公司治理原则(2004)》还提出允许股东为了改善公司治理,在提名和选举董事会成员、议程提案、与公司直接讨论中展开合作和相互协调的规定。

我国在上市公司治理中也日益重视机构投资者参与上市公司的作用。《上市公司治理准则》第 78 条至第 80 条分别规定"鼓励社会保障基金、企业年金、保险资金、公募基金的管理机构和国家金融监督管理机构依法监管的其他投资主体等机构投资者,通过依法行使表决权、质询权、建议权等相关股东权利,合理参与公司治理""机构投资者依照法律法规和公司章程,通过参与重大事项决策,推荐董事、监事人选,监督董事、监事履职情况等途径,在上市公司治理中发挥积极作用""鼓励机构投资者公开其参与上市公司治理的目标与原则、表决权行使的策略、股东权利行使的情况及效果”。

（六）确立环境、社会责任和公司治理（ESG）信息披露的基本框架

2004 年，联合国环境规划署金融倡议在 *Who Cares Wins* 报告中正式提出 ESG 概念，即环境（Environmental）、社会（Social）和公司治理（Governance），这一概念主要用于评估企业对环境和社会责任的承担程度以及治理结构的透明度和效率，该概念一提出便拉开了 ESG 投资的大幕，成为投资者考量风险和机遇的重要因素。同时，欧盟和其他经济体开始推出更严格的 ESG 相关法规和披露要求，如欧盟的可持续金融披露条例（SFDR）和企业可持续发展报告指令（CSRD），将 ESG 融入上市公司治理并规范上市公司 ESG 评价和披露行为成为成熟市场行之有效的经验。

我国在绿色发展等新发展理念的指引下高度重视将上市公司 ESG 融入公司治理及其评价与披露等规则体系建设工作。《上市公司治理准则》第 95 条和第 96 条分别规定“上市公司应当依照法律法规和有关部门的要求，披露环境信息以及履行扶贫等社会责任相关情况”“上市公司应当依照有关规定披露公司治理相关信息，定期分析公司治理状况，制定改进公司治理的计划和措施并认真落实”。并以“利益相关者、环境保护与社会责任”专章的形式对上市公司的环境、社会和公司治理标准作出明确规定，对上市公司 ESG 融入公司运行和发展及其信息披露作出明确要求。

2021 年 6 月 28 日，中国证监会发布修订后的《公开发行证券的公司信息披露内容与格式准则第 2 号——年度报告的内容与格式》，新增报告期内公司因环境问题受到行政处罚情况的披露内容，鼓励公司自愿披露在报告期内为减少其碳排放所采取的措施及效果和巩固拓展脱贫攻坚成果、乡村振兴等工作情况。

为规范上市公司可持续发展相关信息披露，引导上市公司践行可持续发展理念，推动上市公司高质量发展，沪深北证券交易所于 2024 年 4 月 12 日发布《可持续发展指引（试行）》，对上市公司可持续发展信息

披露的原则、框架和环境信息（应对气候变化、污染防治与生态系统保护、资源利用与循环经济）、社会信息（乡村振兴与社会贡献、创新驱动与科技伦理、供应商与客户及员工）、与可持续发展相关的治理信息披露等主题内容与标准作了详细规定，以 ESG 信息披露为抓手提高上市公司 ESG 治理的融入度与水平。

四、着力解决我国上市公司治理实践中存在的突出问题

实践中，我国上市公司治理存在的突出问题主要有：控股股东或者实际控制人及其关联方违规占用资金和违规担保；财务造假及其引起的欺诈发行与虚假陈述；违规证券交易；缺乏董监高有效的激励与约束机制等，法律法规和最新改革的证券监管政策正在有针对性地解决上述问题。

（一）控股股东或者实际控制人及其关联方违规占用资金和违规担保

控股股东或者实际控制人及其关联方通过借贷、对外投资、购买理财产品、违规担保、非公允的关联交易等方式违规侵占上市公司资金，会侵害上市公司及其利益相关人的利益，是《公司法》规定的控股股东或者实际控制人对上市公司及其他股东信义义务的违反，也是我国上市公司治理实践中的顽疾之一，已通过监管政策的改革与法律法规的修改针对性地解决此问题。

通过担保权人善意的认定来确定上市公司对外担保的法律效力能在一定程度上防止控股股东或者实际控制人及其关联人以违规担保的方式侵占上市公司利益，[①]2020 年 10 月 9 日国务院颁布的《国务院关于

---

① 2019 年 11 月 8 日，最高人民法院发布《全国法院民商事审判工作会议纪要》，明确债权人只有提出证据证明其担保债权已经董事会或者股东大会决议通过并履行信息披露义务而订立担保合同产生的才能认定其担保合同的善意相对人，该担保合同对上市公司发生法律效力，否则该担保合同对上市公司不发生法律效力，这就在一定程度上将上市公司控股股东或者实际控制人及其关联人私自以上市公司名义签订的对外担保将合同效力排除在上市公司之外。2020 年 12 月 31 日，最高人

进一步提高上市公司质量的意见》也提出严肃处置资金占用和违规担保问题的宏观政策措施，[①]但是上市公司非经营性资金占用和违规担保案件仍然多发、频发，这种状况需要立法和监管机构针对上市公司非经营性资金占用和违规担保制定更加科学、完备、有效的法律规则。

2021年6月28日，中国证监会发布新修订的《公开发行证券的公司信息披露内容与格式准则第2号——年度报告的内容与格式》第45条和第46条分别规定“公司发生控股股东及其他关联方非经营性占用资金情况的，应当充分披露相关的决策程序，以及占用资金的期初金额、发生额、期末余额、占用原因、预计偿还方式及清偿时间。公司应当同时披露会计师事务所对资金占用的专项审核意见。若公司年度报告披露的控股股东及其他关联方非经营性占用资金情况与专项审核意见不一致，应当说明原因”“公司违反法律、行政法规和中国证监会规定的对外担保决议程序订立担保合同的，应当详细披露担保金额、担保对象、违规原因、已采取的解决措施及进展、后续解决措施及预计解决时间”。这两条规定将上市公司非经营性资金占用与违规担保纳入上市

民法院发布《最高人民法院关于适用〈中华人民共和国民法典〉有关担保制度的解释》第9条规定重申该项规则，它规定：“相对人根据上市公司公开披露的关于担保事项已经董事会或者股东大会决议通过的信息，与上市公司订立担保合同，相对人主张担保合同对上市公司发生效力，并由上市公司承担担保责任的，人民法院应予支持。相对人未根据上市公司公开披露的关于担保事项已经董事会或者股东大会决议通过的信息，与上市公司订立担保合同，上市公司主张担保合同对其不发生效力，且不承担担保责任或者赔偿责任的，人民法院应予支持。相对人与上市公司已公开披露的控股子公司订立的担保合同，或者相对人与股票在国务院批准的其他全国性证券交易场所交易的公司订立的担保合同，适用前两款规定。”该规定重申《全国法院民商事审判工作会议纪要》有关上市公司对外担保效力规则的同时，进一步明确了与上市公司已公开披露的控股子公司订立的担保合同和其他全国性证券交易所挂牌的公司订立的担保协议适用该规则，在一定程度上防范了上市公司控股股东或者实际控制人利用违规担保侵占上市公司利益的情况发生。

① 《国务院关于进一步提高上市公司质量的意见》第10条规定：“严肃处置资金占用、违规担保问题。控股股东、实际控制人及相关方不得以任何方式侵占上市公司利益。坚持依法监管、分类处置，对已形成的资金占用、违规担保问题，要限期予以清偿或化解；对限期未整改或新发生的资金占用、违规担保问题，要严厉查处，构成犯罪的依法追究刑事责任。依法依规认定上市公司对违规担保合同不承担担保责任。上市公司实施破产重整的，应当提出解决资金占用、违规担保问题的切实可行方案。”

公司年度报告的法定披露内容，违反这两条规定的相关信息披露义务人将受到证券监管机关的立案调查和行政处罚，并依法承担虚假陈述的民事赔偿责任和刑事责任。

2023 年修订的《公司法》第 189 条承继了股东代位诉讼制度的规定，[①]虽然该条规定仍然保留有股东代位诉讼的股东持股比例、持股期限、诉讼前置程序等条件的规定，但是 2019 年修订的《证券法》第 94 条第 3 款[②]对投资者保护机构代表投资者行使代位诉讼权利予以改革和创新，对上市公司追讨控股股东及其关联方非经营性资金占用款项提供了便捷和可操作性的路径，[③]解决了非经营性资金占用民事责任承担

---

① 2023 年修订的《公司法》第 189 条规定："董事、高级管理人员有前条规定的情形的，有限责任公司的股东、股份有限公司连续一百八十日以上单独或者合计持有公司百分之一以上股份的股东，可以书面请求监事会向人民法院提起诉讼；监事有前条规定的情形的，前述股东可以书面请求董事会向人民法院提起诉讼。监事会或者董事会收到前款规定的股东书面请求后拒绝提起诉讼，或者自收到请求之日起三十日内未提起诉讼，或者情况紧急、不立即提起诉讼将会使公司利益受到难以弥补的损害的，前款规定的股东有权为公司利益以自己的名义直接向人民法院提起诉讼。他人侵犯公司合法权益，给公司造成损失的，本条第一款规定的股东可以依照前两款的规定向人民法院提起诉讼。公司全资子公司的董事、监事、高级管理人员有前条规定情形，或者他人侵犯公司全资子公司合法权益造成损失的，有限责任公司的股东、股份有限公司连续一百八十日以上单独或者合计持有公司百分之一以上股份的股东，可以依照前三款规定书面请求全资子公司的监事会、董事会向人民法院提起诉讼或者以自己的名义直接向人民法院提起诉讼。"

② 2019 年修订的《证券法》第 94 条第 3 款规定："发行人的董事、监事、高级管理人员执行公司职务时违反法律、行政法规或者公司章程的规定给公司造成损失，发行人的控股股东、实际控制人等侵犯公司合法权益给公司造成损失，投资者保护机构持有该公司股份的，可以为公司的利益以自己的名义向人民法院提起诉讼，持股比例和持股期限不受《中华人民共和国公司法》规定的限制。"

③ 例如，2022 年 1 月 17 日，中国证监会广东证监局对 ST 摩登作出行政处罚决定，该行政处罚决定书认定 ST 摩登自 2018 年 12 月至 2019 年 8 月发生控股股东非经营性占用资金约 2.4 亿元。经查明，公司实际控制人、原董事长林某某组织、指使相关人员将上述资金划转至控股股东瑞丰集团；原董事、总经理翁某某和原董事、财务总监刘某某根据林某某的指示安排对多笔未签合同的资金付款审批，亦未跟进资金实际使用情况，导致公司资金被控股股东占用。中证中小投资者服务中心在向公司发送股东质询建议函并建议公司监事会向法院提起诉讼未果的情况下，于 2022 年 9 月 9 日向广州市中级人民法院提起股东代位诉讼，代 ST 摩登诉其控股股东、实际控制人和直接责任人员林某某、翁某某、刘某某对控股股东非经营性资金占用承担连带赔偿责任。2023 年 9 月，广州市中级人民法院作出一审判决，判决被告瑞丰集团向第三人 ST 摩登返还占用资金 2.4 亿元及利息；被告林某某、翁某某、刘某某对瑞丰集团公司债务分别在 100%、70%、10% 范围内承担连带赔偿责任，全部支持了中证中小投资者服务中心的诉讼请求。

的程序性问题。

《刑法》第 169 条之一规定了背信损害上市公司利益罪的犯罪构成及其法定刑,[①]上市公司控股股东或者实际控制人和上市公司董监高都是背信损害上市公司利益罪犯罪构成中的犯罪主体。《最高人民检察院、公安部关于公安机关管辖的刑事案件立案追诉标准的规定(二)》第 13 条将给上市公司造成直接经济损失额超过 150 万元或者导致上市公司发行的股份被终止上市交易等重大损失的背信行为均列为法定被刑事追诉的最低标准。[②] 这样,非经营性资金占用和违规担保又成为容易让上市公司控股股东或者实际控制人以及董监高承担刑事责任的违法犯罪行为。《国务院关于加强监管防范风险推动资本市场高质量发展

---

① 《刑法》第 169 条之一规定:"上市公司的董事、监事、高级管理人员违背对公司的忠实义务,利用职务便利,操纵上市公司从事下列行为之一,致使上市公司利益遭受重大损失的,处三年以下有期徒刑或者拘役,并处或者单处罚金;致使上市公司利益遭受特别重大损失的,处三年以上七年以下有期徒刑,并处罚金:(一)无偿向其他单位或者个人提供资金、商品、服务或者其他资产的;(二)以明显不公平的条件,提供或者接受资金、商品、服务或者其他资产的;(三)向明显不具有清偿能力的单位或者个人提供资金、商品、服务或者其他资产的;(四)为明显不具有清偿能力的单位或者个人提供担保,或者无正当理由为其他单位或者个人提供担保的;(五)无正当理由放弃债权、承担债务的;(六)采用其他方式损害上市公司利益的。上市公司的控股股东或者实际控制人,指使上市公司董事、监事、高级管理人员实施前款行为的,依照前款的规定处罚。犯前款罪的上市公司的控股股东或者实际控制人是单位的,对单位判处罚金,并对其直接负责的主管人员和其他直接责任人员,依照第一款的规定处罚。"

② 《最高人民检察院、公安部关于公安机关管辖的刑事案件立案追诉标准的规定(二)》第 13 条规定:"上市公司的董事、监事、高级管理人员违背对公司的忠实义务,利用职务便利,操纵上市公司从事损害上市公司利益的行为,以及上市公司的控股股东或者实际控制人,指使上市公司董事、监事、高级管理人员实施损害上市公司利益的行为,涉嫌下列情形之一的,应予立案追诉:(一)无偿向其他单位或者个人提供资金、商品、服务或者其他资产,致使上市公司直接经济损失数额在一百五十万元以上的;(二)以明显不公平的条件,提供或者接受资金、商品、服务或者其他资产,致使上市公司直接经济损失数额在一百五十万元以上的;(三)向明显不具有清偿能力的单位或者个人提供资金、商品、服务或者其他资产,致使上市公司直接经济损失数额在一百五十万元以上的;(四)为明显不具有清偿能力的单位或者个人提供担保,或者无正当理由为其他单位或者个人提供担保,致使上市公司直接经济损失数额在一百五十万元以上的;(五)无正当理由放弃债权、承担债务,致使上市公司直接经济损失数额在一百五十万元以上的;(六)致使公司、企业发行的股票或者公司、企业债券、存托凭证或者国务院依法认定的其他证券被终止上市交易的;(七)其他致使上市公司利益遭受重大损失的情形。"

的若干意见》第 9 条推动形成促进资本市场高质量发展的合力又提出“推动出台背信损害上市公司利益罪的司法解释”，让背信损害上市公司利益罪的犯罪构成更加具有针对性，上市公司非经营性资金占用和违规担保的刑事法律责任规则更加科学和完备。

此外，《上市公司证券发行注册管理办法》第 10 条和第 11 条将“控股股东、实际控制人最近三年存在严重损害上市公司利益或者投资者合法权益的重大违法行为”列为上市公司申请非公开发行股票的消极条件、“公司被控股股东及其关联人非经营性占用资金，余额达到最近一期经审计净资产绝对值 30% 以上，或者金额达到 2 亿元以上，被中国证监会责令改正但公司未在规定期限内改正，公司股票及其衍生品种自前述期限届满的次一交易日起停牌，此后公司在股票及其衍生品种停牌 2 个月内仍未改正”被证券交易所《股票上市规则》列为规范类强制退市情形之一，这些都彰显了证券监管机构严厉打击上市公司非经营性资金占用和违规担保行为的意志和决心。

（二）财务造假及其引起的欺诈发行与虚假陈述

财务造假本身是个会计问题，虚构业务收入、隐瞒成本或者支出、少计或者不计库存或者信用风险减值准备、跨期确认收入和成本均是常见的方式，这个会计问题与公司股份发行上市、上市公司资产重组和信息披露等相结合就构成了欺诈发行和虚假陈述的违法犯罪行为，也是上市公司治理与运行中的顽疾之一，成为上市公司治理改革亟须解决的突出问题。

虽然《证券法》第 181 条①严格而明确地规定了欺诈发行的法律责

---

① 《证券法》第 181 条规定：“发行人在其公告的证券发行文件中隐瞒重要事实或者编造重大虚假内容，尚未发行证券的，处以二百万元以上二千万元以下的罚款；已经发行证券的，处以非法所募资金金额百分之十以上一倍以下的罚款。对直接负责的主管人员和其他直接责任人员，处以一百万元以上一千万元以下的罚款。发行人的控股股东、实际控制人组织、指使从事前款违法行为的，没收违法所得，并处以违法所得百分之十以上一倍以下的罚款；没有违法所得或者违法所得不足二千万元的，处以二百万元以上二千万元以下的罚款。对直接负责的主管人员和其他直接责任人员，处以一百万元以上一千万元以下的罚款。”

任,《刑法》第160条[①]规定了欺诈发行证券罪的犯罪构成及其法定刑,《最高人民检察院、公安部关于公安机关管辖的刑事案件立案追诉标准的规定(二)》第5条[②]规定了欺诈发行证券罪的立案追诉标准,《证券法》第197条、《最高人民法院关于审理证券市场虚假陈述侵权民事赔偿案件的若干规定》和《刑法》第161条共同建构了健全的虚假陈述行政、民事和刑事法律责任体系。但是,部分公司为了满足其股份发行上市或重组上市的条件、规避退市、完成并购重组业绩承诺、便于大股东攫取巨额分红、满足股权激励行权条件等目的而实施财务造假并作虚假的信息披露,既有像泽达易盛、紫晶存储这样在公司股份发行上市前因为财务造假构成欺诈发行并在公司上市后又以同样的财务造假手段构成虚假陈述的案件,也有像鞍重股份收购九好集团的资产因为标的公司财务造假构成欺诈发行和上市公司的虚假陈述案件,还有獐子岛、康美药业和康得新等有预谋、有组织、长期、系统实施财务造假行为的

---

① 《刑法》第160条规定:"在招股说明书、认股书、公司、企业债券募集办法等发行文件中隐瞒重要事实或者编造重大虚假内容,发行股票或者公司、企业债券、存托凭证或者国务院依法认定的其他证券,数额巨大、后果严重或者有其他严重情节的,处五年以下有期徒刑或者拘役,并处或者单处罚金;数额特别巨大、后果特别严重或者有其他特别严重情节的,处五年以上有期徒刑,并处罚金。控股股东、实际控制人组织、指使实施前款行为的,处五年以下有期徒刑或者拘役,并处或者单处非法募集资金金额百分之二十以上一倍以下罚金;数额特别巨大、后果特别严重或者有其他特别严重情节的,处五年以上有期徒刑,并处非法募集资金金额百分之二十以上一倍以下罚金。单位犯前两款罪的,对单位判处非法募集资金金额百分之二十以上一倍以下罚金,并对其直接负责的主管人员和其他直接责任人员,依照第一款的规定处罚。"

② 《最高人民检察院、公安部关于公安机关管辖的刑事案件立案追诉标准的规定(二)》第5条规定:"在招股说明书、认股书、公司、企业债券募集办法等发行文件中隐瞒重要事实或者编造重大虚假内容,发行股票或者公司、企业债券、存托凭证或者国务院依法认定的其他证券,涉嫌下列情形之一的,应予立案追诉:(一)非法募集资金金额在一千万元以上的;(二)虚增或者虚减资产达到当期资产总额百分之三十以上的;(三)虚增或者虚减营业收入达到当期营业收入总额百分之三十以上的;(四)虚增或者虚减利润达到当期利润总额百分之三十以上的;(五)隐瞒或者编造的重大诉讼、仲裁、担保、关联交易或者其他重大事项所涉及的数额或者连续十二个月的累计数额达到最近一期披露的净资产百分之五十以上的;(六)造成投资者直接经济损失数额累计在一百万元以上的;(七)为欺诈发行证券而伪造、变造国家机关公文、有效证明文件或者相关凭证、单据的;(八)为欺诈发行证券向负有金融监督管理职责的单位或者人员行贿的;(九)募集的资金全部或者主要用于违法犯罪活动的;(十)其他后果严重或者有其他严重情节的情形。"

案件，严重扰乱了证券市场秩序、动摇了投资者的信心。针对上述问题，2024 年 4 月 4 日国务院发布的《国务院关于加强监管防范风险推动资本市场高质量发展的若干意见》提出“构建资本市场防假打假综合惩防体系，严肃整治财务造假、资金占用等重点领域违法违规行为”，为落实该意见的要求和指示精神，2024 年 4 月 12 日中国证监会颁布的《关于严格执行退市制度的意见》及其配套改革规则调低了财务造假触发退市的年限、金额和比例，将原有的连续 2 年造假金额 5 亿元以上且超过 50% 的退市指标，调整为 1 年造假 2 亿元以上且超过 30%、2 年造假 3 亿元且超过 20%、连续 3 年及以上造假三种退市指标，以有力遏制财务造假。2024 年 6 月 29 日国务院办公厅发布的《关于进一步做好资本市场财务造假综合惩防工作的意见》提出严肃惩治欺诈发行股票债券行为、严厉打击系统性造假和配合造假、加强对滥用会计政策实施造假的监管、强化对非经营性资金占用和并购重组等特定领域财务造假的打击等打击和遏制重点领域财务造假的意见，要求加大财务造假的行政、民事和刑事全方位立体化追责体系，加强部际协调和央地协同，建立常态化长效化防治财务造假的体制机制。这些监管政策的颁布也促使立法和监管部门完善相关制度与规则，防范并打击上市公司财务造假及其引起的欺诈发行与虚假陈述的违法犯罪活动，以提高上市公司的治理水平和发展质量。

（三）弥补股份交易的制度漏洞，建立相关治理主体立体化法律责任规则体系

股权结构及其变化是上市公司治理的基础，虽然《上市公司股东、董监高减持股份的若干规定》对上市公司股东、董监高减持其持有的上市公司股份的节奏、期限与比例限制和信息披露要求具有比较科学和严格的规定，但因为股份减持能给股东带来短期的直接收益和现金流，所以在实践中就存在着通过离婚、解散持股主体、转融通或者股票质押等改变身份或者产品的方式规避该规则的规定实施减持，加上该规则存在着对违规减持的法律责任相对缺失的漏洞，助长了无序的违规减

持乱象。针对上述问题,中国证监会于 2024 年 5 月将《上市公司股东、董监高减持股份的若干规定》修改为《上市公司股东减持股份管理暂行办法》《上市公司董事、监事和高级管理人员所持本公司股份及其变动管理规则》的规则体系,优化大股东和董监高减持股份的前提条件和信息披露要求,进一步规范其股份减持行为;通过明确离婚等非交易过户和协议转让、解除一致行动关系、司法处置等减持限制以及禁止限售股的融券与转融通行为等方式有效防范绕道减持;通过明确对违规减持可以采取"责令购回并向上市公司上缴价差"的措施,增加监管谈话、出具警示函等监管措施,细化应予处罚的具体情形等方式弥补违规减持法律责任缺失的制度漏洞。

《证券法》和《刑法》明确规定了内幕交易和操纵证券市场的行政和刑事责任,《证券法》也明确规定"内幕交易行为给投资者造成损失的,应当依法承担赔偿责任""操纵证券市场行为给投资者造成损失的,应当依法承担赔偿责任",健全内幕交易和操纵证券市场民事赔偿责任制度,就建立了内幕交易和操纵证券市场全方位立体化的责任体系。与此类似的还有重大违法退市的民事赔偿制度,2024 年 4 月 4 日国务院颁布的《国务院关于加强监管防范风险推动资本市场高质量发展的若干意见》在"加大退市监管力度"一节中强调"健全退市过程中的投资者赔偿救济机制,对重大违法退市负有责任的控股股东、实际控制人、董事、高管等要依法赔偿投资者损失"。2024 年 4 月 12 日中国证监会颁布的《关于严格执行退市制度的意见》中也规定"对重大违法退市负有责任的控股股东、实际控制人、董事、高管等,要依法赔偿投资者损失"。重大违法退市民事赔偿制度的建立对明确上市公司治理主体责任,完善上市公司治理主体的责任机制,提升上市发展质量有较大促进作用。

(四)完善上市公司董监高激励与约束相结合的机制

股东与管理层激励与约束融洽的机制是良好公司治理的必备条件。其中,法律法规明确规定公司管理层职责与责任是建立高效约束机制的重要手段,我国《公司法》规定了公司董监高严格的忠实与勤勉责任,《证券法》和证券监管规则规定了上市公司董监高在上市公司治理和运行中的具体责任,法律法规设定的上市公司董监高的职责和责任,实质上建立了上市公司董监高在公司治理中的约束机制。但在激励机制方面,我国上市公司董监高与上市公司之间主要基于劳动或者聘任合同而形成契约关系,从上市公司处获取的主要是按时计酬的薪酬与福利或者津贴,缺乏科学有效的激励机制。要建立上市公司科学有效的激励机制,除了建立股东和董监高利益共享的机制外,还要具有科学评价董监高努力、付出与承担风险的绩效机制以及绩效与激励机制挂钩的方式,股权激励、股票期权、员工持股计划和双重股权机构安排是被实践证明行之有效的激励方式。

在上市公司股权激励方面,2005 年 9 月 30 日中国证监会发布《上市公司股权激励管理办法(试行)》,对上市公司实施股权激励的条件、激励对象范围、股票来源、授权行权时间窗口、定价机制、实施程序和信息披露等作了较为全面的规定。2016 年 7 月 13 日中国证监会正式发布《上市公司股权激励管理办法》,该规则强调以信息披露为中心,放松管制、加强监管,逐步形成公司自主决定的、市场约束有效的上市公司股权激励制度。2018 年 8 月 15 日中国证监会对《上市公司股权激励管理办法》进行再次修订,激励对象范围由在境内工作的外籍员工,扩大到所有外籍员工。股权激励机制逐步健全和完善。

在员工持股计划方面,2014 年 6 月 20 日证监会发布《关于上市公司实施员工持股计划试点的指导意见》明确规定上市公司可以根据员工意愿实施员工持股计划,实施员工持股计划的相关资金可以来自员工薪酬或以其他合法方式筹集,所需公司股票可以来自上市公司回购、直接从二级市场购买、认购非公开发行股票、公司股东自愿赠与等合法方式,此外还就员工持股计划的实施程序、管理模式、信息披露及内幕交易防控等方面作了详细规定。在上市公司实施员工持股计划,有利于建立和完善劳动者与所有者的利益共享机制,改善公司治理水平,提高职工凝聚力和公司竞争力。

2018 年修订的《上市公司治理准则》第 56 条增加“上市公司可以委托第三方开展绩效评价”的规定，第 62 条规定“上市公司可以依照相关法律法规和公司章程，实施股权激励和员工持股等激励机制”；2023 年修订的《公司法》第 162 条有关股份回购程序简化的规定和第 163 条允许公司为实施员工持股计划而实施财务资助的规定。这些法律法规的修改和规定都为上市公司股权激励和员工持股计划的实施提供了法律依据和便利。

第四章　上市公司董监高共同遵守的履职行为

《公司法》《证券法》《上市公司收购管理办法》《上市公司信息披露管理办法》等法律法规在根据上市公司董监高的不同角色定位规定其职责与责任的同时，也规定了上市公司董监高应当共同遵守的职业底线和为提高上市公司价值与质量而实施的积极履职行为。在公司治理与公司文化双向融合日渐深入的今天，中国特色金融文化的建构与实施赋予了上市公司董监高职责与责任更加丰富的内涵，也对后者提出了全新的要求。

第一节　上市公司董监高消极的履职行为

《公司法》规定了上市公司董监高的忠实与勤勉义务，《证券法》规定了上市公司持股5%以上的股东和董监高因其身份与地位而在减持公司股份、窗口期交易、短线交易等交易和信息披露方面的特定责任，《刑法》还规定了内幕交易，操纵证券市场，欺诈发行证券，违规披露、不披露重要信息罪的犯罪构成及其法定刑，违反上述法律规定的履职行为将会受到证券监管机构的行政处罚或者纪律处分，情节严重的还可能承担刑事责任，这些法律责任的承担还会在一定时期内构成行为人不得担任上市公司董监高的职业消极条件，本节将其归纳为上市公司董监高的消极履职行为，也是因为行为人将受到处罚并影响其职业资格，所以该消极的履职行为也就构成了其履职时不能触碰的职业底线。

一、违法犯罪的证券交易

法律法规基于上市公司大股东和董监高的特定身份与地位，而赋予其在股份增减持和证券交易方面特定的职责与责任，这包括违反《上市公司股东减持股份管理办法》和《上市公司董事、监事和高级管理人员所持本公司股份及其变动管理规则》有关股份减持期限、节奏、比例和信息披露规定构成的违规增减持、可能受到行政处罚的窗口期交易和短线交易、可能受到刑事追诉的内幕交易和操纵证券市场以及基于多个目的并构成多项违法犯罪的交叉违法犯罪行为，这些违法犯罪行为的法律依据、表现形式及其法律结果在本书第三章已有详细介绍和论述，此处不再赘述。

二、违反忠实义务的违法犯罪行为

上市公司董监高作为受托管理人，应该忠实于上市公司及其股东，不得为个人利益而损害公司利益，忠实义务的重点是“利用职权谋取不正当利益”和“利益冲突”两类行为。《公司法》第 180 条第 1 款原则性地规定了“董事、监事、高级管理人员对公司负有忠实义务，应当采取措施避免自身利益与公司利益冲突，不得利用职权牟取不正当利益”。第 181 条规定了禁止董监高利用职权牟取不正当利益的违反忠实义务具体情形，[①]第 180 条至第 182 条规定了应当采取措施（主要是向公司报告或者履行审议程序）避免的不公正自我交易、篡夺属于公司的机会、非法经营同类营业等存在利益冲突的违反忠实义务行为内容。此外，《刑法》第 169 条之一专门针对上市公司董监高设置了背信损害上市公司利益罪的犯罪构成及其法定刑，充实了上市公司董监高忠实义务的

---

① 《公司法》第 181 条规定：“董事、监事、高级管理人员不得有下列行为：（一）侵占公司财产、挪用公司资金；（二）将公司资金以其个人名义或者以其他个人名义开立账户存储；（三）利用职权贿赂或者收受其他非法收入；（四）接受他人与公司交易的佣金归为己有；（五）擅自披露公司秘密；（六）违反对公司忠实义务的其他行为。”

内容。上市公司董监高违背忠实义务所得收益归公司所有,[①]《公司法》规定的股东派生诉讼确保该归入权得以实现。更需要引起各位上市公司董监高高度注意的是除背信损害上市公司利益以外,还有诸多违反忠实义务的履职行为是依法入罪的行为,这将是上市公司董监高履职的“红线”。

职务侵占罪和贪污罪,是上市公司董监高违反忠实义务受到刑事追诉的常见罪名。《刑法》第 271 条对职务侵占罪犯罪构成与法定刑的规定,[②]《最高人民检察院、公安部关于公安机关管辖的刑事案件立案追诉标准的规定(二)》第 76 条[③]为职务侵占罪设置了较低的刑事立案追诉标准,这让上市公司董监高违背侵占公司财产这项忠实义务被追究刑事责任的现象比较常见。[④] 从这些法律条文的规定内容和实践中的具体案例中可以看出,职务侵占罪与贪污罪最大的区别是犯罪主体的

---

① 《公司法》第 186 条规定:“董事、监事、高级管理人员违反本法第一百八十一条至第一百八十四条规定所得的收入应当归公司所有。”

② 《刑法》第 271 条规定:“公司、企业或者其他单位的工作人员,利用职务上的便利,将本单位财物非法占为己有,数额较大的,处三年以下有期徒刑或者拘役,并处罚金;数额巨大的,处三年以上十年以下有期徒刑,并处罚金;数额特别巨大的,处十年以上有期徒刑或者无期徒刑,并处罚金。国有公司、企业或者其他国有单位中从事公务的人员和国有公司、企业或者其他国有单位委派到非国有公司、企业以及其他单位从事公务的人员有前款行为的,依照本法第三百八十二条、第三百八十三条的规定定罪处罚。”

③ 《最高人民检察院、公安部关于公安机关管辖的刑事案件立案追诉标准的规定(二)》第 76 条规定:“公司、企业或者其他单位的工作人员,利用职务上的便利,将本单位财物非法占为己有,数额在三万元以上的,应予立案追诉。”

④ 例如,楚天科技于 2024 年 9 月 6 日发布公告称公司近日收到公安机关的《调取证据通知书》,公司高级人员雷某因涉嫌职务侵占罪,被公安机关刑事拘留。2024 年 9 月 18 日,楚天科技发布《关于重大事项进展暨高级管理人员辞职的公告》称公司近日收到高级管理人员雷某的通知,公安机关出具了《取保候审通知书》,决定对其取保候审,期限从 2024 年 9 月 14 日起算。公司于 2024 年 9 月 17 日收到高级管理人员雷某的书面辞职报告,其因个人原因辞去公司高级管理人员职务。又如,2024 年 9 月 13 日,新时达发布《公司董事及副总经理被采取强制措施的进展公告》称:“2024 年 9 月 12 日,公司接到公安机关通知,公司董事、原副总经理金某海因涉嫌职务侵占罪,已被上海市嘉定区人民检察院批准逮捕。”再如,2024 年 4 月 30 日最高人民检察院发布公告称:“上海实业(集团)有限公司原总裁(上海医药原董事长)周某涉嫌贪污罪、受贿罪一案,由上海市人民检察院第二分院依法向上海市第二中级人民法院提起公诉。”

身份不同,但是职务侵占罪和贪污罪的犯罪主体都是公司普通工作人员,并没有高级管理人员的特定主体要求,作为具有一定管理和决策职能的上市公司董监高更有利用职权谋取非法利益并构成该种犯罪的机会,需要各位上市公司董监高对此保持高度警觉和自律。

《公司法》规定的挪用公司资金这种对忠实义务的违反行为,情节严重的将会构成挪用资金罪或者挪用公款罪。《刑法》第 272 条对挪用资金罪的犯罪构成及其法定刑作了规定,[①]《最高人民检察院、公安部关于公安机关管辖的刑事案件立案追诉标准的规定(二)》第 77 条[②]对挪用资金罪设置了 3 万元至 5 万元不等的立案追诉标准,并对挪用资金罪犯罪构成中的“归个人使用”作了严格规定与限制,使《公司法》上规定的挪用公司资金和将公司资金以其个人名义或者以其他个人名义开立账户存储的行为都容易构成挪用资金罪或者挪用公款罪。同样是利用职务上的便利,挪用本单位资金归个人使用或者借贷给他人,构成挪用资金罪还是挪用公款罪取决于行为人的身份是民营企业主体还是国有企业主体的工作人员,民营企业主体实施的挪用资金行为构成挪用资金罪,国有控股上市公司的工作人员实施的挪用资金行为构成挪用公款罪。

---

① 《刑法》第 272 条规定:“公司、企业或者其他单位的工作人员,利用职务上的便利,挪用本单位资金归个人使用或者借贷给他人,数额较大、超过三个月未还的,或者虽未超过三个月,但数额较大、进行营利活动的,或者进行非法活动的,处三年以下有期徒刑或者拘役;挪用本单位资金数额巨大的,处三年以上七年以下有期徒刑;数额特别巨大的,处七年以上有期徒刑。国有公司、企业或者其他国有单位中从事公务的人员和国有公司、企业或者其他国有单位委派到非国有公司、企业以及其他单位从事公务的人员有前款行为的,依照本法第三百八十四条的规定定罪处罚。”该条文规定的《刑法》第 384 条是对挪用公款罪犯罪构成及其法定刑的规定。

② 《最高人民检察院、公安部关于公安机关管辖的刑事案件立案追诉标准的规定(二)》第 77 条规定:“公司、企业或者其他单位的工作人员,利用职务上的便利,挪用本单位资金归个人使用或者借贷给他人,涉嫌下列情形之一的,应予立案追诉:(一)挪用本单位资金数额在五万元以上,超过三个月未还的;(二)挪用本单位资金数额在五万元以上,进行营利活动的;(三)挪用本单位资金数额在三万元以上,进行非法活动的。具有下列情形之一的,属于本条规定的‘归个人使用’:(一)将本单位资金供本人、亲友或者其他自然人使用的;(二)以个人名义将本单位资金供其他单位使用的;(三)个人决定以单位名义将本单位资金供其他单位使用,谋取个人利益的。”

《公司法》第181条规定的“利用职权贿赂或者收受其他非法收入、接受他人与公司交易的佣金归为己有”是贿赂犯罪的典型表现形式。这种贿赂犯罪主要包括非国家工作人员受贿罪、受贿罪、对非国家工作人员行贿罪和行贿罪这四类违法犯罪行为。《刑法》第163条[①]规定了非国家工作人员受贿罪的犯罪构成及其法定刑;《刑法》第385条[②]对受贿罪的犯罪构成作了规定;《刑法》第164条第1款[③]规定了对非国家工作人员行贿罪的犯罪构成及其法定刑;《刑法》第389条[④]对行贿罪的犯罪构成作了规定。依据《最高人民检察院、公安部关于公安机关管辖的刑事案件立案追诉标准的规定(二)》第10条和第11条、《最高人民法院、最高人民检察院关于办理贪污贿赂刑事案件适用法律若干问题的解释》的相关规定,一般情况下的非国家工作人员受贿罪、对非国家工作人员行贿罪、贪污罪和受贿罪的涉案金额3万元就达到刑事立案追诉标准,刑事立案追诉的门槛较低,上市公司高管涉嫌贿赂类刑事犯罪被立案追诉就成为上市公司治理与运行中的常见现象了,这也从另一

---

① 《刑法》第163条规定:“公司、企业或者其他单位的工作人员,利用职务上的便利,索取他人财物或者非法收受他人财物,为他人谋取利益,数额较大的,处三年以下有期徒刑或者拘役,并处罚金;数额巨大或者有其他严重情节的,处三年以上十年以下有期徒刑,并处罚金;数额特别巨大或者有其他特别严重情节的,处十年以上有期徒刑或者无期徒刑,并处罚金。公司、企业或者其他单位的工作人员在经济往来中,利用职务上的便利,违反国家规定,收受各种名义的回扣、手续费,归个人所有的,依照前款的规定处罚。国有公司、企业或者其他国有单位中从事公务的人员和国有公司、企业或者其他国有单位委派到非国有公司、企业以及其他单位从事公务的人员有前两款行为的,依照本法第三百八十五条、第三百八十六条的规定定罪处罚。”

② 《刑法》第385条规定:“国家工作人员利用职务上的便利,索取他人财物的,或者非法收受他人财物,为他人谋取利益的,是受贿罪。国家工作人员在经济往来中,违反国家规定,收受各种名义的回扣、手续费,归个人所有的,以受贿论处。”

③ 《刑法》第164条第1款规定:“为谋取不正当利益,给予公司、企业或者其他单位的工作人员以财物,数额较大的,处三年以下有期徒刑或者拘役,并处罚金;数额巨大的,处三年以上十年以下有期徒刑,并处罚金。”

④ 《刑法》第389条规定:为谋取不正当利益,给予国家工作人员以财物的,是行贿罪。在经济往来中,违反国家规定,给予国家工作人员以财物,数额较大的,或者违反国家规定,给予国家工作人员以各种名义的回扣、手续费的,以行贿论处。因被勒索给予国家工作人员以财物,没有获得不正当利益的,不是行贿。

方面反映出立法机关和司法机关对公司治理中贿赂行为的打击力度与态度。

2023 年 12 月 29 日十四届全国人民代表大会常务委员会第七次会议通过的《中华人民共和国刑法修正案(十二)》,将此前的非法经营同类营业罪的犯罪主体由“国有公司、企业的董事、监事、高级管理人员”扩展到“其他公司、企业的董事、监事、高级管理人员”,[①]将此前为亲友非法牟利罪的犯罪主体由“国有公司、企业、事业单位的工作人员”扩展到“其他公司、企业的工作人员”,[②]将徇私舞弊低价折股、出售公司、企业资产罪的犯罪主体由“国有公司、企业或者其上级主管部门直接负责的主管人员”扩展为“其他公司、企业直接负责的主管人员”,[③]加大了对民营企业的权利保护力度,这样也让此前只有国有及国有控股公司的董监高或工作人员才触犯的刑法在主体上扩展到了民营及民营控股公司的董监高及其工作人员,进而让上市公司董监高触犯贿赂类犯罪的现象变得更加普遍。

---

① 修正后的《刑法》第 165 条规定:“国有公司、企业的董事、监事、高级管理人员,利用职务便利,自己经营或者为他人经营与其所任职公司、企业同类的营业,获取非法利益,数额巨大的,处三年以下有期徒刑或者拘役,并处或者单处罚金;数额特别巨大的,处三年以上七年以下有期徒刑,并处罚金。其他公司、企业的董事、监事、高级管理人员违反法律、行政法规规定,实施前款行为,致使公司、企业利益遭受重大损失的,依照前款的规定处罚。”

② 修正后的《刑法》第 166 条规定:“国有公司、企业、事业单位的工作人员,利用职务便利,有下列情形之一,致使国家利益遭受重大损失的,处三年以下有期徒刑或者拘役,并处或者单处罚金;致使国家利益遭受特别重大损失的,处三年以上七年以下有期徒刑,并处罚金:(一)将本单位的盈利业务交由自己的亲友进行经营的;(二)以明显高于市场的价格从自己的亲友经营管理的单位采购商品、接受服务或者以明显低于市场的价格向自己的亲友经营管理的单位销售商品、提供服务的;(三)从自己的亲友经营管理的单位采购、接受不合格商品、服务的。其他公司、企业的工作人员违反法律、行政法规规定,实施前款行为,致使公司、企业利益遭受重大损失的,依照前款的规定处罚。”

③ 修正后的《刑法》第 169 条规定:“国有公司、企业或者其上级主管部门直接负责的主管人员,徇私舞弊,将国有资产低价折股或者低价出售,致使国家利益遭受重大损失的,处三年以下有期徒刑或者拘役;致使国家利益遭受特别重大损失的,处三年以上七年以下有期徒刑。其他公司、企业直接负责的主管人员,徇私舞弊,将公司、企业资产低价折股或者低价出售,致使公司、企业利益遭受重大损失的,依照前款的规定处罚。”

虽然《刑法》第219条[①]规定了侵犯商业秘密罪的犯罪构成与法定刑,《最高人民法院、最高人民检察院关于办理侵犯知识产权刑事案件具体应用法律若干问题的解释》第7条[②]对侵犯商业秘密罪的法律适用进一步作出解释。但是,《公司法》规定的公司董监高"擅自披露公司秘密"的忠实义务的违反在上市公司治理与运行实践中,主要是侵犯商业秘密、侵犯专利权、违反竞争禁止的约定而产生的民事纠纷,鲜有上市公司以侵犯商业秘密罪立案追诉其董监高刑事责任的案例。不过,如果上市公司董监高以披露上市公司相关秘密为要挟,要求上市公司或其他董监高给予其经济补偿,情节严重的则构成敲诈勒索罪,[③]同样面

---

① 《刑法》第219条规定:"有下列侵犯商业秘密行为之一,情节严重的,处三年以下有期徒刑,并处或者单处罚金;情节特别严重的,处三年以上十年以下有期徒刑,并处罚金:(一)以盗窃、贿赂、欺诈、胁迫、电子侵入或者其他不正当手段获取权利人的商业秘密的;(二)披露、使用或者允许他人使用以前项手段获取的权利人的商业秘密的;(三)违反保密义务或者违反权利人有关保守商业秘密的要求,披露、使用或者允许他人使用其所掌握的商业秘密的。明知前款所列行为,获取、披露、使用或者允许他人使用该商业秘密的,以侵犯商业秘密论。本条所称权利人,是指商业秘密的所有人和经商业秘密所有人许可的商业秘密使用人。"

② 《最高人民法院、最高人民检察院关于办理侵犯知识产权刑事案件具体应用法律若干问题的解释》第7条规定:"实施刑法第二百一十九条规定的行为之一,给商业秘密的权利人造成损失数额在五十万元以上的,属于'给商业秘密的权利人造成重大损失',应当以侵犯商业秘密罪判处三年以下有期徒刑或者拘役,并处或者单处罚金。给商业秘密的权利人造成损失数额在二百五十万元以上的,属于刑法第二百一十九条规定的'造成特别严重后果',应当以侵犯商业秘密罪判处三年以上七年以下有期徒刑,并处罚金。"

③ 例如,2017年6月至12月,魏某林在西藏旅游任财务总监。新奥公司2018年6月通过定增、股权收购方式变为西藏旅游第一大股东,由赵某担任董事长、胡某担任总裁,国风集团成为西藏旅游公司第二大股东,欧某任西藏旅游董事。魏某林认为,欧某不再是西藏旅游董事长,也不再是控股股东,之前承诺的股权激励是在欺骗自己,开始采取举报行动。2019年7月,魏某林自称在该公司任职期间掌握了公司的税务、非法转移上市公司财产等违法行为,在西藏旅游将要进行资本运作的关键时刻,向证监及税务等部门进行举报,并以继续举报为由敲诈西藏旅游前任董事长欧某500万元。欧某为息事宁人与魏某林谈了几次,约定分三笔向其支付500万元,要求魏某林向相关部门出具关于西藏旅游的澄清函,并于2019年8月8日转账人民币269万元至魏某林银行账户。2020年7月12日至14日,欧某在江苏淮安清江浦区工作期间,魏某林通过微信联系欧某,要求支付剩余款项,欧某要求其撤销以往的举报并发出澄清声明。魏某林回复称,如达到上述要求则需要支付人民币3000万元,否则将继续举报西藏旅游以及欧某在江苏新成立的公司,欧某遂向警方报案致案发。经公安机关侦查,魏某林涉嫌敲诈勒索罪,人民法院作出一审刑事判决,判处其犯敲诈勒索罪,判处有期徒刑11年,并处罚金人民币10万元,向被害人欧某退赔违法所得人民币269万元。

临着刑事追诉的法律风险。[1]

当然,上市公司控股股东或者实际控制人及董监高违反忠实义务还存在着承担背信损害上市公司利益罪的刑事责任风险,因该刑事责任的犯罪构成及其法定刑、法律依据、行为模式及其具体表现形式及其实践中常见案例在本书第三章已有详细介绍,此处不再赘述。

三、违反勤勉义务的违法犯罪行为

《公司法》第180条在设定董监高法定勤勉义务的同时,也概括性地规定了勤勉义务"为公司的最大利益尽到管理者通常应有的合理注意"的标准,第188条规定了董监高违反忠实与勤勉义务的民事赔偿责任。但是,《公司法》对公司董监高勤勉义务的具体内容没有明确规定。不过,《上市公司章程指引》以列举的方式规定了上市公司董事的勤勉义务,[2]证券交易所《股票上市规则》更加全面、列举式地规定了上市公司董监高勤勉义务的内容,[3]结合《上市公司章程指引》和《股票上市规

① 《刑法》第274条规定了敲诈勒索罪的犯罪构成及其法定刑:"敲诈勒索公私财物,数额较大或者多次敲诈勒索的,处三年以下有期徒刑、拘役或者管制,并处或者单处罚金;数额巨大或者有其他严重情节的,处三年以上十年以下有期徒刑,并处罚金;数额特别巨大或者有其他特别严重情节的,处十年以上有期徒刑,并处罚金。"

② 《上市公司章程指引》第98条规定:"董事应当遵守法律、行政法规和本章程,对公司负有下列勤勉义务:(一)应谨慎、认真、勤勉地行使公司赋予的权利,以保证公司的商业行为符合国家法律、行政法规以及国家各项经济政策的要求,商业活动不超过营业执照规定的业务范围;(二)应公平对待所有股东;(三)及时了解公司业务经营管理状况;(四)应当对公司定期报告签署书面确认意见。保证公司所披露的信息真实、准确、完整;(五)应当如实向监事会提供有关情况和资料,不得妨碍监事会或者监事行使职权;(六)法律、行政法规、部门规章及本章程规定的其他勤勉义务。"

③ 以《上海证券交易所股票上市规则》为例,其第4.3.5条规定:"上市公司董事应当积极作为,对公司负有忠实义务和勤勉义务。公司董事应当履行以下忠实义务和勤勉义务:(一)公平对待所有股东;(二)保护公司资产的安全、完整,不得利用职务之便为公司实际控制人、股东、员工、本人或者其他第三方的利益而损害公司利益;(三)未经股东大会同意,不得为本人及其关系密切的家庭成员谋取属于公司的商业机会,不得自营、委托他人经营公司同类业务;(四)保守商业秘密,不得泄露公司尚未披露的重大信息,不得利用内幕信息获取不当利益,离职后应当履行与公司约定的竞业禁止义务;(五)保证有足够的时间和精力参与公司事务,原则上应当亲自出席董事会,因故不能亲自出席董事会的,应当审慎地选择受托人,授权事项和决策意向应当具体明确,不得全权委托;(六)审慎判断公司董事会审议事项可能产生的风险和收益,对所议事项表达明确意见;在公司董事会投反对

则》的具体规定，公平地对待所有股东、及时了解公司经营管理状况，审慎审议公司治理会议议案并作出决议，确保公司治理会议决议的合法性与公司利益最大化、依法编制并披露公司信息，保证公司所披露的信息真实、准确和完整，构成了上市公司董监高勤勉义务的重要内容。《证券法》对上市公司信息披露规则和要求，尤其对信息披露义务人未依法履行报告与披露义务或者披露的信息失真而承担的行政和民事责任作出系统而全面的规定，《刑法》对诈欺发行证券罪和违规披露、不披露重要信息罪的犯罪构成及其法定刑也作出明确规定。像泽达易盛、紫金存储这样在公司上市前实施财务造假而欺诈发行证券，并在上市后以同样的手段从事财务造假而构成虚假陈述的违法行为、鞍重股份收购九好集团资产因标的资产财务造假，导致鞍重股份信息披露违反《证券法》的规定以及康美药业、康得新、獐子岛因财务造假的信息披露行为构成违规披露、不披露重要信息罪的犯罪行为，是上市公司的公司治理和内部控制存在重大缺陷的体现，也是作为职业经理人的上市公司董监高承受的“不可承受之重”。

上述上市公司董监高在履职过程中违背忠实与勤勉义务和交易禁止规则而导致相关主体受到处罚（分）、民事赔偿和刑事追责的行为，对上市公司的声誉、再融资和受处罚（分）对象的物质利益、职业发展乃至个人自由都有较大的不利影响。为避免上述现象在自己或自己所属的

票或者弃权票的，应当明确披露投票意向的原因、依据、改进建议或者措施；（七）认真阅读公司的各项经营、财务报告和媒体报道，及时了解并持续关注公司业务经营管理状况和公司已发生或者可能发生的重大事项及其影响，及时向董事会报告公司经营活动中存在的问题，不得以不直接从事经营管理或者不知悉、不熟悉为由推卸责任；（八）关注公司是否存在被关联人或者潜在关联人占用资金等侵占公司利益的问题，如发现异常情况，及时向董事会报告并采取相应措施；（九）认真阅读公司财务会计报告，关注财务会计报告是否存在重大编制错误或者遗漏，主要会计数据和财务指标是否发生大幅波动及波动原因的解释是否合理；对财务会计报告有疑问的，应当主动调查或者要求董事会补充提供所需的资料或者信息；（十）积极推动公司规范运行，督促公司依法依规履行信息披露义务，及时纠正和报告公司的违规行为，支持公司履行社会责任；（十一）法律法规、本所相关规定和公司章程规定的其他忠实义务和勤勉义务。公司监事和高级管理人员应当参照前款规定履行职责。”

上市公司发生,上市公司及其董监高需要齐心协力规范自身的行为:上市公司要在建立健全公司治理结构和内部控制的同时,将上述法律法规的规定内化为公司管理与预防的规章制度与机制,并有针对性地对相关治理主体做好培训和交流学习的工作,将相关法律规则内化为上市公司治理主体自觉的行动;上市公司董监高等治理主体在高度重视公司治理结构和内部控制建设的同时,应掌握相关制度与规则的内容,采取积极有效措施防范违法犯罪行为的发生,做一个不逾越底线的、合格的上市公司董监高。

第二节　上市公司董监高积极的履职行为

上市公司董监高消极的履职行为,是以法律法规禁止性的规定及其法律责任的形式对其不应该触及的违法犯罪行为作的归纳与总结,实施了消极的履职行为就会依法受到处罚(分)、民事赔偿和刑事追责,进而影响董监高的物质利益和职业生涯。但是,上市公司治理规则如果仅仅强调消极履职行为及其风险就会导致董监高在“多干多错,少干少错,不干不错”的观念支配下缺乏“干”“闯”“担责”的企业家精神,带来上市公司发展停滞或者效率低下的风险。上市公司投资价值的提升和高质量发展还需要董监高积极履职及相应制度与机制的保障,上市公司董监高需要在积极履职规则和机制下履行职责才能体现出职业价值并获取相应的收益。

一、上市公司董监高积极履职行为的动因和目标

处于商品市场的公司董监高积极履职行为就是通过对公司品牌树立、生产质量的提高、销售渠道的拓展和管理水平的提高来提高公司的净利润和投资价值,所以提高公司的盈利能力就成了董监高积极履职行为的动因。公司股份公开发行并上市交易以后就进入了资本市场,处于资本市场的上市公司董监高不仅肩负着商品市场的公司董监高积

极履职以提高盈利能力的使命，而且还按照上市公司发展战略、治理结构、投资融资、转型升级、信息披露与市值管理、风险管理等规则与规律的运用来提升上市公司的发展质量，所以提高上市公司发展质量就成为上市公司董监高积极履职行为的目标。

何为上市公司的高质量发展？从理论到实践尚有一定的分歧与争论。笔者认为，作为微观经济主体的上市公司的高质量发展与宏观经济的高质量发展既有联系又有区别。上市公司高质量发展是在宏观经济高质量发展的背景和方向下展开的，需要符合宏观经济高质量发展的框架安排和总体要求，遵循新时代中国特色社会主义市场经济的一般规律，唯有如此才能实现其持续健康和高质量的发展。但是，上市公司高质量发展也有着上市公司运行发展与监督管理的特殊要求，有区别于宏观经济高质量发展的更加微观和具体的内容，尤其是在证券交易、再融资与对外投资、信息披露、投资者关系管理等法律法规逐步健全和完善的背景下，违背证券监管规则的发展即使会产生短期经营效益或者实现表面上的发展与繁荣，也很难长久保持，更谈不上高质量发展。另外，上市公司作为一个经营主体，其经营与发展应当遵循商业逻辑和价值规律，需要在营业收入和利润等衡量经营效率的指标上实现较好的历史沉淀与积累，尤其是在科技进步日新月异、商机不断加速演变的今天，经营效率的持续提升需要上市公司在投资方向、资产质量、市场需求、成本收益等经营要素，以及杠杆率、周转率、利润率等财务指标等方面符合持续发展的规划和安排，违背商业逻辑或者效率失衡的经营难以实现上市公司高质量发展。综上所述，上市公司高质量发展是指上市公司在符合宏观经济发展政策、证券监管法律法规、商业运行逻辑和价值规律的前提下，既实现经营管理持续规范和协调等质的提升，又有经营效率等量的积累的一种发展状态。在此，上市公司董监高深入理解上市公司高质量发展的目标设定，对完整、准确、全面认识上市公司高质量发展的内涵、方向与实现策略以及积极的履职行为均有很大的帮助。第一，上市公司的高质量发展是适应宏观经济发展新常态的主动选择。在宏观经济发展进入新常态的大背景下,作为国民经济发展支柱和基本盘的上市公司,应当主动适应、把握并引领经济发展的新常态,顺应新常态下经济发展速度的变化、经济结构优化和经济发展动力转化的特点与趋势,在注重完善治理结构与体制机制并有效防范风险的基础上,加大技术创新、运用与融合的力度,在精耕主业的同时通过并购重组与整合来提升资产质量与运行效率,实现高质量发展。第二,推动实现上市公司的高质量发展是贯彻落实中国式现代化发展战略的具体体现。党的二十大报告在深入总结我国改革开放特别是十八大以来社会主要矛盾转化、发展阶段、新发展理念和发展格局理论与实践的基础上,提出了以中国式现代化全面推进中华民族伟大复兴的战略部署,并明确了高质量发展是全面建设社会主义现代化国家的首要任务。推动实现高质量发展是当前和今后一个时期确定经济发展思路、制定经济政策、实施宏观调控与监管的根本要求。证券监管机构深入贯彻落实党的二十大这一决策部署,结合证券市场改革发展稳定的实际情况,从优化制度规则体系、聚焦公司治理深层次问题、完善信息披露制度、优化上市公司整体架构、推动上市公司稳健发展、健全打击重大违法行为长效机制、加快上市公司监管转型、加强协作联动等监督管理证券市场的角度制订并实施提高上市公司发展质量的行动方案。这是证券监管机构贯彻落实中国式现代化发展战略的具体体现。第三,上市公司治理运行和发展中存在的诸多问题,亟待通过提高上市公司发展质量予以解决。公司上市和上市后的再融资不仅为公司发展提供了资金,也提供了公司持续经营与发展的治理机制和品牌效应,提升了公司发展的竞争力和影响力,从而可以更好地服务于国民经济的高质量发展。我国证券市场中的绝大多数上市公司能够规范经营,实现高质量发展,但也有一定比例的上市公司存在高比例股票质押、控股股东或者实际控制人非经营性资金占用或者违规担保、欺诈发行与虚假陈述、随意跨界投资或者多元化经营而走向破产或者失败等影响上市公司高质量发展的问题。这些问题需要上市公司通过高质量发展推动和完善一系列体制与机制,从而有针对性地予以解决。

上市公司的董监高的各项积极履职行为应当以提高上市公司发展质量为目标和追求。

二、上市公司董监高积极履职行为的内容

上市公司董监高如何通过积极的履职行为实现上市公司的高质量发展呢？根据笔者对上市公司经营运行和发展,尤其是对经营失败的上市公司案例的研究与总结,上市公司要实现高质量发展,需要董监高积极做到如下几方面。

(一)制定科学的公司发展战略,奠定上市公司持续稳定发展的基础

进入资本市场的上市公司往往比处于商品市场的有限责任公司或者股份有限公司具有更加重要的行业地位、更大的经营规模和众多分散的中小投资者,这种状况需要上市公司的发展必须有科学而清晰的发展战略,但在实践中有的上市公司不重视公司战略的制定、修订与执行,这些公司或者聘请第三方咨询机构为公司制定一份公司战略规划文件应对监管的形式要求后便束之高阁;有的公司不重视公司战略的执行与修订,没有按照发展战略的规定要求经营与运行,也没有根据公司经营与运行内外部环境的变化适时予以完善和修订以适应时代和行业的发展变化。这些做法都是对科学制定公司发展战略的一种误解。实际上,公司的发展战略不是凭空规划或者由理论研究者设计出来的,而是由公司的经营管理者(或者公司董事会战略委员会)根据公司主营业务所处行业的产业政策、盈利模式并结合公司经营管理资源要素(资金、土地、人力、技术、市场需求、客户及供应商)与同行业其他公司相比较的竞争优势而制定出来的,是公司行业定位、经营方式、发展阶段与目标,以及战胜竞争对手的竞争策略等内容的总和。因此,制定公司发展战略:一是要高度重视其价值与意义,结合公司内外部经营环境和资源要素情况制定出科学可行的公司发展战略,“凡事预则立,不预则废”,在公司发展战略的制定上不打无准备之仗。二是制定出来的公司

发展战略重在执行,并在执行的过程中通过公司经营发展的业绩反馈其科学性程度,进而对其执行中的缺点与问题予以修订和完善。三是公司发展战略还需要根据宏观经济形势和产业政策、竞争对手的技术创新与经营策略、行业的技术进步与创新导致市场供需的变化、公司内部竞争性要素等内外部经营环境的变化而适时对其进行修订完善。四是公司发展战略的制定与修订完善的过程,既是提高公司发展战略的科学化程度的过程,也是公司经营管理团队带领员工全面、准确理解与领会公司发展战略并提高公司凝聚力的过程,轻视公司发展战略的制定与执行也就意味着错失了公司文化建设的重要机会,让公司的发展处于既缺乏目标又缺少灵魂的状态。所以,上市公司的董监高应当高度重视公司发展战略的制定、执行与修订工作,制定科学的公司发展战略。

(二)建立适合于己的公司治理结构,筑牢上市公司高质量发展的根基

健全的公司治理是上市公司持续健康发展的重要保障。《公司法》构建了上市公司“三会一层”的互相制衡与协作的科学治理结构,并明确了各治理主体的职责与责任;《证券法》规定了证券监督管理体制、证券发行与交易相关治理主体的职责和责任,其中信息披露、投资者保护的治理制度尤其逐渐在实践中逐步得到完善;《民法典》和《刑法》对违反上市公司治理规则而长期得不到解决的虚假陈述及其民事赔偿和刑事责任、非经营性资金占用等损害上市公司利益行为的刑事责任、违规担保的民事法律效力等作了进一步完善,解决了上市公司治理中长期难以解决的问题;2018 年修订的《上市公司治理准则》在体现上市公司治理的中国特色、借鉴公司治理最佳实践、突出中小投资者利益保护和解决实践中的突出问题等方面,对上市公司治理机制作了完善;沪深证券交易所依据新修订的法律规定及其授权对上市公司信息披露和退市机制作了修订和完善。以上有关上市公司治理的法律法规、规章规则和自律性规则是上市公司建立并完善其治理结构的基础性要求,上市

公司董监高应当依法依规建立起健全的基础性公司治理结构。

但是,上市公司基础性治理结构及其规则体系解决的是上市公司运行的一般性治理问题,对于不同股权结构、所有制性质、行业属性、经营模式的上市公司还应考虑其公司治理的特殊性要求,结合公司的实际作出如下考虑与安排,以建立起适合于己的公司治理结构。一是上市公司应根据所有制性质对公司治理作出有针对性的制度安排,尤其是国有控股上市公司必须依据《公司法》《上市公司治理准则》《贯彻落实全国国有企业党的建设工作会议精神重点任务》的规定,落实党的建设进章程、党委会前置等全面加强党的建设的要求,将党建引领和公司治理的优势很好地融合,提升国有控股上市公司的治理效能。二是根据股权分散与集中程度建立协调与制衡有效的治理机制。对于股权过于集中的上市公司,应当通过增加独立董事人数或者职工董监事等方式防止控股股东或者实际控制人的非经营性资金占用,以及通过关联交易侵占上市公司利益的行为;对股权过于分散的上市公司,治理结构的安排要防止内部人控制及损害股东利益的行为发生;对相对控股的上市公司,公司治理结构设计也要平衡好控制权与经营权的独立与高效运行,建立协调与制衡有效的治理结构。三是根据知识结构、专业特长、工作经验、性格爱好及其互相间的利益关系选聘或者安排董事、监事和高级管理人员的岗位人选,尤其是要根据行业匹配度、知识结构、工作经验和执行能力选聘职业经理人,科学设定职业经理人的绩效考核标准,严格按照绩效考核结果决定其薪酬与进退,并根据行业属性和经营要素中人力资源的稀缺与重要程度设计科学的激励机制。四是以利益相关者治理模式为基础定位,在公司的经营和管理中兼顾债权人、客户、供应商和社区的利益,增强公司的透明度,做好投资者和利益相关者的关系管理,提升公司的形象与市值管理水平。五是公司的组织架构、部门设置、业务汇报和审批流程、管理制度能与公司治理架构的安排相协调,确保公司治理机制的有效运行。

（三）聚焦主业，融合技术创新实现产业升级，提升上市公司资产质量

在全球资本市场发展的历程中，都曾出现过上市公司因为跨界并购或者多元化发展而导致“大而不强”甚至走向破产失败道路的案例。我国证券市场上的绝大多数上市公司都能坚守主业，走高质量发展的道路，但是也有一些上市公司为保上市公司的壳资源或者再融资资格，通过跨界投资或者收购突击实现短期业绩增长，并走上了多元化发展的道路。这些上市公司在跨界收购的当年或者随后的短暂数年内，有的因为标的方的业绩对赌承诺实现而勉强达到预期利润指标，待业绩对赌期满后就出现业绩下滑和大额商誉减值计提等现象；有的则因为在跨界投资和并购过程中，因为技术和管理不善失去对标的公司的控制权，甚至被标的方骗取大额资金而无法追回，这些收购行为不仅没有提升公司的资产质量和经营业绩反而让上市公司的发展元气大伤；还有的上市公司不断以投资或者收购的方式获取跨界资产，让上市公司走上多元化发展的道路，但是若干年后再盘点这些新获取的资产，大部分被归入了低效或者折价甚至是亏损资产的行列。上市公司跨界投资和并购鲜有成功的根本原因在于，上市公司在多元化发展过程中，因在技术与知识储备、人才配备、市场开拓、资源获取、管理流程等方面几乎都是从零起步慢慢摸索，现有的资源难以匹配新业务的发展，而原有的管理与控制措施又难以管控新业务发展的风险，难以通过新业务和跨界资产的获取让上市公司走上持续稳健发展的道路。所以，上市公司的高质量发展需要上市公司围绕主营业务实施同行业或上下游资产并购整合，适时剥离缺乏市场竞争力或者非主营业务资产，聚焦主业、精耕主业，避免盲目地跨界投资或者贪大求全式的并购。

当然，随着科技进步日新月异，加上同行业竞争趋向白热化，上市公司经营也面临巨大压力，利润率呈现出逐年下降的趋势，抗风险能力逐渐减弱。上市公司如何应对这种发展趋势？纵观近百年成熟资本市场的科技进步与证券市场发展历程，主要有如下实现上市公司产业转

型或者升级并提升其核心竞争力的方式：一是加大科研投入，并将其发明创造或者实用新型专利运用在与公司生产运行与销售相关的流程中，提高公司产品的技术含量与核心竞争力。二是关注市场出现的新技术、新工艺和新流程及其运用，充分将新技术、新工艺和新流程与公司业务相融合，或者将其融入为公司业务中的一项技术或者利用新技术开发出新产品，提高公司的业务效率与竞争力。三是实现未来趋势性技术（当前主要是以信息技术为代表的数字经济）与公司业务的结合，实现公司业务发展的数字化转型，以提高公司的运行效率。四是当市场出现颠覆或者迭代性技术发明与创造时，上市公司能及时研究并判断该颠覆性技术对其行业的影响，并据此对公司的发展战略与业务方向及时作出调整，缩小甚至终止对已被淘汰技术及其产品的投入，加大颠覆性技术及其产品的运用与投入，实现上市公司的产业升级与转型发展。

正是因为以上两方面的因素同时存在，2024 年 9 月 24 日中国证监会颁布的《关于深化上市公司并购重组市场改革的意见》在支持上市公司向新质生产力方向转型升级的同时继续助力传统行业的上市公司通过产业重组提升产业集中度进而提升资源配置效率。上市公司董监高应该全面掌握上市公司并购重组的规则与技术，运用并购重组工具或者提升产业集中度与价值链或者实现产业转型升级，进而提升上市公司资产质量。

（四）借助资本市场的投融资工具，提升上市公司的实力与效率

丰富且便利的融资工具，是上市公司与非上市公司相比较而具有的明显优势。《证券法》、《上市公司收购管理办法》、《上市公司重大资产重组管理办法》、《上市公司证券发行管理办法》（已失效）等法律法规为上市公司提供了诸多融资工具和手段，也为上市公司高质量发展提供了制度上的保障。上市公司再融资工具包括具有降低财务杠杆功能的配股、增发股份等权益类融资工具，也有中长期低成本的公司债、中期票据、永续债、长期资本债，以及短融、超短融等应对中短期流动性

的金融工具,这些都为上市公司增加资本实力提供了便利。除了融资功能外,部分上市公司的再融资工具还具有提升上市公司质量的其他功能。例如,引入战略投资者的定向增发为上市公司引入客户或者供应商等战略投资者,为完善公司治理结构、提升公司价值提供了帮助;发行股份购买资产及配套融资为上市公司收购资产提升资产质量或者产业升级提供便利;发行定向可转债增加了上市公司并购的支付手段,发行可转债还可降低公司的融资成本与杠杆率;等等。上市公司运用好这些再融资工具,不仅可为公司的发展提供资金支持,而且还能降低公司的融资成本和杠杆率,提高公司的收益与利润率,引入更有价值的战略发展资源,实现产业升级或者转型发展等,为上市公司高质量发展提供基本工具和制度性保障,这是其他非上市公司所不具备的资源与优势。上市公司董监高应该全面掌握并结合公司经营发展的需要运用好这些融资工具,以此提高其资金实力、效率和发展质量。

(五)做好上市公司的信息披露、市值管理和投资者关系管理工作,实现上市公司的规范发展

信息披露是上市公司与公众投资者联系与连接的桥梁和纽带,《证券法》、《上市公司信息披露管理办法》和证券交易所的自律监管规则等法律法规与自律规则,共同建立了以信息披露为中心的上市公司运行与监管体系。上市公司及其董监高未依法披露信息或者履行报告义务、定期报告和临时公告内容不真实、业绩预告出现性质错误或者重大误差且未及时更正、公司经营业绩发布会先于法定信息披露文件泄露财务数据等信息披露的违法违规行为将会受到处罚(分)、民事赔偿或者刑事追责。相反,专业和高质量的信息披露将对上市公司的再融资、投资者关系管理、良好公司形象的树立具有很大的帮助,这是上市公司董监高勤勉履职的一门必修课。

2005 年开始的股权分置改革让我国资本市场迈入全流通时代,全流通时代的上市公司管理理念也随之发生了巨大转变,由利润最大化转变为市场价值最大化,市值管理这一理念开始广泛提出。2014 年 5

月 8 日国务院发布的《关于进一步促进资本市场健康发展的若干意见》提出，“鼓励上市公司建立市值管理制度”。至此，市值管理在政府正式文件中得到了认可。2024 年 4 月 4 日国务院发布的《国务院关于加强监管防范风险推动资本市场高质量发展的若干意见》进一步明确“制定上市公司市值管理指引。研究将上市公司市值管理纳入企业内外部考核评价体系”。基于此，中国证监会于 2024 年 11 月 6 日发布《上市公司监管指引第 10 号——市值管理》将市值管理定义为“上市公司以提高公司质量为基础，为提升公司投资价值和股东回报能力而实施的战略管理行为”。提出上市公司应当聚焦主业，提升经营效率和盈利能力，同时可以结合自身情况，综合运用并购重组、股权激励与员工持股计划、现金分红、投资者关系管理、信息披露、股份回购等手段提升上市公司投资价值，并对上市公司董事会、董事、董事长、职业经理人和董事会秘书在上市公司市值管理中的职责分工作了具体规定，上市公司董监高应该依据该指引规范做好上市公司市值管理工作。

保护上市公司的投资者尤其是中小投资者的利益是上市公司治理结构设计的一项重要内容，《公司法》和《证券法》规定的股东知情权、分红权、派生诉讼权、临时提案权、股东会召集权等广泛的权利和累积投票制、征集投票制、信息披露制度、独立董事制度、证券纠纷特别代表人诉讼制度、行政执法当事人承诺制度、先行赔付制度等，都是对证券投资者保护的制度与机制性安排，尤其是中国证监会制定的《上市公司投资者关系管理工作指引》对上市公司投资者关系管理的原则、内容与形式和投资者关系管理组织与实施中各治理主体的职责与责任均作了全面而系统的规定，上市公司董监高应当遵守上述规则并依法履行好投资者关系管理的相关工作。

（六）建立激励与约束相结合的薪酬分配机制，提高上市公司运行的效率与活力

在工业革命基础上诞生的传统公司制度中，资本曾经占据着公司发展的首要地位，股东也被视为公司的所有权人，并以此理念为基础建

立了以股东会为中心的上市公司治理模式。同时,不管是股权过于集中还是极度分散的上市公司,中小股东的利益均易受到控股股东或者内部控制人的侵害,处于相对弱势的地位,所以上市公司中小投资者利益的保护机制就显得尤为重要。但是随着科技的发展与进步,尤其是在以信息技术、大数据、物联网和生物技术为支撑的新经济兴起的背景下,人力资本成为上市公司经营发展中更加稀缺的资源,这就需要在公司的治理机制和分配制度设计方面,改变传统雇佣制下固定薪酬加奖金的形式,建立更加重视企业家精神与地位的双层股权结构,以及实施股权激励、股票期权、员工持股计划等人力资本与货币资本相统一的机制,以提高上市公司的运行效率与活力。

在全球资本市场发展史上,管理层收购和股权激励等激励机制曾因存在财务造假、利益输送等问题而受到质疑和否定,这属于激励机制设计和制度供给上的缺陷。自 2016 年中国证监会颁布《上市公司股权激励管理办法》以来,我国上市公司的激励约束机制日益健全,成为上市公司提升效率与活力的重要工具,这是一个可喜的变化与成果。但是,上市公司目前的股权激励与员工持股计划等激励机制尚不占据上市公司治理与分配机制的主流,上市公司的激励约束机制的建立尚需要一个发展过程,一方面,需要上市公司结合其产业类型、盈利模式、运行要素稀缺性等实际状况建立科学的激励机制;另一方面,也要在实践中对激励机制的行权条件、考核指标的设定和实施,以及防范变相利益输送等方面进行总结、归纳和进一步推广,并将其纳入上市公司高质量发展的机制中而予以运用,这两方面的实施都靠上市公司董监高熟悉上述规则与机制并结合本公司经营发展的实际情况专业而勤勉地予以落地实施。

(七)建立有效的风险防控机制,提高应对突发事件的能力,有效防控风险

上市公司应当依法建立内部控制、审计稽核、法律合规审核、职工民主监督和纪检监察等部门及其工作制度,提高全面风险管理能力,增

强运行与管理控制机制，有效防控风险，避免公司运行和管理失去监控或者单一风险事件导致公司经营失败的情况发生。同时，上市公司还应具有较强的应对和处置风险的能力，高度重视、组织专人应对突发风险事件，并就其处理进度和结果与投资者等风险事件相关人员做好沟通与交流，有效防控和化解相关风险。

第三节　中国特色金融文化背景下的上市公司董监高履职行为

上市公司因为公开发行股票并上市交易而被赋予了金融属性，属于广泛意义上的金融行业，所以上市公司的治理与运行以及上市公司董监高的履职与言行要与中国特色金融文化相符合。

一、中国特色金融文化的提出及其内涵

2023 年 10 月 30 日至 31 日，中央金融工作会议在北京举行。会议提出把马克思主义金融理论同当代中国具体实际相结合、同中华优秀传统文化相结合，坚定不移走中国特色金融发展之路，加快建设金融强国。2024 年 1 月 16 日，习近平总书记在省部级主要领导干部推动金融高质量发展专题研讨班开班式的重要讲话中强调："积极培育中国特色金融文化，做到：诚实守信，不逾越底线；以义取利，不唯利是图；稳健审慎，不急功近利；守正创新，不脱实向虚；依法合规，不胡作非为。"①"诚实守信、以义取利、稳健审慎、守正创新、依法合规"是中国特色金融文化的基本要求和主要内涵，它指明了提升金融软实力、建设金融强国的前进方向，是包括上市公司在内的金融机构应当遵循的最高原则，包括

① 《习近平在省部级主要领导干部推动金融高质量发展专题研讨班开班式上发表重要讲话强调　坚定不移走中国特色金融发展之路　推动我国金融高质量发展》，载《人民日报》2024 年 1 月 17 日，第 1 版。

上市公司在内的金融机构应当将中国特色金融文化融入公司治理、运行、管理和发展的每一个环节，成为公司包括董监高在内的每一个员工的行动准则。

二、上市公司所倡导的"优等生"金融文化

虽然上市公司作为一个广泛意义上的金融机构需要遵循中国特色金融文化，但是作为上市公司的广义上的金融机构与作为持有金融业务许可证从事金融业务的金融机构(狭义上的金融机构)还是有诸多区别。一方面，除了以金融业务为主业的上市公司以外，作为金融机构的上市公司自身主要是以经营实业为主，以商品的研发、生产与销售为其主营业务，这与经营金融业务的狭义金融机构所从事的业务具有较大差异，行业属性的差异决定了二者在产业政策、经营目的、盈利和行为模式上也存在很大不同，最主要的是不存在服务实体经济经营目的，因为其自身就是实体经济主体。另一方面，狭义金融机构既有规模庞大的国有商业银行和政策性银行，也有中等的股份制商业银行、城市商业银行，还有诸多的农村商业银行和证券公司、信托公司、财务公司等非银行机构，规模和行业地位差异较大，但是上市公司一般都是这个行业的龙头企业，公司规模、所处的行业及其盈利模式和行业地位对该公司的企业文化和治理机构的形成与发展具有较大的影响，上市公司还有其更加精准和具有中国特色的金融文化。

上市公司行业"优等生"的地位与贡献。首先，上市公司是在比例上"百里挑一，万里挑一"的企业群体。根据国家统计局的《中国统计摘要》统计，2022 年全国各类企业和个体工商户近 1.5 亿家，其中企业法人单位约 3283 万家，而规模以上企业仅 103 万家。截至 2024 年 4 月底，中国 A 股上市公司共 5364 家，所以从数量和比例上看，上市公司是我国"百里挑一，万里挑一"的企业群体。其次，上市公司是经历公司股份发行上市审核(注册)和公司上市后的严格监管中筛选出的市场佼佼者。再次，我国的上市公司涵盖了国民经济全部 90 个行业大类，在增加

国民经济收入、稳定经济、贡献税收、吸纳就业等方面作出了重要贡献,成为我国国民经济的“主心骨”,是资本市场的基石。复次,目前,我国的上市公司已经作为创新要素集成、科技成果转化的生力军、研究创新和新兴技术的重要发源地,成为科技创新的“排头兵”。最后,我国开放资本市场以来,尤其是建立社会主义市场经济体制和《公司法》建立“产权清晰、权责明确、政企分开、管理科学”的现代企业制度以来,上市公司在建立“三会一层”治理结构的同时,又引入上市公司独立董事制度、董事会秘书和董事会专门委员会机制,建立外部审计监督、信息披露、投资者保护、证券监管和司法审查等制度,让上市公司治理成为公司治理的“样板”和“模范生”。但在上市公司治理与运行实践中尚有一定数量和比例的上市公司诚信意识不足,不履行公开市场所作出的承诺或者擅自变更募集资金用途、信息披露充分性不足,财务造假与蹭热点或者编概念的现象时有发生、治理规范性不够,“三会”和董监高履职不规范与非经营性资金占用和违规交易频现、主业竞争力不强,盲目铺摊子与乱投资,过度多元化与主业空心化比较普遍、回报社会主动性欠缺,存在着长期不分红和缺乏社会责任意识的现象,上市公司在实践中的现实表现与其处于“优等生”的地位不相匹配,所以中国证监会提出上市公司控股股东、实际控制人、董监高作为上市公司的“关键少数”,应当把“优等生”文化作为文化追求,①做到诚实守信、真实透明、规范治理、专注主业、回报社会。其中,诚实守信就是要把诚信摆在更加突出的位置,让诚信合规意识融入血液、装入心头、深入骨髓;真实透明就是要讲真话、做真账,不操纵业绩,不欺骗市场,不误导投资者;规范治理就是要用制度约束底线,靠意识强化内生动力,切实将提升治理规范性的意识根植于上市公司文化中;专注主业就是要保持定力,精耕主业,

① 为深入学习中央金融工作会议精神,中国上市公司协会于 2024 年 1 月 30 日在北京举办 2024 年度“第一期上市公司董事长、总经理”培训班。中国证监会上市公司监管司有关负责人围绕加强上市公司“优等生”文化建设、涵养积极向上精神追求与上市公司董事长、总经理进行沟通交流,强调上市公司要弘扬“优等生”文化,推动上市公司高质量发展。

心无旁骛攻主业，实实在在谋发展；回报社会就是要让分红成为资本市场一种根深蒂固的文化，通过不断地分红、回购等方式持续回报投资者，让股东"愿意来、留得住"。这样，"诚实守信、真实透明、规范治理、专注主业、回报社会"就成为上市公司"优等生"文化追求的主要内涵。

三、上市公司董监高在"优等生"文化背景下的职责履行

上市公司董监高如何在加强"优等生"文化建设的背景下正当履行职责进而推动上市公司高质量发展呢？2022 年 4 月 9 日，中国证监会时任主席易会满在中国上市公司协会第三届会员代表大会上的讲话中，提出上市公司高质量发展要着力提升治理能力、竞争能力、创新能力、抗风险能力和回报能力这"五种能力"。这样，从中国特色金融文化、"优等生"金融文化到"五种能力"的提升，上市公司董监高在这种背景下的正当履职需要全面而准确理解这三者之间的关系。

首先，这"五种能力"的提升与"优等生"金融文化建设的要求是一致的且符合上市公司高质量发展的分层递进逻辑：上市公司要做到诚实守信、真实透明、规范治理，提升治理能力，为上市公司高质量发展奠定治理基础；要专注主业，提高竞争能力、创新能力和抗风险能力，增强发展力，成为具有成长性的上市公司；要回报社会，以投资者为本，让投资者充分共享公司发展成果，形成上市公司高质量发展的良性循环。

其次，这"五种能力"的提升与本书论及的上市公司董监高积极履职行为要求不谋而合：在巩固治理能力方面，上市公司董事长、总经理要亲自抓公司治理，做好执行和表率，建立适合于己的公司治理结构并形成自上而下规范治理的文化氛围；在增强竞争能力方面，上市公司董监高牵头制定科学的公司发展战略，运用好上市公司再融资和并购重组的各项工具，围绕主营业务或者行业上下游，推动产业整合、形成规模效应，成为龙头公司、大市值公司和各行各业的链主公司；在提升创新能力方面，上市公司董监高要弘扬勇于创新、敢于创新的企业家精神，加大研发投入，培育企业创新文化，实施激励与约束兼容的机制，有

效激发创新创造的活力；在提高抗风险能力方面，上市公司董监高要建立健全内部控制与全面风险管理机制，在企业管理中高度重视战略风险、经营风险和合规风险，提高重大风险事件应对能力；在提升回报能力方面，上市公司董监高要依法保护投资者尤其是中小投资者的利益，提高信息披露质量，优化公司分红方式和节奏，便于投资者分享公司成长红利，依法披露可持续发展信息。

最后，上市公司"优等生"金融文化应当成为一种理念贯穿于公司制度机制建设和经营管理行为的始终，成为传承和弘扬企业家精神、积淀和凝聚上市公司价值观、指导和引领上市公司高质量发展的灵魂，既体现在公司的管理制度和行为之中，又高于公司的具体制度和机制，成为公司高质量发展的"软法"和"软实力"。

第五章　分类项下各上市公司治理主体的正当履职

上市公司董监高作为公司治理委托代理机制中的受托人，肩负着上市公司经营管理的责任与使命，公司治理制度设计的规则依据上市公司董监高“位高权重”的特点规定了该职业群体履职时维持上市公司规范运作、确保信息披露的合法性和违规证券交易禁止等共同的责任。除了上市公司董监高共同遵守的履职规则外，法律法规和证券监管规则还根据董监高职责分工与功能作用的不同而设置了各治理主体有针对性的差异化履职规则，需要上市公司董监高依据其职责分工及其责任依法履行职责，进而免受处罚（分）或者承担其他法律责任。上市公司独立董事是董事会成员之一，履行董事的职责与责任，但是独立董事制度有其公司治理的独特价值与作用，该职业群体的履职行为也有其独特的要求。上市公司的财务总监和董事会秘书是法定的上市公司高级管理人员，除了肩负高级管理人员的职责与责任外，还有其专门的职业价值与规则。此外，上市公司的控股股东和实际控制人既是公司治理委托代理机制中的委托人，也在上市公司治理中承担着一定的信义义务和责任，遵循着相应的履职规范。本章对上市公司各治理主体的专门责任与履职规范逐一加以分析和论述。

第一节　控股股东和实际控制人的诚信义务与履职规范

一、控股股东与实际控制人的主体范围

确定控股股东和实际控制人的主体范围，是科学规范其履职行为的前提与基础。

2023 年修订的《公司法》第 265 条第 2 项对控股股东的界定是“其出资额占有限责任公司资本总额超过百分之五十或者其持有的股份占股份有限公司股本总额超过百分之五十的股东；出资额或者持有股份的比例虽然低于百分之五十，但依其出资额或者持有的股份所享有的表决权已足以对股东会的决议产生重大影响的股东”。因为《公司法》规范的公司既有有限责任公司也有股份有限公司，其中的股份有限公司既包括上市公司也包括非上市公司，从《公司法》对控股股东的规定内容来看，上市公司的控股股东适用“出资额或者持有股份的比例虽然低于百分之五十，但依其出资额或者持有的股份所享有的表决权已足以对股东会的决议产生重大影响的股东”的规定。按照《公司法》有关股东会决议资本多数决的原则性规定，①持股 50% 以上股份的股东对一般性股东会决议具有绝对控制权，持股 67% 以上股份的股东对股东会决议的所有议案均有决定权，持股 34% 以上股份的股东对股东会特别事项的决议具有一票否决权。当然，股份有限公司股东会表决规则中资本多数决比例的分母是“出席会议的股东所持表决权数量”，这与有限责任公司股东会表决权比例的分母为“代表的表决权数量”有很大的差别，该差

① 2023 年修订的《公司法》第 66 条第 2 款和第 3 款分别规定，“股东会作出决议，应当经代表过半数表决权的股东通过”，“股东会作出修改公司章程、增加或者减少注册资本的决议，以及公司合并、分立、解散或者变更公司形式的决议，应当经代表三分之二以上表决权的股东通过”。《公司法》第 116 条第 2 款和第 3 款对股份公司股东会决议规则规定为“股东会作出决议，应当经出席会议的股东所持表决权过半数通过。股东会作出修改公司章程、增加或者减少注册资本的决议，以及公司合并、分立、解散或者变更公司形式的决议，应当经出席会议的股东所持表决权的三分之二以上通过”。

别也就增加了持有上市公司多大比例的股东才能被认定为上市公司控股股东的模糊性。依据《上市公司收购管理办法》将持有一个上市公司的股份达5%设定为履行举牌报告和编制权益变动报告书并公告的门槛、持股达5%不足20%且构成上市公司的第一大股东或者实际控制人的股东将要履行详式权益变动报告书的义务、持股达20%但未超过30%的股东应当编制详式权益变动报告书和持股达到上市公司已发行股份的30%时继续增持股份的股东应当发出要约收购报告书的规定可以看出,构成上市公司控股股东应当以持有上市公司多大比例股份的标准没有明确界定,需要结合其他股东的持股比例、该股东对股东会决议的影响程度等因素而作综合判定,唯一明确的就是持股5%以上的股东才有成为控股股东的可能,遵守法律法规针对控股股东的行为规范。《上市公司股东减持股份管理暂行办法》第23条"上市公司披露无控股股东、实际控制人的,第一大股东应当遵守本办法关于控股股东、实际控制人的规定,但是持有上市公司股份低于百分之五的除外"和《上海证券交易所上市公司自律监管指引第1号——规范运作》第4.1.8条"上市公司无控股股东和实际控制人的,公司第一大股东及其实际控制人应当参照适用《股票上市规则》和本指引关于控股股东和实际控制人的规定"等规定更加印证了这一结论。

何为上市公司的实际控制人?《上市公司收购管理办法》第84条首先对拥有上市公司控制权的标准作了界定,①2023年修订的《公司法》第265条第3项对公司的实际控制人直接作了定义,它规定"实际控制人,是指通过投资关系、协议或者其他安排,能够实际支配公司行为的人"。结合这两个法律条文的具体规定,实践中比较常用的取得或者改变上市公司控制权的标准,主要是"实际支配上市公司股份表决权

---

① 《上市公司收购管理办法》第84条规定:"有下列情形之一的,为拥有上市公司控制权:(一)投资者为上市公司持股50%以上的控股股东;(二)投资者可以实际支配上市公司股份表决权超过30%;(三)投资者通过实际支配上市公司股份表决权能够决定公司董事会半数以上成员选任;(四)投资者依其可实际支配的上市公司股份表决权足以对公司股东大会的决议产生重大影响;(五)中国证监会认定的其他情形。"

超过30%”和“实际支配上市公司股份表决权能够决定公司董事会半数以上成员选任”这两项可量化的标准。当然,“实际支配的上市公司股份表决权足以对公司股东大会的决议产生重大影响”也是认定上市公司控制权归属的一项重要参考指标。因此,认定上市公司控制权的归属或者确定上市公司实际控制人,既需要审查上市公司的股权结构及相应的股权投资关系,也需要根据个案的实际情况,综合持股主体对股东会和董事会决议的实质影响及其对董事和高级管理人员的提名及任免所起的作用等因素进行分析判断,比较直接确定实际控制人的量化指标只有“直接或者间接持有上市公司股份表决权达到30%”和“实际支配上市公司股份表决权能够决定公司董事会半数以上成员选任”这两项。

二、控股股东和实际控制人的诚信义务

控股股东和实际控制人首先是股东或者股东方的代表,依法享有股东的权利与权益,上市公司应当完善股东会的运作机制,平等对待全体股东,保障股东依法享有的知情权、查阅权、质询权、建议权、股东大会召集权、提案权、表决权、资产收益权等各项权利。同时,为了避免上市公司的控股股东和实际控制人利用其对上市公司的控制地位通过不公允的关联交易、非经营性资金占用或者违规担保等“隧道挖掘”的利益输送行为侵害上市公司和中小股东的利益,《公司法》设置了控股股东和实际控制人对上市公司及中小股东和债权人的诚信义务,[①]从《公

① 2023年修订的《公司法》第21条至第23条以股东诚信义务的形式重点规定了控股股东和实际控制人的诚信义务,其中第21条概括性地规定:“公司股东应当遵守法律、行政法规和公司章程,依法行使股东权利,不得滥用股东权利损害公司或者其他股东的利益。公司股东滥用股东权利给公司或者其他股东造成损失的,应当承担赔偿责任。”第22条针对控股股东和实际控制人利用关联交易损害公司的行为限制作了“公司的控股股东、实际控制人、董事、监事、高级管理人员不得利用关联关系损害公司利益。违反前款规定,给公司造成损失的,应当承担赔偿责任”的规定。第23条针对股东对债权人的信义义务进一步规定为:“公司股东滥用公司法人独立地位和股东有限责任,逃避债务,严重损害公司债权人利益的,应当对公司债务承担连带责任。股东利用其控制的两个以上公司实施前款规定行为的,各公司应当对任一公司的债务承担连带责任。只有一个股东的公司,股东不能证明公司财产独立于股东自己的财产的,应当对公司债务承担连带责任。”

司法》设置的股东诚信义务的规定来看，上市公司控股股东和实际控制人对上市公司、上市公司的其他股东和上市公司债权人承担诚信义务，违反该诚信义务将承担相应的民事赔偿责任。与《公司法》对上市公司控股股东和实际控制人的诚信义务相对应，2018 年修订的《上市公司治理准则》明确上市公司控股股东和实际控制人诚信义务的内容，[①]2019 年修订的《证券法》将上市公司控股股东和实际控制人虚假陈述的民事赔偿责任的归责原则由之前的过错责任修改为过错推定责任，[②]《刑法》将上市公司控股股东和实际控制人指示上市公司董监高实施虚假陈述和损害上市公司利益时将上市公司控股股东和实际控制人规定为违规披露、不披露重要信息罪和背信损害上市公司利益罪的犯罪主体，均是对上市公司控股股东和实际控制人诚信义务法律责任体系完善的重要内容。

此外，2023 年修订的《公司法》，针对我国上市治理实践中存在的控股股东和实际控制人不在上市公司担任董事，但是实质上履行董事职责和指示上市公司董监高实施违反忠实与勤勉义务情形下的法律责任

① 《上市公司治理准则》第 63 条规定："控股股东、实际控制人对上市公司及其他股东负有诚信义务。控股股东对其所控股的上市公司应当依法行使股东权利，履行股东义务。控股股东、实际控制人不得利用其控制权损害上市公司及其他股东的合法权益，不得利用对上市公司的控制地位谋取非法利益。"

② 2019 年修订的《证券法》第 85 条规定："信息披露义务人未按照规定披露信息，或者公告的证券发行文件、定期报告、临时报告及其他信息披露资料存在虚假记载、误导性陈述或者重大遗漏，致使投资者在证券交易中遭受损失的，信息披露义务人应当承担赔偿责任；发行人的控股股东、实际控制人、董事、监事、高级管理人员和其他直接责任人员以及保荐人、承销的证券公司及其直接责任人员，应当与发行人承担连带赔偿责任，但是能够证明自己没有过错的除外。"修订前《证券法》第 69 条对上市公司虚假陈述民事赔偿责任采用的是过错责任，该条规定："发行人、上市公司公告的招股说明书、公司债券募集办法、财务会计报告、上市报告文件、年度报告、中期报告、临时报告以及其他信息披露资料，有虚假记载、误导性陈述或者重大遗漏，致使投资者在证券交易中遭受损失的，发行人、上市公司应当承担赔偿责任；发行人、上市公司的董事、监事、高级管理人员和其他直接责任人员以及保荐人、承销的证券公司，应当与发行人、上市公司承担连带赔偿责任，但是能够证明自己没有过错的除外；发行人、上市公司的控股股东、实际控制人有过错的，应当与发行人、上市公司承担连带赔偿责任。"

不清晰问题，而设置了实质董事①和影子董事制度，②上市公司的控股股东和实际控制人构成实质董事和影子董事时将依法承担董事的忠实与勤勉义务。

三、上市公司控股股东和实际控制人诚信义务下的行为规范

《上市公司治理规范》《上市公司股东减持股份管理暂行办法》《上市公司信息披露管理办法》等部门规章和证券交易所《股票上市规则》《上市公司自律监管指引——规范运作》等自律监管规则以控股股东和实际控制人的诚信义务为根据设置了上市公司控股股东和实际控制人行为规范，归纳起来，这些行为规范主要内容体现在如下几方面。

（一）保持上市公司的独立性

《上市公司治理准则》第 68 条规定了“控股股东、实际控制人与上市公司应当实行人员、资产、财务分开，机构、业务独立，各自独立核算、独立承担责任和风险”的总原则，在《上市公司治理准则》第 69 条至第 73 条以及《上海证券交易所上市公司自律监管指引第 1 号——规范运作》《上海证券交易所科创板上市公司自律监管指引第 1 号——规范运作》《深圳证券交易所上市公司自律监管指引第 1 号——主板上市公司规范运作》《深圳证券交易所上市公司自律监管指引第 2 号——创业板上市公司规范运作》《北京证券交易所股票上市规则（试行）》等自律性监管规则中对控股股东和实际控制人与上市公司之间的人员、资产、财务分开和机构、业务独立的标准作了详细规定。鉴于上述规定及其在上市公司治理与运作中的具体表现形式已在本书第三章第二节详细介

---

① 2023 年修订的《公司法》第 180 条除了规定董监高的忠实与勤勉义务外，还规定了实质董事制度：“董事、监事、高级管理人员对公司负有忠实义务，应当采取措施避免自身利益与公司利益冲突，不得利用职权牟取不正当利益。董事、监事、高级管理人员对公司负有勤勉义务，执行职务应当为公司的最大利益尽到管理者通常应有的合理注意。公司的控股股东、实际控制人不担任公司董事但实际执行公司事务的，适用前两款规定。”

② 2013 年修订的《公司法》第 192 条规定了影子董事制度：“公司的控股股东、实际控制人指示董事、高级管理人员从事损害公司或者股东利益的行为的，与该董事、高级管理人员承担连带责任。”

绍,此处不再赘述。

(二)禁止滥用股东权利

《公司法》第21条规定:“公司股东应当遵守法律、行政法规和公司章程,依法行使股东权利,不得滥用股东权利损害公司或者其他股东的利益。公司股东滥用股东权利给公司或者其他股东造成损失的,应当承担赔偿责任。”在上市公司治理与运作实践中,常见的控股股东和实际控制人滥用股东权利侵害上市公司及其中小股东权利的情形,主要有非经营性资金占用、违规担保和非公允的关联交易三种形态。虽然本书第三章从上市公司规范运作和信息披露的角度对这三类行为的法律规定、表现形态及其法律责任作了详细的介绍,但是上市公司及其董监高与上市公司控股股东或者实际控制人在其中的法律责任是不同的,上市公司及其董监高在非经营性资金占用、违规担保和非公允的关联交易中主要承担的是信息披露违法(虚假陈述)的法律责任,但是上市公司的控股股东和实际控制人却是这三类违法犯罪行为的始作俑者和受益者,所以承担着因隐瞒相关信息或者指使上市公司董监高从事虚假陈述违法行为的虚假陈述法律责任、返还资金或者赔偿相应损失的民事赔偿责任,乃至承担违规披露、不披露重要信息罪或者背信损害上市公司利益罪的刑事责任。

(三)证券交易的合规性

控股股东和实际控制人持有上市公司较大比例的股份,也是最先知晓上市公司未来投资或者发展等影响上市股票价格信息的内幕信息知情人,对包括上市公司信息披露事务在内的上市公司经营管理事务有较大影响力和控制力,其证券交易行为对上市公司股票价格和中小股东的利益都具有较大的影响,所以法律法规和证券监管规则对控股股东和实际控制人的证券交易行为设置明确的规则和严格的责任,控股股东和实际控制人应该严格遵守这些规则,确保证券交易的合规性。

《上市公司股东减持股份管理暂行办法》在规定包括控股股东和

实际控制人在内的大股东满足减持股份条件的前提下,[1]对大股东减持上市公司股份的比例和节奏、[2]信息披露要求[3]和违规减持的法律

---

① 《上市公司股东减持股份管理暂行办法》第 7 条、第 8 条、第 10 条和第 11 条分别从大股东、上市公司和上市公司财务状况三方面设置了大股东减持股份的前提条件,第 7 条规定:“存在下列情形之一的,大股东不得减持本公司股份:(一)该股东因涉嫌与本上市公司有关的证券期货违法犯罪,被中国证监会立案调查或者被司法机关立案侦查,或者被行政处罚、判处刑罚未满六个月的;(二)该股东因涉及与本上市公司有关的违法违规,被证券交易所公开谴责未满三个月的;(三)该股东因涉及证券期货违法,被中国证监会行政处罚,尚未足额缴纳罚没款的,但法律、行政法规另有规定,或者减持资金用于缴纳罚没款的除外;(四)中国证监会规定的其他情形。”第 8 条规定:“存在下列情形之一的,上市公司控股股东、实际控制人不得减持本公司股份:(一)上市公司因涉嫌证券期货违法犯罪,被中国证监会立案调查或者被司法机关立案侦查,或者被行政处罚、判处刑罚未满六个月的;(二)上市公司被证券交易所公开谴责未满三个月的;(三)上市公司可能触及重大违法强制退市情形,在证券交易所规定的限制转让期限内的;(四)中国证监会规定的其他情形。”第 10 条规定:“存在下列情形之一的,控股股东、实际控制人不得通过证券交易所集中竞价交易或者大宗交易方式减持股份,但已经按照本办法第九条规定披露减持计划,或者中国证监会另有规定的除外:(一)最近三个已披露经审计的年度报告的会计年度未实施现金分红或者累计现金分红金额低于同期年均归属于上市公司股东净利润的百分之三十的,但其中净利润为负的会计年度不纳入计算;(二)最近二十个交易日中,任一日股票收盘价(向后复权)低于最近一个会计年度或者最近一期财务报告期末每股归属于上市公司股东的净资产的。”第 11 条第 1 款、第 2 款规定:“最近二十个交易日中,任一日股票收盘价(向后复权)低于首次公开发行时的股票发行价格的,上市公司首次公开发行时的控股股东、实际控制人及其一致行动人不得通过证券交易所集中竞价交易或者大宗交易方式减持股份,但已经按照本办法第九条规定披露减持计划,或者中国证监会另有规定的除外。上市公司在首次公开发行时披露无控股股东、实际控制人的,首次公开发行时持股百分之五以上的第一大股东及其一致行动人应当遵守前款规定。”

② 《上市公司股东减持股份管理暂行办法》第 12 条和第 14 条分别规定了大股东通过证券交易所集中竞价交易和大宗交易减持的比例和节奏。第 12 条规定:“大股东通过证券交易所集中竞价交易减持股份,或者其他股东通过证券交易所集中竞价交易减持其持有的公司首次公开发行前发行的股份的,三个月内减持股份的总数不得超过公司股份总数的百分之一。”第 14 条规定:“大股东通过大宗交易方式减持股份,或者其他股东通过大宗交易方式减持其持有的公司首次公开发行前发行的股份的,三个月内减持股份的总数不得超过公司股份总数的百分之二;股份受让方在受让后六个月内不得减持其所受让的股份。”

③ 《上市公司股东减持股份管理暂行办法》第 9 条规定:“大股东计划通过证券交易所集中竞价交易或者大宗交易方式减持股份的,应当在首次卖出前十五个交易日向证券交易所报告并披露减持计划。减持计划应当包括下列内容:(一)拟减持股份的数量、来源;(二)减持的时间区间、价格区间、方式和原因。减持时间区间应当符合证券交易所的规定;(三)不存在本办法第七条、第八条、第十条、第十一条规定情形的说明;(四)证券交易所规定的其他内容。减持计划实施完毕的,大股东应当在二个交易日内向证券交易所报告,并予公告;在预先披露的减持时间区间内,未实施减持或者减持计划未实施完毕的,应当在减持时间区间届满后的二个交易日内向证券交易所报告,并予公告。”

责任[1]均作了明确规定。但在上市公司治理与规范运作实践中出现过控股股东或者实际控制人在限制转让期间减持股份、[2]超过法律规定的比例和节奏减持股份或者未依法履行报告和公告等信息披露义务减持

---

① 《上市公司股东减持股份管理暂行办法》第 29 条和第 30 条共同规定了包括控股股东和实际控制人在内的大股东违规减持的法律责任,第 29 条第 1 款规定:“上市公司股东减持股份违反本办法、中国证监会其他规定的,为防范市场风险,维护市场秩序,中国证监会可以采取责令购回违规减持股份并向上市公司上缴价差、监管谈话、出具警示函等监管措施。”第 30 条规定:“上市公司股东存在下列情形之一的,中国证监会依照《证券法》第一百八十六条处罚;情节严重的,中国证监会可以对有关责任人员采取证券市场禁入的措施:(一)违反本办法第七条、第八条、第十条、第十一条、第十三条、第十四条规定,在不得减持的期限内减持股份的;(二)违反本办法第九条规定,未预先披露减持计划,或者披露的减持计划不符合规定减持股份的;(三)违反本办法第十二条、第十四条规定,超出规定的比例减持股份的;(四)违反本办法第十五条、第十六条、第十八条、第二十条、第二十一条规定减持股份的;(五)其他违反法律、行政法规和中国证监会规定减持股份的情形。”

② 例如,欣旺达的控股股东和一致行动人王某旺、王某、新余市某投资有限公司于 2014 年 5 月 23 日至 8 月 28 日,通过大宗交易和二级市场竞价方式累计减持欣旺达股份 19,082,190 股,占欣旺达已发行股份的 7.6337%。2015 年 6 月 26 日,欣旺达披露了相关的权益变动报告书。在一致行动人减持股份累计达到 5% 时,王某旺没有在履行报告和披露义务前停止卖出欣旺达股份,违反法律规定减持的股份数为 6,628,671 股,违反法律规定减持金额 194,822,477.3 元。中国证监会认为王某旺超比例减持未披露和在限制转让期限内减持欣旺达股份的行为,违反了 2005 年《证券法》第 86 条第 2 款“投资者持有或者通过协议、其他安排与他人共同持有一个上市公司已发行的股份达到百分之五后,其所持该上市公司已发行的股份比例每增加或者减少百分之五,应当依照前款规定进行报告和公告。在报告期限内和作出报告、公告后二日内,不得再行买卖该上市公司的股票”的规定以及 2005 年《证券法》第 38 条“依法发行的股票、公司债券及其他证券,法律对其转让期限有限制性规定的,在限定的期限内不得买卖”的规定,构成 2005 年《证券法》第 193 条第 2 款所述“发行人、上市公司或者其他信息披露义务人未按照规定报送有关报告,或者报送的报告有虚假记载、误导性陈述或者重大遗漏”及第 204 条所述“违反法律规定,在限制转让期限内买卖证券”的违法行为。中国证监会依据上述事实和法律对王某旺作出如下行政处罚决定:一、责令王某旺改正违法行为,在收到行政处罚决定书之日起 3 日内对超比例减持情况进行报告和公告,并就超比例减持行为公开致歉;二、对王某旺超比例减持未披露及在限制转让期限内的减持行为予以警告;三、对王某旺超比例减持未披露行为处以 40 万元罚款,对王某旺在限制转让期限内的减持行为处以 1170 万元罚款,对王某旺合计罚款 1210 万元。

股份受到监管机构行政处罚或者被采取行政监管措施的诸多案例。[①]尤其值得注意的是,2024 年 5 月 25 日中国证监会颁布的《上市公司大股东减持股份管理暂行办法》在堵住各种绕道减持股份的制度漏洞的同时,也增加了责令违规减持者购回违规减持股份并向上市公司上缴价差等行政措施的法律责任,通过违规减持受罚但获利的时代一去不复返了。

除了减持上市公司股份时控股股东和实际控制人需要遵守《公司法》《证券法》《上市公司收购管理办法》《上市公司股东减持股份管理暂行办法》等法律法规的规定外,控股股东和实际控制人买卖上市公司股份也应当遵守法律法规及其对市场作出的承诺,尤其是不得利用他人账户或者向他人提供资金的方式买卖公司股份,规避相关法律规定。遗憾的是,在上市公司治理与规范运作实践中控股股东和实际控制人违反买卖上市公司股份的承诺[②]和借用他人证券买卖股份而受到

---

① 例如,由于强制执行、强制平仓、司法拍卖等原因,人福医药的控股股东当代集团在 2022 年 3 月 29 日至 2023 年 11 月 29 日通过集中竞价、大宗交易、司法拍卖等方式共出售 98,358,916 股,约占人福医药总股本的 6.01%。公司于 2023 年 5 月 19 日披露减持计划,但在 2023 年 5 月 22 日开始通过集中竞价交易减持。中国证监会湖北证监局认为当代集团在持有人福医药的股份比例累计减持超过 5% 时,未按照规定履行报告、公告义务,也未依法在减持前 15 个交易日披露减持计划。上述行为违反了《上市公司信息披露管理办法》第 3 条第 1 款,《上市公司收购管理办法》第 14 条第 2 款、第 14 条第 3 款、第 15 条,《上市公司股东、董监高减持股份的若干规定》第 8 条第 1 款的规定,遂决定对当代集团采取出具警示函的行政监管措施,并将上述违规情况记入诚信档案。

② 例如,2023 年 4 月 6 日,正源股份股东国栋南园与正源股份第二大股东国栋集团共同承诺增持股份在 6 个月内不减持,但在 2023 年 8 月 4 日国栋南园卖出正源股份 1267.36 万股股份,中国证监会四川证监局于 2024 年 2 月国栋南园采取责令整改的监管措施;再如,2023 年 8 月 10 日,泛海控股发布公告称,公司控股股东中国泛海的一致行动人计划在未来 4 个月内增持公司股份,合计增持金额在 5000 万元至 1 亿元。但是,截至增持计划期限届满,增持主体合计增持金额仅 769.47 万元,未达下限。2023 年 9 月 5 日,泛海控股公告称,控股股东中国泛海拟在未来 4 个月内增持公司股份,增持金额在 1 亿元至 2 亿元,但最终仅增持 2889 元。2024 年 2 月 28 日和 5 月 10 日,中国泛海及其一致行动人,因为未按照承诺增持公司股份先后被北京证监局出具警示函和深交所公开谴责。

处罚[①]的案例也屡见不鲜。此外,因为控股股东和实际控制人是短线交易的行为主体,也是《证券法》规定的内幕信息知情人,还是操纵证券市场的资金与信息优势提供方,这些因素都助长了控股股东和实际控制人或者漠视规则或者过于自信而走上违法犯罪的道路。

控股股东和实际控制人基于其对上市公司及其他股东的诚信义务而对其转让控制权时承担着相应的责任。证券交易所上市公司自律监管规则也是基于该项诚信义务而特别规定"控股股东、实际控制人转让控制权之前,应当对拟受让人的主体资格、诚信状况、受让意图、履约能力、是否存在不得转让控制权的情形等情况进行合理调查。控股股东、实际控制人在转让控制权之前,存在占用公司资金、要求公司违法违规提供担保等违规情形的,应当将占用资金全部归还、违规担保全部解除,但转让控制权所得资金用以清偿占用资金、解除违规担保的除外。控股股东、实际控制人转让公司控制权时,应当关注、协调新老股东更换,确保公司董事会以及公司管理层平稳过渡"[②]。控股股东和实际控制人转让控制权时应当依法履行对受让人资质尽职调查、还钱解保和保持上市公司控制权交接稳定等诚信义务,这也是上市公司控制权协议转让时证券交易所合规审核的重点内容。

---

① 例如,韵升控股作为持有宁波韵升30%以上已发行股份的股东,为了规避其买卖宁波韵升股票需要依法向宁波韵升所有股东发出收购其全部或部分股份要约的义务,韵升控股利用"宁波乾浩"和"宁波龙象"证券账户交易宁波韵升的股票,证券账户的开户手续均由韵升控股安排员工办理,两个账户交易宁波韵升股票的决策均由韵升控股作出,资金均来源于韵升控股,盈亏均由韵升控股承担。2017年4月至2019年8月,"宁波龙象"证券账户盈利208.35万元,"宁波乾浩"证券账户亏损7757.22万元,两账户合计亏损7548.87万元。中国证监会宁波证监局认为韵升控股利用"宁波乾浩"和"宁波龙象"证券账户交易宁波韵升股票的行为违反了2005年《证券法》第80条、第88条、第93条的规定,构成了《证券法》第204条、第208条第1款、第213条所述违法行为,遂对韵升控股责令改正,给予警告,并处以440万元罚款,其中对利用他人账户买卖证券行为和未依法履行发出要约收购义务分别处以罚款20万元,对限制转让期限内买卖证券行为处以罚款400万元。

② 《上海证券交易所上市公司自律监管指引第1号——规范运作》第4.3.6条;《上海证券交易所科创板上市公司自律监管指引第1号——规范运作》第2.4.3条;《深圳证券交易所上市公司自律监管指引第1号——主板上市公司规范运作》第4.3.6条;《深圳证券交易所上市公司自律监管指引第2号——创业板上市公司规范运作》第4.3.6条和第4.3.7条。

(四)信息披露的真实、准确与完整

与上市公司及其董监高履职中确保上市公司定期报告和重大事项的信息披露真实、准确与完整不同,控股股东和实际控制人的信息披露真实、准确与完整主要是确保上市公司信息披露真实准确与完整的配合性工作,依据证券交易所不同板块上市公司自律监管规则的相关规定,主要包括如下几方面的内容:首先,控股股东和实际控制人应当向上市公司提供实际控制人及其一致行动人的基本情况,配合公司逐级披露公司与实际控制人之间的股权和控制关系,提高其透明度。其次,控股股东和实际控制人应当指定相关部门和人员负责信息披露工作,积极配合上市公司的信息披露和内幕信息知情人登记等工作,不得向上市公司隐瞒或者要求、协助上市公司隐瞒重要信息。控股股东和实际控制人应当积极配合证券监管机构和上市公司完成与信息披露相关的问询、调查以及查证工作,收到上市公司书面询证函件的,应当及时向相关各方了解真实情况,在期限内以书面方式答复,并提供有关证明材料,保证相关信息和资料的真实、准确和完整。[①] 再次,媒体上出现与控股股东和实际控制人有关的报道或者传闻,且可能对上市公司股票及其衍生品种交易价格产生较大影响的,控股股东、实际控制人应当主动了解真实情况,及时将相关信息告知公司并答复公司的询问。控股

---

① 《上市公司信息披露管理办法》和沪深证券交易所《股票上市规则》进一步细化了《证券法》第 80 条规定的“重大事件”的内容与范围,依据这些规定,控股股东和实际控制人出现下列情形之一的,应当及时告知公司,并配合公司履行信息披露义务:(1)持有公司 5% 以上的股东或者实际控制人持有股份或者控制公司的情况发生较大变化,公司的实际控制人及其控制的其他企业从事与公司相同或者相似业务的情况发生较大变化;(2)法院裁决禁止转让其所持股份,所持公司 5% 以上股份被质押、冻结、司法标记、司法拍卖、托管、设定信托或者被依法限制表决权等,或者出现被强制过户风险;(3)拟对上市公司进行重大资产重组或者业务重组;(4)因经营状况恶化进入破产或者解散程序;(5)出现与控股股东、实际控制人有关的传闻,对公司股票及其衍生品种交易价格可能产生较大影响;(6)受到刑事处罚,涉嫌违法违规被中国证监会立案调查或者受到中国证监会行政处罚,或者受到其他有权机关重大行政处罚;(7)涉嫌严重违纪违法或者职务犯罪被纪检监察机关采取留置措施且影响其履行职责;(8)涉嫌犯罪被采取强制措施;(9)其他可能对公司股票及其衍生品种交易价格产生较大影响的情形。

股东和实际控制人及其相关人员在接受媒体采访和投资者调研,或者与其他机构和个人进行沟通时,不得提供、传播与公司相关的未披露的重大信息,或者提供、传播虚假信息、进行误导性陈述等。最后,控股股东和实际控制人及其相关人员应当对其知悉的上市公司未披露的重大信息予以保密,不得提前泄露,不得利用该信息从事内幕交易、操纵市场等行为牟取利益。一旦出现重大信息泄露应当立即通知公司,并督促公司立即公告。控股股东和实际控制人为履行法定职责要求公司提供有关对外投资、财务预算数据、财务决算数据等未披露信息时,应当做好内幕信息知情人登记,并承担保密义务。

在实践中,有部分上市公司的控股股东和实际控制人认为,《证券法》和证券监管规则规制的直接对象是上市公司及其董监高,证券监管机构管不着自己,信息披露违法违规受处罚的也是上市公司及其董监高,与自己没有利益关系。这是对《证券法》和证券监管规则调整对象的重大误解,上市公司的控股股东和实际控制人是《证券法》规定的信息披露义务人和证券监管对象,当控股股东和实际控制人违反《证券法》、《上市公司信息披露管理办法》和证券交易所的自律监管规则而未履行信息披露的诚信义务时,证券监管机构将依法给予行政处罚(分),由此给上市公司或者投资者造成损失的还要依法承担民事赔偿责任,情节严重的还将承担违规披露、不披露重要信息罪的刑事责任。

(五)严格履行其向市场公开作出的声明与承诺

控股股东和实际控制人对公司及其利益相关人负有诚信义务,该诚信义务要求上市公司控股股东和实际控制人依法就其诚信义务的履行公开作出声明与承诺,并在上市公司的运行与实践中严格遵守其向市场公开作出的各项声明和承诺。其中,作出声明与承诺,既包括在公司股票首次上市前或者控制权变更完成后1个月内,上市公司的控股股东和实际控制人向证券交易所提交并向市场公开作出就其历史沿革的合法合规性和遵守证券监管规则的《控股股东、实际控制人声明及承诺书》,也包括控股股东和实际控制人在上市公司治理和运行中为提升上市公司质量和价值、保护中小投资者的利益而自愿作出的增持股份、延长持股锁定期、偿还资金占用款等承诺。

按照诚信义务的基本内涵和证券监管的相关规定，控股股东和实际控制人作出相关承诺应当明确、具体、可执行，不得使用“尽快”“时机成熟时”等模糊性词语，不得承诺根据当时情况判断明显不可能实现的事项。在作出相关承诺后，上市公司的控股股东和实际控制人应该秉持诚信原则和契约精神，严格履行其作出的承诺，不得擅自变更或者解除其对市场公开作出的承诺。对于存在较大履约风险的承诺事项，控股股东和实际控制人应当提供履约担保，如果确实无法或者可能无法履行承诺的，应该及时告知上市公司并予以披露，同时采取相应的补救措施。

（六）切实保护中小投资者的利益

相对于中小投资者，上市公司的控股股东和实际控制人处于势力强大一方的地位，所以法律法规设置了控股股东和实际控制人对中小投资者的诚信义务，该诚信义务在实质上也包含着控股股东和实际控制人对中小股东利益保护和倾斜机制。根据证券交易所自律监管规范的相关规定，控股股东和实际控制人保护中小股东利益的诚信义务主要体现在禁止损害公司和其他股东权益、[①]依法主动赔偿中小投资者利益[②]和充分保护中小投资者的权利[③]等方面，上市公司控股股东和实际

---

① 《上海证券交易所上市公司自律监管指引第 1 号——规范运作》第 4.3.1 条规定，“控股股东、实际控制人不得通过关联交易、资产重组、对外投资、担保、利润分配和其他方式直接或者间接侵占上市公司资金、资产，损害公司及其他股东的利益”。沪深证券交易所相关自律监管指引均有相同或者类似的规定。

② 《深圳证券交易所上市公司自律监管指引第 1 号——主板公司规范运作》第 4.3.2 条规定，“对上市公司违法行为负有责任的控股股东及实际控制人，应当主动、依法将其持有的公司股权及其他资产用于赔偿中小投资者”。深圳证券交易所其他板块上市公司自律监管指引也有相同规定。

③ 《深圳证券交易所上市公司自律监管指引第 1 号——主板公司规范运作》第 4.3.3 条规定：“控股股东、实际控制人应当充分保护中小股东的提案权、表决权、董事提名权等权利，不得以任何理由限制、阻挠其合法权利的行使。控股股东、实际控制人提出议案时应当充分考虑并说明议案对公司和中小股东利益的影响。”沪深证券交易所相关自律监管指引均有该内容相同的规定。

控制人应该严格遵照这些规定切实保护上市公司中小股东利益,这是履行诚信义务的具体表现。

四、上市公司控股股东和实际控制人的规范履职行为

控股股东与实际控制人是上市公司中比较特别的治理主体,既是上市公司的股东甚至是创立人,依法享有股东的各项权利,是上市公司治理的基础和规范治理的坚定维护者;又因为其具有上市公司的控制权而容易打破上市公司治理主体间的平衡,进而侵害上市公司及其利益相关人的利益,成为规范治理的破坏者。所以,公司治理规制的设计者在保护股东权利的同时也设置了控股股东和实际控制人对上市公司及其利益相关者的诚信义务,控股股东和实际控制人应当履行该诚信义务,以维护上市公司治理的融洽与平衡。

在对上市公司及其利益相关者负有诚信义务的背景下,控股股东和实际控制人应依据证券监管规范做到:第一,确保上市公司的独立性,通过股东会和董事会依法行使股东权利,而不能利用其控制权让上市公司在资产、人员、财务、机构和业务等方面丧失独立性,进而侵害上市公司及其利益相关者的利益;第二,依法依规行使股东权利,不得滥用股东权利,尤其是不得通过非经营性资金占用、违规担保或者不公允的关联交易侵占上市公司的利益;第三,配合上市公司依法做好信息披露工作,确保提供和披露的信息真实、准确、完整、公平和及时,不存在未依法履行信息披露义务或者披露的信息存在虚假性记载、误导性陈述或者重大遗漏等情形;第四,依法、理性、有序减持其持有的上市公司股份,避免违规减持和短线交易,杜绝内幕交易和操纵证券市场等证券交易的违法犯罪行为;第五,严格履行对市场公开作出的承诺,履行对上市公司和中小投资者的诚信义务,切实维护中小股东的利益和合法权益。

第二节　上市公司董事会功能结构的变迁与董事的规范履职

一、上市公司董事会功能地位的发展与演变

大陆法系的公司治理在借鉴政治学制衡机制的基础上确立了股东会（决策）、董事会（执行）和监事会（监督）的结构。这种治理结构中的决策机构是股东会，因为股东既是公司的投入者、所有者和剩余利润享有者，可以说没有股东就没有公司，股东至上、股东价值最大化和股东会中心主义是这个逻辑的必然结果。董事会负责执行法律法规、公司章程规定和股东会决议授权的事项，负责公司经营管理职责。监事会负责监督股东会、董事会及其聘任的职业经理人履职行为的合法合规性及其忠实与勤勉义务的履行。上述三者之间形成了以股东会决策权至上为中心的互相协调与制衡的有机循环关系。随着资本证券化和股权分散化的发展，众多分散的上市公司中小投资者不再关心公司日常的经营与发展事项，使得传统由股东会决策的事项逐渐授权给董事会行使，上市公司董事会行使着法律法规和公司章程规定以外事项的决策权；传统公司治理结构中由上市公司董事会执行的事项日渐授权给具有专业能力和品德高尚的职业经理人来行使；为了增强董事会内部对董事和职业经理人履职行为合法合规与商业合理性的监督，董事会逐渐增加了监督的职能和功能。上市公司董事会在这些功能与角色定位的演变中增加了决策和监督的职能，削弱了执行的功能与职能，这就让传统公司治理由股东会中心主义功能架构演变成了董事会中心主义的功能架构。

我国 2023 年修订的《公司法》与修订前的规定相比，顺应且反映了公司治理结构董事会中心主义的变化趋势。《公司法》对股东会职权的规定采用了法定化的限制，由《公司法》和公司章程事先确定股东会的

职权范围,防止股东会决策权力的随意扩张。新修订的《公司法》删除了股东会行使的“决定公司的经营方针和投资计划”“审议批准公司的年度财务预算方案、决算方案”两项职权,新增“股东会可以授权董事会对发行公司债券作出决议”的授权性规定。[①] 新修订的《公司法》扩张了董事会的职权范围,一方面,是删除股东会“决定公司的经营方针和投资计划”职权的同时保留了董事会“决定公司的经营计划和投资方案”的职权,实质上是将公司经营和投资管理的职权分配给了董事会行使,加上新修订的《公司法》在董事会职权中增加股东会授予董事会行使其他职权的规定,[②]董事会职权范围得到进一步扩张。另一方面,新修订的《公司法》删除了修订前《公司法》对经理法定职权的列举式规定,修改为“经理对董事会负责,根据公司章程的规定或者董事会的授权行使职权”。此外,新修订的《公司法》第 121 条第 1 款规定“股份有限公司可以按照公司章程的规定在董事会中设置由董事组成的审计委员会,行使本法规定的监事会的职权,不设监事会或者监事”,进一步扩大了股份有限公司董事会的监督职权。《公司法》对公司股东会职权范围的限制、董事会职权的扩大和监事会职权的转移,都让上市公司董事会中心主义治理理念得到贯彻与体现。

---

① 2023 年修订的《公司法》第 59 条前两款规定:“股东会行使下列职权:(一)选举和更换董事、监事,决定有关董事、监事的报酬事项;(二)审议批准董事会的报告;(三)审议批准监事会的报告;(四)审议批准公司的利润分配方案和弥补亏损方案;(五)对公司增加或者减少注册资本作出决议;(六)对发行公司债券作出决议;(七)对公司合并、分立、解散、清算或者变更公司形式作出决议;(八)修改公司章程;(九)公司章程定的其他职权。股东会可以授权董事会对发行公司债券作出决议。”

② 2023 年修订的《公司法》第 67 条第 2 款规定:“董事会行使下列职权:(一)召集股东会会议,并向股东会报告工作;(二)执行股东会的决议;(三)决定公司的经营计划和投资方案;(四)制订公司的利润分配方案和弥补亏损方案;(五)制订公司增加或者减少注册资本以及发行公司债券的方案;(六)制订公司合并、分立、解散或者变更公司形式的方案;(七)决定公司内部管理机构的设置;(八)决定聘任或者解聘公司经理及其报酬事项,并根据经理的提名决定聘任或者解聘公司副经理、财务负责人及其报酬事项;(九)制定公司的基本管理制度;(十)公司章程规定或者股东会授予的其他职权。”

二、上市公司董事会的规模与结构

上市公司董事会的规模与结构对董事会中心主义治理理念的贯彻落实、公司治理结构的科学合理性和董事职责与职能的理解都紧密相关。上市公司董事会的规模与结构包括董事会成员人数、构成、机构设置和管理体系等内容。

2005 年《公司法》规定股份有限公司董事会的规模为 5 ~ 19 人，2023 年修订的《公司法》取消了有限责任公司和股份有限公司董事会成员人数上限的规定，统一规定为董事会成员人数为 3 人以上，设有人数上限和奇偶数的限制性规定。不过，2023 年修订的《公司法》同时规定了职工董事制度，[①]虽然该法对职工董事的人数比例没有明确规定，但是该法对职工监事的人数比例有明确规定，[②]采用职工董事制度且选择不采用监事会制度的上市公司，董事会组成人员中要考虑职工董事的设置及其成员人数比例。另外，《公司法》第 136 条明确要求上市公司设独立董事，具体管理办法由国务院证券监督管理机构规定，而《上市公司独立董事管理办法》第 5 条又明确规定“上市公司独立董事占董事会成员的比例不得低于三分之一，且至少包括一名会计专业人士”。这样，上市公司应该根据股权结构及其形成的股权董事和职工董事、高管董事、独立董事等因素确定其董事会的规模。与上市公司董事会成员人数紧密相关的常见问题是当董事会成员人数是偶数导致公司僵局时

---

① 2023 年修订的《公司法》第 68 条第 1 款规定：“有限责任公司董事会成员为三人以上，其成员中可以有公司职工代表。职工人数三百人以上的有限责任公司，除依法设监事会并有公司职工代表的外，其董事会成员中应当有公司职工代表。董事会中的职工代表由公司职工通过职工代表大会、职工大会或者其他形式民主选举产生。”《公司法》第 120 条有关股份有限公司董事会组成结构的规定援引适用该法第 68 条第 1 款的规定。

② 2023 年修订的《公司法》第 130 条第 2 款规定：“监事会成员为三人以上。监事会成员应当包括股东代表和适当比例的公司职工代表，其中职工代表的比例不得低于三分之一，具体比例由公司章程规定。监事会中的职工代表由公司职工通过职工代表大会、职工大会或者其他形式民主选举产生。”

如何解决？因为《公司法》对股份有限公司董事会开会和表决通过的条件均是过半数参会或者同意，[①]当董事会成员人数是偶数时就容易出现同意和反对董事人数相等，董事会审议的议案按照“过半数”同意的通过条件设置就未能形成有效决议而出现公司决策僵局。上市公司因为董事会成员人数为偶数而导致决策僵局的，将被视作为董事会不能履行或者不履行相应职责而寻找其他救济路径，[②]为降低董事会决策僵局的发生概率，上市公司董事会成员人数以奇数为佳。

上市公司董事会的构成包括成员构成和机构设置两方面的内容。上市公司董事按照其来源、代表的利益与功能，主要被划分为股东董事、高管董事、职工董事和独立董事这四类，股东董事是上市公司委托代理理论下公司治理顺理成章的安排，代表着股东利益并对上市公司董事及其职业经理人实施有效监督；公司董事会是联系股东与管理层的桥梁和纽带，具有一定的决策、管理与监督职能，但是公司高级管理人员具体负责公司的经营管理事项，最熟悉公司经营与运行状况，其进入董事会参与决策有利于提高董事会决策的科学性与可执行性，所以上市公司一般会设置总经理等高管董事，但是高管董事的比例过大会出现内部人控制的状况，所以《上市公司章程指引》第 96 条第 3 款规定，“董事可以由经理或者其他高级管理人员兼任，但兼任经理或者其他高级管理人员职务的董事以及由职工代表担任的董事，总计不得超过公司董事总数的二分之一”；职工董事和独立董事是分别代表职工和中小投资者的利益而依法设置的治理岗位。董事会成员的来源、代表

---

① 2023 年修订的《公司法》第 124 条第 1 款规定：“董事会会议应当有过半数的董事出席方可举行。董事会作出决议，应当经全体董事的过半数通过。”

② 例如，某上市公司董事会成员人数为 8 人，在提名增选一名股权董事的董事会决议上同意的董事为 4 名，未过董事会董事人数的过半数而未形成相应决议，董事会不能履行召集股东会审议该议案的职责，该公司只好依据《公司法》第 114 条第 2 款“董事会不能履行或者不履行召集股东会会议职责的，监事会应当及时召集和主持；监事会不召集和主持的，连续九十日以上单独或者合计持有公司百分之十以上股份的股东可以自行召集和主持”的规定依次提请监事会或者自行召集股东会审议该议案。

利益与功能如表 5－1 所示。

表 5－1　董事会成员的来源、代表利益与功能

类型	来源	代表利益	功能
股权董事	股东推荐，董事会审查提名后股东会表决通过	股东	监督与决策并重
高管董事	董事会提名，股东会表决通过	高级管理人员	决策
职工董事	职工大会或者职工代表大会选举产生	职工	决策与监督并重
独立董事	股东、董事会或者监事会提名，股东会选举产生	中小股东	监督

2002 年 1 月 7 日，中国证监会和国家经贸委发布的《上市公司治理准则》设立董事会专门委员会制度，其中第 52 条规定，“上市公司董事会可以按照股东大会的有关决议，设立战略、审计、提名、薪酬与考核等专门委员会。专门委员会成员全部由董事组成，其中审计委员会、提名委员会、薪酬与考核委员会中独立董事应占多数并担任召集人，审计委员会中至少应有一名独立董事是会计专业人士”。并对董事会各专门委员会的职责作了详细规定。2018 年 9 月 30 日，中国证监会颁布修订后的《上市公司治理准则》，其中第 38 条明确，“上市公司董事会应当设立审计委员会，并可以根据需要设立战略、提名、薪酬与考核等相关专门委员会”，上市公司董事会设置专门委员会成为一项法定义务，并且明确了各专门委员会的职责内容，[①]这些专门委员会成员全部由董事组

① 《上市公司治理准则》第 39 条至第 42 条分别规定了上市公司董事会各专门委员会的职责，根据该规定，战略委员会的主要职责是对公司长期发展战略和重大投资决策进行研究并提出建议。审计委员会的主要职责包括：(1)监督及评估外部审计工作，提议聘请或者更换外部审计机构；(2)监督及评估内部审计工作，负责内部审计与外部审计的协调；(3)审核公司的财务信息及其披露；(4)监督及评估公司的内部控制；(5)负责法律法规、公司章程和董事会授权的其他事项。提名委员会的主要职责包括：(1)研究董事、高级管理人员的选择标准和程序并提出建议；(2)遴选合格的董事人选和高级管理人员人选；(3)对董事人选和高级管理人员人选进行审核并提出建议。薪酬与考核委员会的主要职责包括：(1)研究董事与高级管理人员考核的标准，进行考核并提出建议；(2)研究和审查董事、高级管理人员的薪酬政策与方案。

成,其中审计委员会、提名委员会、薪酬与考核委员会中独立董事应当占多数并担任召集人,审计委员会的召集人应当为会计专业人士。这些规定与要求在2023年修订的《公司法》[①]和中国证监会颁布的《上市公司独立董事管理办法》[②]中得到进一步确认和完善。不仅如此,上市公司在治理与运行的实践中除了在董事会中设置上述法定专门委员会以外,还会根据公司经营发展的实际需要在董事会中设置ESG与可持续发展委员会、关联交易控制委员会、投资者利益保护委员会等专门委员会,丰富上市公司董事会专门委员会的类型与机构,也让董事会工作更有抓手和保障。

上市公司董事会的管理层级主要涉及董事长和副董事长的设定以

---

① 2023年修订的《公司法》第136条规定:"上市公司设独立董事,具体管理办法由国务院证券监督管理机构规定。上市公司的公司章程除载明本法第九十五条规定的事项外,还应当依照法律、行政法规的规定载明董事会专门委员会的组成、职权以及董事、监事、高级管理人员薪酬考核机制等事项。"第137条规定:"上市公司在董事会中设置审计委员会的,董事会对下列事项作出决议前应当经审计委员会全体成员过半数通过:(一)聘用、解聘承办公司审计业务的会计师事务所;(二)聘任、解聘财务负责人;(三)披露财务会计报告;(四)国务院证券监督管理机构规定的其他事项。"

② 《上市公司独立董事管理办法》第5条第2款和第3款规定:"上市公司应当在董事会中设置审计委员会。审计委员会成员应当为不在上市公司担任高级管理人员的董事,其中独立董事应当过半数,并由独立董事中会计专业人士担任召集人。上市公司可以根据需要在董事会中设置提名、薪酬与考核、战略等专门委员会。提名委员会、薪酬与考核委员会中独立董事应当过半数并担任召集人。"该规定在《上市公司治理准则》规定审计委员会组成人员的基础上增加了"审计委员会成员应当为不在上市公司担任高级管理人员的董事"的要求。此外,《上市公司独立董事管理办法》第26条在明确上市公司董事会审计委员会负责审核公司财务信息及其披露、监督及评估内外部审计工作和内部控制的基础上,新增下列事项的审核职权:(1)披露财务会计报告及定期报告中的财务信息、内部控制评价报告;(2)聘用或者解聘承办上市公司审计业务的会计师事务所;(3)聘任或者解聘上市公司财务负责人;(4)因会计准则变更以外的原因作出会计政策、会计估计变更或者重大会计差错更正。第27条在明确上市公司董事会提名委员会负责拟定董事、高级管理人员的选择标准和程序,对董事、高级管理人员人选及其任职资格进行遴选、审核等职责外,还就下列事项向董事会提出建议:(1)提名或者任免董事;(2)聘任或者解聘高级管理人员。第28条在规定上市公司董事会薪酬与考核委员会负责制定董事、高级管理人员的考核标准并进行考核,制定、审查董事、高级管理人员的薪酬政策与方案外,并就下列事项向董事会提出建议:(1)董事、高级管理人员的薪酬;(2)制定或者变更股权激励计划、员工持股计划,激励对象获授权益、行使权益条件成就;(3)董事、高级管理人员在拟分拆所属子公司安排持股计划。

及法定代表人确定和兼职问题。《公司法》第 122 条[①]已经将董事长和副董事长之间的关系规定得很清楚了——副董事长可以替补履行董事长的职责,若没有设置副董事长或者董事长和副董事长都不能履行职务或者不履行职务时,由过半数的董事共同推举一名董事履行职务,所以为避免董事共同推举的麻烦,上市公司尽量在董事会中同时设置董事长和副董事长。

依据《上市公司章程指引》第 112 条的规定,[②]上市公司董事长具有督促、检查经理层执行董事会决议的监督职权,所以董事长兼任总经理存在着监督主客体同一化的问题,不为规范的上市公司治理与内部控制所倡导。

2005 年《公司法》第 13 条对公司法定代表人的确定与变更规定为"公司法定代表人依照公司章程的规定,由董事长、执行董事或者经理担任,并依法登记。公司法定代表人变更,应当办理变更登记"。该规定对公司法定代表人限定的范围较窄,也容易导致抢公章或者变更公司法定代表人时遇到原法定代表人不配合而变更失败的情况发生,加之法定代表人以公司名义实施的民事法律行为后果由公司承担的法律规定,[③]容易因为法定代表人变更不及时而给公司带来额外损失。2023 年修订的《公司法》在承袭《民法典》有关法定代表人法律责任规定[④]的

---

① 《公司法》第 122 条规定:"董事会设董事长一人,可以设副董事长。董事长和副董事长由董事会以全体董事的过半数选举产生。董事长召集和主持董事会会议,检查董事会决议的实施情况。副董事长协助董事长工作,董事长不能履行职务或者不履行职务的,由副董事长履行职务;副董事长不能履行职务或者不履行职务的,由过半数的董事共同推举一名董事履行职务。"

② 《上市公司章程指引》第 112 条规定:"董事长行使下列职权:(一)主持股东大会和召集、主持董事会会议;(二)督促、检查董事会决议的执行;(三)董事会授予的其他职权。"

③ 《民法典》第 61 条第 2 款规定"法定代表人以法人名义从事的民事活动,其法律后果由法人承受",第 62 条进一步规定"法定代表人因执行职务造成他人损害的,由法人承担民事责任。法人承担民事责任后,依照法律或者法人章程的规定,可以向有过错的法定代表人追偿"。

④ 2023 年修订的《公司法》第 11 条规定:"法定代表人以公司名义从事的民事活动,其法律后果由公司承受。公司章程或者股东会对法定代表人职权的限制,不得对抗善意相对人。法定代表人因执行职务造成他人损害的,由公司承担民事责任。公司承担民事责任后,依照法律或者公司章程的规定,可以向有过错的法定代表人追偿。"

同时扩大法定代表人的范围并且简化了法定代表人变更的程序，[①]解决了实践中的这一矛盾与问题。

三、上市公司董事会的职权与职责

《公司法》、《上市公司章程指引》和证券交易所《股票上市规则》对公司董事会以及上市公司董事会的职权作了明确规定。其中，《公司法》第67条第2款规定公司董事会行使下列职权：(1)召集股东会会议，并向股东会报告工作；(2)执行股东会的决议；(3)决定公司的经营计划和投资方案；(4)制订公司的利润分配方案和弥补亏损方案；(5)制订公司增加或者减少注册资本以及发行公司债券的方案；(6)制订公司合并、分立、解散或者变更公司形式的方案；(7)决定公司内部管理机构的设置；(8)决定聘任或者解聘公司经理及其报酬事项，并根据经理的提名决定聘任或者解聘公司副经理、财务负责人及其报酬事项；(9)制定公司的基本管理制度；(10)公司章程规定或者股东会授予的其他职权。《上市公司章程指引》第107条规定上市公司董事会行使下列职权：(1)召集股东大会，并向股东大会报告工作；(2)执行股东大会的决议；(3)决定公司的经营计划和投资方案；(4)制订公司的年度财务预算方案、决算方案；(5)制订公司的利润分配方案和弥补亏损方案；(6)制订公司增加或者减少注册资本、发行债券或其他证券及上市方案；(7)拟订公司重大收购、收购本公司股票或者合并、分立、解散及变更公司形式的方案；(8)在股东大会授权范围内，决定公司对外投资、收购出售资产、资产抵押、对外担保事项、委托理财、关联交易、对外捐赠等事项；(9)决定公司内部管理机构的设置；(10)决定聘任或者解聘公司经理、董事会秘书及其他高级管理人员，并决定其报酬事项和奖惩事项；

---

① 2023年修订的《公司法》第10条规定："公司的法定代表人按照公司章程的规定，由代表公司执行公司事务的董事或者经理担任。担任法定代表人的董事或者经理辞任的，视为同时辞去法定代表人。法定代表人辞任的，公司应当在法定代表人辞任之日起三十日内确定新的法定代表人。"第35条第3款规定："公司变更法定代表人的，变更登记申请书由变更后的法定代表人签署。"

根据经理的提名，决定聘任或者解聘公司副经理、财务负责人等高级管理人员，并决定其报酬事项和奖惩事项；(11)制订公司的基本管理制度；(12)制订本章程的修改方案；(13)管理公司信息披露事项；(14)向股东大会提请聘请或更换为公司审计的会计师事务所；(15)听取公司经理的工作汇报并检查经理的工作；(16)法律、行政法规、部门规章或本章程授予的其他职权。从普通公司董事会的法定职权与上市公司董事会法定职权范围的比较中可以看出，上市公司董事会除了具有普通公司董事会的法定职权以外，还具有如下职权：(1)制订公司的年度财务预算方案、决算方案；[①](2)拟订公司重大收购、收购本公司股票的方案；(3)在股东大会授权范围内，决定公司对外投资、收购出售资产、资产抵押、对外担保事项、委托理财、关联交易、对外捐赠等事项；(4)制订公司章程的修改方案；(5)管理公司信息披露事项；(6)向股东大会提请聘请或更换为公司审计的会计师事务所；(7)听取公司经理的工作汇报并检查经理的工作；(8)法律法规、部门规章授予的其他职权。综合上述上市公司董事会法定职权的内容，结合现代公司董事会治理中的战略决策、一定范围的执行(绝大部分执行的职能由经理层履行)和监督的职能定位，上市公司董事会的职权主要可以被归类为召集和主持股东会、执行与决定、方案制订与制度制定、监督与督促等职权。

(一)召集和主持股东会的职权

召集股东会会议并向股东会报告工作是董事会的法定职权与职责，此处的股东会包括年度股东会和临时股东会，《公司法》和《上市公司股东大会规则》的规定要求年度股东大会每年召开一次，应当于上一

---

① 2023年修订的《公司法》第59条和第67条第2款分别取消了公司股东会“审议批准公司的年度财务预算方案、决算方案”和董事会“制订公司的年度财务预算、决算方案”的法定职权，这就意味着《公司法》精简了公司财务制度，进一步尊重公司自治，不再强制性要求公司从形式上制定年度财务预算和决算方案。但是，如果有上市公司认为有必要制定年度财务预算和决算方案，按照现行法律规定及其公司治理的制度设计，“审议批准公司年度财务预算方案、决算方案”的权力应由董事会行使，所以《上市公司章程指引》保留有董事会制订公司年度财务预算方案、决算方案的职权。

会计年度结束后的6个月内举行；临时股东大会不定期召开，出现《公司法》规定[①]的应当召开临时股东大会的情形时，临时股东大会应当在2个月内召开。公司董事会应当切实履行职责，认真、按时组织股东大会，未依法召集、组织股东会按期召开的，证券交易所有权对该公司挂牌交易的股票及衍生品种予以停牌，并要求董事会作出解释并公告，中国证监会及其派出机构有权责令公司或相关责任人限期改正。当然，《公司法》对上市公司董事会未及时召集和主持股东会也规定了替补机制，[②]以维护上市公司治理机制的正常运行并保护股东的利益。此外，为保护中小股东的利益，《公司法》规定了中小股东在股东会会议上的临时提案权，[③]上市公司董事会在召集和主持股东会会议时，应该对中小股东提出的临时提案进行审查后依法履行信息披露和提交股东会审议的义务，切实保障中小股东临时提案权的实现。

（二）执行与决定的职权

上市公司董事会在执行股东会决议职能的同时也有一定的战略决策职权，这些职能在《公司法》和《上市公司章程指引》规定中主要包括：（1）执行股东大会的决议；（2）决定公司的经营计划和投资方案；（3）制订公司的年度财务预算方案、决算方案；（4）在股东大会授权范围内，决定公司对外投资、收购出售资产、资产抵押、对外担保事项、委托理财、

---

① 《公司法》第113条规定："股东会应当每年召开一次年会。有下列情形之一的，应当在两个月内召开临时股东会会议：（一）董事人数不足本法规定人数或者公司章程所定人数的三分之二时；（二）公司未弥补的亏损达股本总额三分之一时；（三）单独或者合计持有公司百分之十以上股份的股东请求时；（四）董事会认为必要时；（五）监事会提议召开时；（六）公司章程规定的其他情形。"

② 《公司法》第114条第2款规定："董事会不能履行或者不履行召集股东会会议职责的，监事会应当及时召集和主持；监事会不召集和主持的，连续九十日以上单独或者合计持有公司百分之十以上股份的股东可以自行召集和主持。"

③ 《公司法》第115条第2款规定："单独或者合计持有公司百分之一以上股份的股东，可以在股东会会议召开十日前提出临时提案并书面提交董事会。临时提案应当有明确议题和具体决议事项。董事会应当在收到提案后二日内通知其他股东，并将该临时提案提交股东会审议；但临时提案违反法律、行政法规或者公司章程的规定，或者不属于股东会职权范围的除外。公司不得提高提出临时提案股东的持股比例。"

关联交易、对外捐赠等事项;(5)决定公司内部管理机构的设置。从这些职权的内容和性质上看,作为股东会的赋权对象,董事会负责执行股东会决议并向股东会报告工作,股东会对董事会执行其决议的情况有监督权力。上市公司董事会决定的职权主要是重大的投资与经营管理事项,日常具体的经营管理事项一般都是授权经营管理层行使。

(三)方案制订与制度制定的职权

现代公司治理制度设计中的董事会向股东会负责并报告工作的机制,决定了董事会具有一定的方案制(拟)订职权。根据《公司法》和《上市公司章程指引》的相关规定,董事会的方案制订职权主要包括:(1)制订公司的利润分配方案和弥补亏损方案;(2)制订公司增加或者减少注册资本、发行债券或其他证券及上市方案;(3)拟订公司重大收购、收购本公司股票或者合并、分立、解散及变更公司形式的方案。上述的上市公司董事会方案制订职权在本质上均属于可能由股东会审议决定的重大事项,由董事会拟定具体方案并向股东会报告后由股东会决议的事项。此外,公司董事会"制订公司的基本管理制度"的法定职权是指董事会制订除公司章程、股东会议事规则、董事会议事规则和监事会议事规则等需要由股东会审议通过的基本制度以外的基本管理制度,如董事会各专门委员会议事规则、独立董事工作制度、经理工作细则、董事会秘书工作细则、募集资金管理制度、关联方与关联交易管理制度、信息披露管理制度等制度。不过,因为这些基本管理制度的内容具体而烦琐,董事会中的办公室或者董事会秘书负责拟定(修订)这些制度都将缺乏相应的针对性和科学性,所以上市公司董事会对该项职权的行使往往是依据《公司法》第126条中"经理对董事会负责,根据公司章程的规定或者董事会的授权行使职权"的规定授权经理负责拟定基本管理制度,然后再经董事会审议通过并实施。

(四)监督与督促的职权

上市公司董事会决定聘任或者解聘高级管理人员并决定其薪酬与奖惩事项,实质上是对高级管理人员履职行为的一种监督,依法督促上市公司信息披露报告与文件的编制、审议和审计构成了上市公司董事会职权的重要内容，所以上市公司董事会监督与督促的职权在《公司法》和《上市公司章程指引》中主要包括如下内容：(1)决定聘任或者解聘公司经理、董事会秘书及其他高级管理人员，并决定其报酬事项和奖惩事项；根据经理的提名，决定聘任或者解聘公司副经理、财务负责人等高级管理人员，并决定其报酬事项和奖惩事项。(2)管理公司信息披露事项。(3)向股东大会提请聘请或更换为公司审计的会计师事务所。(4)听取公司经理的工作汇报并检查经理的工作。(5)法律、行政法规、部门规章或公司章程授予的其他职权。上述上市公司董事会的监督与督促职权中决定聘请与解聘高级管理人员并决定其薪酬与奖惩和听取公司经理的工作汇报并检查经理的工作的职权，因为能决定经理等管理层的职业方向及其结果，是董事会对管理层享有的监督性职权，向股东大会提请聘请或更换为公司审计的会计师事务所的职权也是对会计师事务所独立性、专业水平和服务能力的一种监督；管理公司信息披露事项的职权既包含督促公司高级管理人员依法编制、审议和披露相关信息，也包括监督公司信息披露合法合规性的内容；“法律、行政法规、部门规章或公司章程授予的其他职权”，虽然是一种兜底性规定，但是依据公司董事会监督职能的定位和上市公司治理与运行的规则，主要是指《证券法》、《上市公司信息披露管理办法》和公司章程所规定的有关上市公司董事会对相关治理主体在信息披露、投资者保护、内部控制建设、外部审计与评价等职责履行情况的监督与督促职权。

上市公司董事会失职的行为将会承担何种责任呢？根据上述董事会职权的内容与分类，召集和主持股东会的职权、方案制订与制度制定、监督与督促这三类职权关涉上市公司治理与运行和信息披露事项，均由《公司法》、《证券法》、《上市公司信息披露管理办法》和证券交易所自律监管规则对其行为的标准与责任予以详细规定，违反相关法律法规和业务规范的失职行为将会受到行政处罚(分)、民事赔偿乃至刑事追责，但是上市公司董事会执行与决定的职权主要涉及上市公司经营管理事项，是一种商业判断与评价，没有也不可能具有一个可量化的法定判断标准，如果非要说具有一个法定评价标准，那就是《公司法》规定的“应当为公司的最大利益尽到管理者通常应有的合理注意”的勤勉标准，违反勤勉标准的失职行为而给公司造成损失的，相关董事应当依照《民法典》和《公司法》的规定而承担民事赔偿责任。

四、上市公司董事履职的内容与方式

除了上述上市公司董事会职责按照性质被划分为商业判断标准的执行与决策职权和具有规范标准的召集与执行股东会、方案制订与制度制定、监督与督促职权外，上市公司董监高普遍遵守的履职行为主要包括违规交易与忠实义务违反这一类的消极履职行为和履行勤勉义务的积极履职行为，其中的消极履职行为和维护上市公司规范运作的积极履职行为属于具有规范标准的履职行为，违反相关规则规定的履职行为将会受到行政处罚（分）、民事赔偿或者刑事追责，具有商业判断性质的积极履职行为不满足相应的商业标准而给上市公司及其股东造成损失的，将依法承担民事赔偿责任。基于上述的分类与总结，上市公司董事履职的内容一般包括禁止违反《公司法》上的忠实义务而实施利益输送、杜绝《证券法》上的违规交易、依法积极履行维护上市公司规范运作的勤勉义务和积极履行具有商业判断标准的勤勉义务等，其中的违反忠实义务和商业判断标准的勤勉义务、违法犯罪类的违规交易引起的矛盾和纠纷一般是由公安机关、检察机关和法院等办案机关处理，而违反履行维护上市公司规范运作勤勉义务的履职行为在实践中往往是以信息披露违法违规为由受到证券监管机构的立案调查，甚至是上市公司出现的非经营性资金占用或者违规担保、关联交易未依法履行审议程序和信息披露义务、短线交易和违规减持股份等看似与信息披露违规关联度不大的事项也会涉及信息披露违法违规问题，以信息披露违法违规为由受到证券监管机构的立案调查和处罚（分）。当然，证券监管机构以信息披露违法违规为由立案，并不意味着一定以信息披露违法违规的标准和依据处罚（分）受到立案调查的治理主体。《信息披露违法行为行政责任认定规则》第 14 条[①]在规定其他违法行为引起信息披露义务人信息披露违法行为责任认定规则的同时就列明了其他违法行为的形态。[②] 即便如此，上市公司董事履职面临的最大风险还是信息披露违法违规而受到行政处罚（分）的风险。此外，从《信息披露违法行为行政责任认定规则》对信息披露违法行为行政责任认定标准[③]和责

---

① 《信息披露违法行为行政责任认定规则》第 14 条第 1 款规定："其他违法行为引起信息披露义务人信息披露违法的，通常综合考虑以下情形认定责任：（一）信息披露义务人是否存在过错，有无实施信息披露违法行为的故意，是否存在信息披露违法的过失；（二）信息披露义务人是否因违法行为直接获益或者以其他方式获取利益，是否因违法行为止损或者避损，公司投资者是否因该项违法行为遭受重大损失；（三）信息披露违法责任是否能被其他违法行为责任所吸收，认定其他违法行为行政责任、刑事责任是否能更好体现对违法行为的惩处；（四）其他需要考虑的情形。"

② 《信息披露违法行为行政责任认定规则》第 14 条第 2 款规定："前款所称其他违法行为，包括上市公司的董事、监事、高级管理人员违背对公司的忠实义务，利用职务便利，操纵上市公司从事损害公司利益行为；上市公司的控股股东或者实际控制人，指使上市公司董事、监事、高级管理人员从事损害公司利益行为；上市公司董事、监事、高级管理人员和持股 5% 以上股东违法买卖公司股票行为；公司工作人员挪用资金、职务侵占等行为；配合证券市场内幕交易、操纵市场以及其他可能致使信息披露义务人信息披露违法的行为。"

③ 《信息披露违法行为行政责任认定规则》第 11 条规定，"信息披露义务人行为构成信息披露违法的，应当根据其违法行为的客观方面和主观方面等综合审查认定其责任"。第 12 条和第 13 条分别从客观和主观因素作了规定，第 12 条规定："认定信息披露违法行为的客观方面通常要考虑以下情形：（一）违法披露信息包括重大差错更正信息中虚增或者虚减资产、营业收入及净利润的数额及其占当期所披露数的比重，是否因此资不抵债，是否因此发生盈亏变化，是否因此满足证券发行、股权激励计划实施、利润承诺条件，是否因此避免被特别处理，是否因此满足取消特别处理要求，是否因此满足恢复上市交易条件等；（二）未按照规定披露的重大担保、诉讼、仲裁、关联交易以及其他重大事项所涉及的数额及其占公司最近一期经审计总资产、净资产、营业收入的比重，未按照规定及时披露信息时间长短等；（三）信息披露违法所涉及事项对投资者投资判断的影响大小；（四）信息披露违法后果，包括是否导致欺诈发行、欺诈上市、骗取重大资产重组许可、收购要约豁免、暂停上市、终止上市，给上市公司、股东、债权人或者其他人造成直接损失数额大小，以及未按照规定披露信息造成该公司证券交易的异动程度等；（五）信息披露违法的次数，是否多次提供虚假或者隐瞒重要事实的财务会计报告，或者多次对依法应当披露的其他重要信息不按照规定披露；（六）社会影响的恶劣程度；（七）其他需要考虑的情形。"第 13 条规定："认定信息披露义务人信息披露违法主观方面通常要考虑以下情形：（一）信息披露义务人为单位的，在单位内部是否存在违法共谋，信息披露违法所涉及的具体事项是否是经董事会、公司办公会等会议研究决定或者由负责人员决定实施的，是否只是单位内部个人行为造成的；（二）信息披露义务人的主观状态，信息披露违法是否是故意的欺诈行为，是否是不够谨慎、疏忽大意的过失行为；（三）信息披露违法行为发生后的态度，公司董事、监事、高级管理人员知道信息披露违法后是否继续掩饰，是否采取适当措施进行补救；（四）与证券监管机构的配合程度，当发现信息披露违法后，公司董事、监事、高级管理人员是否向证监会报告，是否在调查中积极配合，是否对调查机关欺诈、隐瞒，是否有干扰、阻碍调查情况；（五）其他需要考虑的情形。"

任大小①的规定以及信息披露违法案件行政处罚及其答辩意见接受度的情况来看，证券监管机构对董事因信息披露违法违规受到处罚（分）均是按照信息披露义务人在该案发生的事前、事中和事后积极履职的行为能否达到勤勉尽责的标准来判定的，受到处罚（分）的相关董事认为自己应该减免处罚（分）也是按照事前、事中和事后积极的履职行为达到勤勉尽责的标准予以申辩，而不是实践中“偏题”或者“跑题”

---

① 《信息披露违法行为行政责任认定规则》第 19 条至第 23 条规定了信息披露违法行为行政责任大小的认定规则。其中，第 19 条规定：“信息披露违法责任人员的责任大小，可以从以下方面考虑责任人员与案件中认定的信息披露违法的事实、性质、情节、社会危害后果的关系，综合分析认定：（一）在信息披露违法行为发生过程中所起的作用。对于认定的信息披露违法事项是起主要作用还是次要作用，是否组织、策划、参与、实施信息披露违法行为，是积极参加还是被动参加。（二）知情程度和态度。对于信息披露违法所涉事项及其内容是否知情，是否反映、报告，是否采取措施有效避免或者减少损害后果，是否放任违法行为发生。（三）职务、具体职责及履行职责情况。认定的信息披露违法事项是否与责任人员的职务、具体职责存在直接关系，责任人员是否忠实、勤勉履行职责，有无懈怠、放弃履行职责，是否履行职责预防、发现和阻止信息披露违法行为发生。（四）专业背景。是否存在责任人员有专业背景，对于信息披露中与其专业背景有关违法事项应当发现而未予指出的情况，如专业会计人士对于会计问题、专业技术人员对于技术问题等未予指出。（五）其他影响责任认定的情况。”第 20 条规定：“认定从轻或者减轻处罚的考虑情形：（一）未直接参与信息披露违法行为；（二）在信息披露违法行为被发现前，及时主动要求公司采取纠正措施或者向证券监管机构报告；（三）在获悉公司信息披露违法后，向公司有关主管人员或者公司上级主管提出质疑并采取了适当措施；（四）配合证券监管机构调查且有立功表现；（五）受他人胁迫参与信息披露违法行为；（六）其他需要考虑的情形。”第 21 条规定：“认定为不予行政处罚的考虑情形：（一）当事人对认定的信息披露违法事项提出具体异议记载于董事会、监事会、公司办公会会议记录等，并在上述会议中投反对票的；（二）当事人在信息披露违法事实所涉及期间，由于不可抗力、失去人身自由等无法正常履行职责的；（三）对公司信息披露违法行为不负有主要责任的人员在公司信息披露违法行为发生后及时向公司和证券交易所、证券监管机构报告的；（四）其他需要考虑的情形。”第 22 条规定：“任何下列情形，不得单独作为不予处罚情形认定：（一）不直接从事经营管理；（二）能力不足、无相关职业背景；（三）任职时间短、不了解情况；（四）相信专业机构或者专业人员出具的意见和报告；（五）受到股东、实际控制人控制或者其他外部干预。”第 23 条规定：“下列情形认定为应当从重处罚情形：（一）不配合证券监管机构监管，或者拒绝、阻碍证券监管机构及其工作人员执法，甚至以暴力、威胁及其他手段干扰执法；（二）在信息披露违法案件中变造、隐瞒、毁灭证据，或者提供伪证，妨碍调查；（三）两次以上违反信息披露规定并受到行政处罚或者证券交易所纪律处分；（四）在信息披露上有不良诚信记录并记入证券期货诚信档案；（五）证监会认定的其他情形。”

的申辩。[1] 不过，最可能免受处罚(分)的履职行为还是勤勉尽责地依法履行信息披露义务，依照证券监管规则的规定维护上市公司规范运作，避免违反忠实义务的利益输送行为，杜绝各类违规证券交易的违法犯罪，这些共同构成了董事履职行为的主要内容。

董事会是由董事组成的，董事履职的主要方式是通过董事会会议的方式作出决议，包括出席董事会会议和董事会各专门委员会会议。《公司法》第125条第2款明确了董事对董事会决议负责，该款规定，"董事应当对董事会的决议承担责任。董事会的决议违反法律、行政法规或者公司章程、股东会决议，给公司造成严重损失的，参与决议的董事对公司负赔偿责任；经证明在表决时曾表明异议并记载于会议记录的，该董事可以免除责任"。除了董事在履职中的职务行为外，上市公司董事身份的个人行为也会对上市公司及其利益相关者的利益产生重大影响，例如董事个人从事的窗口期交易、短线交易、内幕交易、操纵证券市场、违规减持等违规交易和违反公司信息披露管理办法的规定私自披露上市公司敏感信息等违规行为，这些行为均受到《证券法》和《上市公司信息披露管理办法》等证券相关法律法规与业务规则的限制与约束。

---

① 例如，2017年11月17日，中国证监会针对昆明机床2013年至2015年财务造假及其虚假陈述的违法行为依法对公司及其时任董监高作出行政处罚并出具《行政处罚及市场禁入事先告知书》，部分董事接到该《行政处罚及市场禁入事先告知书》后依法要求听证并提出如下陈述与申辩意见：第一，其既未参与涉案违法事实，也不知情，且已勤勉尽责；第二，其未在昆明机床内部担任职务，也不直接从事公司日常经营管理，出于对审计委员会和专业审计机构的信任在年报上签字；第三，其积极配合证监会的调查，并请求考虑沈阳机床(集团)有限责任公司综合改革及申辩人履职情况。中国证监会认为上述申辩意见不是法定免责事由，也不足以构成免责事由，且该案在确定各责任人的处罚幅度时已考虑上述因素，遂没有采纳上述申辩意见。又如，中国证监会针对华泽钴镍未在法定期限内披露2017年年度报告和2018年一季报的行为对公司及时任董事依法作出行政处罚时，部分董事提出如下免责的申辩意见：第一，年度报告延期披露的间接原因系公司治理结构缺陷，其没有主观过错，且已勤勉尽责，因此不应承担责任；第二，其于2018年4月4日才被选举为董事，任职时间短，任职时期与定期报告的期间不一致，并且定期报告延期披露在其履职前已成既定事实；第三，任职时间短，未从上市公司获取薪酬与津贴，还在事后采取了督促和补救措施，不应该再承担责任；第四，公司股票已于延期披露后的2018年5月2日起停牌，延期披露客观上没有对中小投资者利益造成损害；第五，即使自律监管部门认定其有责任且对其进行通报批评，其行为也不构成违法。上述的申辩理由与监管部门认定信息披露违法行为行政责任的逻辑与具体规定不相符，也没有得到监管机构的采纳。

所以，上市公司董事要想避免其行为受到处罚（分），首先要熟悉上市公司治理与运行的相关法律法规与业务规则，了解并持续关注公司生产经营情况、财务状况和公司已经发生的或者可能发生的重大事件及其影响，主动调查、获取决策所需要的资料，然后结合上市公司所在的行业及其产业政策与经营模式、上市公司经营管理与规范运作、信息披露管理等实际情况而对上市公司发展战略与规划、对外投资与融资、经营管理和信息披露等情况在董事会及其专门委员会上作出真实而科学的决策，尽到上市公司董事的忠实与勤勉义务；同时，上市公司董事还要在履职过程中依据证券法律法规的规定约束自己的言行，避免因为违规交易和信息披露违法违规而受到处罚（分）或者承担其他法律责任。

在职责有分工的背景下，上市公司董事长、高管董事和独立董事除了履行董事的共同职责并承担作为一个上市公司董事应当承担的忠实与勤勉义务外，还因其岗位与职责的不同而承担着与其职权相匹配的且有差异的董事责任。上市公司董事长承担着主持股东会和董事会、授权行使董事会部分职权和信息披露的特别责任等职责。在履行主持股东会和董事会职权时，上市公司董事长应当按照法律法规、公司章程和《上市公司股东会议事规则》《上市公司董事会议事规则》的相关规定依法主持公司股东会和董事会，确保会议决议合法有效。董事会授权董事长行使董事会部分职权的，一方面，上市公司应当在公司章程中明确规定授权的原则和具体内容，不得将法律规定由董事会行使的职权授予董事长等个人行使；另一方面，董事长只能在其授权范围内行使权力，不得从事超越其职权范围的行为，在其职权范围（包括授权）内行使权力时，董事长对上市公司经营可能产生重大影响的事项应当审慎决策，必要时应当提交董事会集体决策，对于授权事项的执行情况，董事长还应当及时告知其他董事。上市公司董事长在履行保证上市公司信息披露真实、准确、完整、及时、公平的勤勉尽责义务的基础上，还要负责召集和主持董事会会议审议定期报告并对上市公司的临时报告信息披露和财务会计报告的真实性、准确性、完整性、及时性、公平性承担主要责任,[①]所以上市公司董事长对信息披露承担首要责任。作为高级管理人员的董事,除了履行上市公司董监高共同的维护上市公司规范运作、禁止违规交易和履行信息披露的勤勉尽责义务等职责外,更多的是负责上市公司的日常经营管理工作,履行以商业判断为标准的勤勉义务,若一定要搜寻出高管董事的特别职责,那就是《上市公司信息披露管理办法》要求上市公司经理对临时报告信息披露承担个别责任和上市公司财务负责人对公司财务会计报告承担主要责任上的特别规定了。独立董事履行的职责则是另外一种情形,上市公司独立董事除了履行董事的共同职责外,因其具有特别职权并以保护中小投资者的利益为宗旨,所以在任职资格、职责内容、履职方式与履职保障等方面均设有复杂并巧妙的制度设计。也正是从高管董事职责的简单性和独立董事制度的复杂性考虑,本书对财务负责人和董事会秘书以外的高级管理人员的履职不再作专门介绍,而对独立董事制度以一节的形式予以研究和讨论。

第三节 上市公司独立董事制度与独立董事履职规范

大陆法系国家的公司治理借鉴"三权分立"的模式建立了股东会、董事会和监事会的"三会一层"治理结构,该治理结构下的监事会发挥着监督与制衡的职能作用。英美法系国家的公司治理采用股东会选举产生董事会、董事会聘请管理层的单层公司治理结构,该治理机构下的董事会实现了分层:非独立董事负责决策与执行,独立董事主要发挥监督制衡作用。我国 1993 年的《公司法》采用了"三会一层"的治理模式,

---

① 《上市公司信息披露管理办法》第 51 条规定:"上市公司董事、监事、高级管理人员应当对公司信息披露的真实性、准确性、完整性、及时性、公平性负责,但有充分证据表明其已经履行勤勉尽责义务的除外。上市公司董事长、经理、董事会秘书,应当对公司临时报告信息披露的真实性、准确性、完整性、及时性、公平性承担主要责任。上市公司董事长、经理、财务负责人应当对公司财务会计报告的真实性、准确性、完整性、及时性、公平性承担主要责任。"

但在深化改革与对外开放的过程中，为了满足赴境外发行股份并上市的监管地监管要求，开始允许赴境外发行股份并上市的公司建立独立董事制度，在总结实践经验的基础上，为解决控股股东或者实际控制人通过非公允的关联交易侵占上市公司及中小股东的利益，中国证监会在2001年8月16日发布《关于在上市公司建立独立董事制度的指导意见》（以下简称《指导意见》），《指导意见》的颁布标志着我国正式建立了上市公司独立董事制度。独立董事制度建立之后，上市公司规范运作实践中对独立董事的职责定位、任职条件、职权与职责、法律责任的归责原则也在逐步完善，对独立董事的履职规范具有重大影响。

一、我国采用上市公司独立董事制度及其改革

我国建立独立董事制度是为了弥补股份有限公司治理结构中一元模式（单层模式），即董事会集监督和决策于一身所造成的缺乏监督力的缺陷。在西方国家，独立董事的主要职责在于公正地评价董事和高级管理人员的业绩和薪酬。而在我国，根据《上市公司独立董事管理办法》的相关规定，上市公司独立董事应发挥参与决策、监督制衡、专业咨询的作用，其中的监督制衡作用更侧重于制约大股东不正当的关联交易，保护广大中小投资者的利益。

1988年，香港联交所要求在其中挂牌上市交易的上市公司引入独立董事制度。这样，赴香港地区上市的中国内地股份公司（例如，1993年赴港上市的青岛啤酒）就要按照联交所的要求设立独立董事，这就为中国内地上市公司拉开了引入独立董事制度的序幕。

为适应中国内地公司到境外上市的需求并满足监管机构对上市公司治理结构中设置独立董事的监管要求，1997年12月16日中国证监会发布了《上市公司章程指引》（已修改），该指引规定“公司根据需要，可以设独立董事”，首次采用独立董事概念。1999年3月29日，国家经贸委、中国证监会联合发布《关于进一步促进境外上市公司规范运作和深化改革的意见》，对境外上市公司如何建立健全外部董事和独立董事

制度提出了要求。2000 年 9 月，为深化国有企业改革、建立现代企业制度，国务院办公厅公布《国有大中型企业建立现代企业制度和加强管理的基本规范（试行）》，规定“董事会中可设独立于公司股东且不在公司内部任职的独立董事”。如果说之前的独立董事制度的引入和倡导是被动适应的话，那么这个行政法规已经开始主动要求建立独立董事制度了。

《指导意见》对独立董事的独立性要求、任职资格、职责与职权、履职保障等作了全面而系统的规定，标志着我国正式建立了上市公司独立董事制度。2005 年修订并于 2006 年 1 月 1 日起施行的《公司法》第 123 条明确规定：“上市公司设立独立董事，具体办法由国务院规定。”第一次从法律层面明确了独立董事的法律地位，独立董事制度在上市公司治理结构中全面建立并实施了。但是，上市公司独立董事制度在治理与规范实践中存在一些问题，如乐山电力独立董事行使特别职权案、上海家化关联交易未依法审议并履行信息披露案、文峰股份股权代持事项未依法披露独立董事受到行政处罚案和康美药业因虚假陈述独立董事受到高额赔偿案等，暴露出现有的独立董事制度存在着独立董事功能定位不清、职责模糊、权责利不对等、监管手段不够和履职保障不足等基础性缺陷。经中国证监会和相关立法部门对独立董事制度的调查和研究，国务院于 2023 年 4 月 7 日发布《国务院办公厅关于上市公司独立董事制度改革的意见》，从明确独立董事职责定位、优化独立董事履职方式、强化独立董事任职管理、改善独立董事选任制度、加强独立董事履职保障、严格独立董事履职情况的监督管理、健全独立董事责任约束机制、完善协同高效的内外部监督体系等八个方面提出了系统性改革任务，为形成更加科学的独立董事制度体系指明了方向、提供了遵循。2023 年 8 月 1 日，中国证监会发布《上市公司独立董事管理办法》，2023 年 9 月 4 日开始施行。随后，中国上市公司协会和沪深北证券交易所按照《国务院办公厅关于上市公司独立董事制度改革的意见》和《上市公司独立董事管理办法》的规定与要求，全面而系统地改革上市公司独立董事制度，修订《上市公司独立董事履职指引》和《股票上市规则》等自律监管规则，颁布《上市公司独立董事职业道德规范》，探索开展独立董事履职评价工作，建立并维护独立董事信息库系统，常态化提供上市公司独立董事履职能力提升的培训，共同完善上市公司独立董事的规章和规则体系。2023 年 12 月修订的《公司法》第 136 条[①]和第 137 条[②]进一步在法律上确定和完善了上市公司独立董事制度。这样，从法律法规、部门规章、业务规则到自律性监管规则，我国建立了完备的上市公司独立董事制度的规则体系。

二、上市公司独立董事的职权与职责

独立董事作为上市公司董事会的一员，除了具有上市公司董事的职权并遵从上市公司董事维护上市公司规范运作、禁止违规证券交易和确保信息披露真实准确与完整的履职要求外，独立董事因为具有超越一般董事的特别职权和监督制衡的职责而在职责履行上要满足额外的要求。

《上市公司独立董事管理办法》第 18 条[③]规定了上市公司独立董事

---

① 《公司法》第 136 条规定："上市公司设独立董事，具体管理办法由国务院证券监督管理机构规定。上市公司的公司章程除载明本法第九十五条规定的事项外，还应当依照法律、行政法规的规定载明董事会专门委员会的组成、职权以及董事、监事、高级管理人员薪酬考核机制等事项。"其中的《公司法》第 95 条是对股份有限公司章程内容的规定，它规定："股份有限公司章程应当载明下列事项：（一）公司名称和住所；（二）公司经营范围；（三）公司设立方式；（四）公司注册资本、已发行的股份数和设立时发行的股份数，面额股的每股金额；（五）发行类别股的，每一类别股的股份数及其权利和义务；（六）发起人的姓名或者名称、认购的股份数、出资方式；（七）董事会的组成、职权和议事规则；（八）公司法定代表人的产生、变更办法；（九）监事会的组成、职权和议事规则；（十）公司利润分配办法；（十一）公司的解散事由与清算办法；（十二）公司的通知和公告办法；（十三）股东会认为需要规定的其他事项。"

② 《公司法》第 137 条规定："上市公司在董事会中设置审计委员会的，董事会对下列事项作出决议前应当经审计委员会全体成员过半数通过：（一）聘用、解聘承办公司审计业务的会计师事务所；（二）聘任、解聘财务负责人；（三）披露财务会计报告；（四）国务院证券监督管理机构规定的其他事项。"

③ 《上市公司独立董事管理办法》第 18 条第 1 款规定："独立董事行使下列特别职权：（一）独立聘请中介机构，对上市公司具体事项进行审计、咨询或者核查；（二）向董事会提议召开临时股东大会；（三）提议召开董事会会议；（四）依法公开向股东征集股东权利；（五）对可能损害上市公司或者中小股东权益的事项发表独立意见；（六）法律、行政法规、中国证监会规定和公司章程规定的其他职权。"

享有的特别职权，为避免独立董事滥用特别职权或者特别职权的行使得不到保障的情况发生，该条第 2 款对独立董事行使独立聘请中介机构，对上市公司具体事项进行审计、咨询或者核查、向董事会提议召开临时股东大会和提议召开董事会会议这 3 项特别职权设置了“应当经全体独立董事过半数同意”的限制；该条第 3 款又规定了独立董事行使特别职权的，上市公司应当及时披露，独立董事的特别职权不能正常行使的，上市公司应当披露具体情况和理由。其中，独立董事行使的“聘请中介机构，对上市公司具体事项进行审计、咨询或者核查”特别职权，针对的是具体事项，年度财务报告的审计师聘请依法要经过董事会和股东会审议程序，不是独立董事的特别职权能否定和更改的；[①]依据《公司法》第 113 条的规定，[②]当董事会认为必要时，应当在 2 个月内召开临时股东会，因此独立董事不具有独立提请召开股东会临时会议的权力，只有通过向董事会提请召开的方式行使该职权；依据《公司法》第 123 条第 2 款的规定，[③]单个独立董事没有提议召开董事会的权力，只有 1/3 以上董事共同提议才符合提议召开临时董事会的条件，所以独立董事

---

① 例如，2022 年 1 月 24 日，莱宝高科的独立董事蒋某某向注册会计师发送邮件，提请公司年审会计师事务所在审计工作中对公司营业收入确认的准确性、真实性与合理性等事项予以特别关注，在此后的年审会计师就该公司年度财务报告中的营业收入、利润、应收账款、存货盘点等数据与该独立董事的沟通上存在分歧和误解，该独立董事随即提出聘请独立的会计师事务所或者注册会计师协助其审阅公司本年度年报，该独立董事提出的此项要求因未获得上市公司与其他独立董事的认可而未能实现。

② 《公司法》第 113 条规定：“股东会应当每年召开一次年会。有下列情形之一的，应当在两个月内召开临时股东会会议：(一)董事人数不足本法规定人数或者公司章程所定人数的三分之二时；(二)公司未弥补的亏损达股本总额三分之一时；(三)单独或者合计持有公司百分之十以上股份的股东请求时；(四)董事会认为必要时；(五)监事会提议召开时；(六)公司章程规定的其他情形。”

③ 《公司法》第 123 条第 2 款规定：“代表十分之一以上表决权的股东、三分之一以上董事或者监事会，可以提议召开临时董事会会议。董事长应当自接到提议后十日内，召集和主持董事会会议。”

仅有提议召开董事会会议的职权;《证券法》第 90 条规定[①]了征集股东权利的条件与规则,独立董事行使公开征集股东权利应当按照该规则行使;对可能损害上市公司或者中小股东权益的事项发表独立意见的职权独立董事可以自行行使。

与独立董事制度改革之前的独立董事职责范围随着部门规章和业务规则的扩张而随意扩大并由独立董事个人发表独立意见的履职方式不同,《上市公司独立董事管理办法》将独立董事监督职责聚焦于公司与其控股股东、实际控制人、董事、高级管理人员之间的潜在重大利益冲突的事项上,[②]通过审计委员会、提名委员会、薪酬与考核委员会、独立董事专门会议等集体决议方式履行监督职责。独立董事专门会议或者专门委员会审议相关议案后出具全体独立董事过半数同意的证明文件(适用于独立董事专门会议审议的情形)或专门委员会会议决议(适用于审计委员会、提名委员会、薪酬与考核委员会审议的情形),而非单独的独立董事意见。独立董事专门会议除审议独立董事特别职权中需要半数以上独立董事同意的事项或者未在董事会中设置提名委员会、薪酬与考核委员会的公司应依法由该专门委员会审议的事项外,主要审议和监督具有潜在利益冲突的如下事项:应当披露的关联交易、上市公司及相关方变更或者豁免承诺的方案、被收购上市公司董事会针对

---

① 《证券法》第 90 条规定:“上市公司董事会、独立董事、持有百分之一以上有表决权股份的股东或者依照法律、行政法规或者国务院证券监督管理机构的规定设立的投资者保护机构,可以作为征集人,自行或者委托证券公司、证券服务机构,公开请求上市公司股东委托其代为出席股东大会,并代为行使提案权、表决权等股东权利。依照前款规定征集股东权利的,征集人应当披露征集文件,上市公司应当予以配合。禁止以有偿或者变相有偿的方式公开征集股东权利。公开征集股东权利违反法律、行政法规或者国务院证券监督管理机构有关规定,导致上市公司或者其股东遭受损失的,应当依法承担赔偿责任。”

② 《上市公司独立董事管理办法》第 48 条第 3 款规定:“《上市公司股权激励管理办法》《上市公司收购管理办法》《上市公司重大资产重组管理办法》等本办法施行前中国证监会发布的规章与本办法的规定不一致的,适用本办法。”因此,对《上市公司独立董事管理办法》颁布前需要独立董事发表独立意见的其他一般事项,包括优先股发行、利润分配、高送转、提供担保、提供财务资助、募集资金使用、股票及其衍生品投资、重大资产重组方案、申请主动退市、撤销其他风险警示等,不再强制要求独立董事发表独立意见。

收购所作出的决策及采取的措施，这些议案经全体独立董事过半数同意后方可提交董事会审议。

因为上市公司的董事会专门委员会决议和独立董事专门会议的决议，最后都要通过董事会会议审议并以董事会决议的形式对外披露，所以独立董事职责履行中的勤勉义务履行情况在上市公司规范运作的实践中就体现为独立董事职责履行中的信息披露状况，职责履行中信息披露的质量与状况成为考量独立董事履行职责的主要表现形式。

此外，按照2023年修订的《公司法》第123条的规定，撤销监事会并由董事会审计委员会行使《公司法》规定的监事会职权的上市公司，因为审计委员会成员以独立董事为主要组成人员，审计委员会成员的独立董事还肩负着《公司法》规定的监事的监督职责。

三、独立董事在上市公司虚假陈述法律责任中的归责原则与履职规则

独立董事履职中的信息披露质量与状况转化成为独立董事职责的考量形式后，独立董事在上市公司虚假陈述违法行为中的归责原则也就成为独立董事履职关注的重点。独立董事在上市公司虚假陈述中的法律责任主要有行政责任与民事责任，二者的归责原则与逻辑各不相同，也随着实践中的案例不断得到总结与完善。

《上市公司信息披露管理办法》第51条第1款规定："上市公司董事、监事、高级管理人员应当对公司信息披露的真实性、准确性、完整性、及时性、公平性负责，但有充分证据表明其已经履行勤勉尽责义务的除外。"该规定表明独立董事与其他董事一样，在上市公司虚假陈述中的履职行为标准是勤勉尽责，但是哪些证据才能足够证明其已经勤勉尽责义务呢？从独立董事因提出充分的证据证明其已经履职勤勉尽责义务进而免予处罚的案例中能够找出其中的答案。这方面的典型案例是南京中北案和博腾股份案。

南京中北在2003年和2004年的年度报告中，隐瞒银行借款、应付

票据未付、对关联方担保和关联方非经营性资金占用，涉及金额巨大。该行为违反了1998年《证券法》第61条的规定，构成了该法第177条第1款规定的信息披露违法行为。中国证监会在调查、审核的基础上，对相关信息披露违法行为人给予了行政处罚，但是对在通过南京中北2003年年度报告和2004年年度报告的董事会决议上签字的时任独立董事均作出了免予处罚的决定。中国证监会在(2010)10号行政处罚决定书中将免予处罚的原因解释如下：第一，从3位独立董事多年的履职记录看，他们能够较好地参加董事会、审查议案材料、审慎发表意见、进行独立判断，曾经否决了经营层提出的不成熟的投资决策，并针对南京中北的公司治理和内部控制做了一些督促工作；第二，在发现南京中北存在巨额资金外流并损失的情况后，他们立即责成董事会质询管理层人员，督促董事会聘请江苏省外的会计师事务所对南京中北的贷款资金流向进行专项审计并就南京中北自查发现的问题立即向全体股东公开通告，同时及时向监管机构举报；第三，积极主动地督促公司追讨外流资金并进行内部整改。这是根据独立董事事前、事中和事后的具体表现而作出的综合判断。

南京中北案是在上市公司独立董事制度刚刚建立，《证券法》和《行政处罚法》颁布实施不久，其他配套法规尚不完备的背景下发生的案件，但是对该案件的调查和处理坚守了证券市场公开、公平与公正的原则，也体现出监管机构判断独立董事是否履行勤勉尽责义务的标准与制度设计的智慧，为此后对独立董事在上市公司虚假陈述时免予处罚提供了可资参考与借鉴的“惯例”。博腾股份相关独立董事免予行政处罚也基本上是基于这个“惯例”而作出的。

2018年4月至2019年4月，在博腾股份实际控制人的指使及组织下，博腾股份以预付款、备用金等形式通过供应商和公司员工向实际控制人的关联方提供资金，存在控股股东及其关联方非经营性资金占用的问题，虽然在2019年4月底前上述关联方非经营性占用的资金及利息已归还，但是博腾股份在2018年半年度报告和第三季度报告中对该事项的记载存在重大遗漏,并对因相关资金占用引起的预付款和利润数据存在虚假记载。重庆证监局依据 2005 年《证券法》第 63 条、第 67 条和第 193 条第 1 款的规定,对上市公司和包括独立董事在内的其他信息披露义务人作出了行政处罚。该公司独立董事、审计委员会主任委员郭某清在接到行政处罚预告通知书后请求免予行政处罚,其理由是"作为公司审计委员会召集人,本人通过电子邮件及短信要求公司内审部门关注关联交易和非经营性资金占用风险;在审议公司三季报议案时,要求公司注意合规经营;在知悉公司的违法行为后,督促公司完善内部治理,加强资金占用审计,尽到了独立董事应尽的职责"。针对独立董事郭某清的该申辩意见,重庆证监局经复核后认为,独立董事郭某清在审议博腾股份 2018 年第三季度报告事项时给予了必要的关注,同时在知悉公司存在资金占用情况后积极采取补救措施,履行了独立董事职责,故对其申辩意见予以采纳,免除对他的行政处罚。

从以上免予独立董事虚假陈述行政法律责任的案例中可以看出,独立董事在上市公司虚假陈述案件中是否能够免予处罚,取决于其是否在该虚假陈述违法行为的防范中尽到勤勉尽责义务,而该勤勉尽责义务履行的标准是按照"事前、事中和事后"三个互为递进的程序而考量的:在虚假陈述违法行为发生前的履职期间,独立董事能够按照法律、监管部门制定的规章和规范性文件以及公司章程的要求履行相应的职责;发现虚假陈述违法行为时及时向公司或者监管部门报告该违法行为或者充分揭示其中风险;在虚假陈述被揭露后及时督促发行人整改且及时向公司或者监管机构反馈督促整改的结果。独立董事能提出"事前、事中和事后"勤勉尽职履行职责的证据,即可免予行政处罚。不仅如此,中国证监会于 2011 年 4 月 29 日颁布的《信息披露违法行为行政责任认定规则》从信息披露违法行为人违法行为的客观方面和主观方面综合审查认定其责任,行政责任的大小要综合考虑违法行为人在信息披露违法行为发生过程中所起的作用、知情程度和态度、职务与职责及其履行情况、专业背景等因素,规定了从轻、减轻和从重处罚的情形，明确了认定为不予以处罚的情形[①]和不得单独认定为不予以处罚的情形。[②] 此后的独立董事因上市公司虚假陈述的行政处罚与司法裁判案例分别补充了“未参与、不知情、无过错”不是免责的理由、[③]是否取

---

① 《信息披露违法行为行政责任认定规则》第 21 条规定：“认定为不予行政处罚的考虑情形：(一)当事人对认定的信息披露违法事项提出具体异议记载于董事会、监事会、公司办公会会议记录等，并在上述会议中投反对票的；(二)当事人在信息披露违法事实所涉及期间，由于不可抗力、失去人身自由等无法正常履行职责的；(三)对公司信息披露违法行为不负有主要责任的人员在公司信息披露违法行为发生后及时向公司和证券交易所、证券监管机构报告的；(四)其他需要考虑的情形。”

② 《信息披露违法行为行政责任认定规则》第 22 条规定：“任何下列情形，不得单独作为不予处罚情形认定：(一)不直接从事经营管理；(二)能力不足、无相关职业背景；(三)任职时间短、不了解情况；(四)相信专业机构或者专业人员出具的意见和报告；(五)受到股东、实际控制人控制或者其他外部干预。”

③ 该情形由北京市西城区人民法院在前锋股份信息披露违法行政诉讼案的判决中予以明确，该案二审行政诉讼案件进一步强化了该归责原则。2016 年 9 月，四川证监局对前锋股份信息披露违法行为作出行政处罚决定(川〔2016〕1 号)，独立董事陶某和陈某某对该行政处罚决定不服，向北京市西城区人民法院提起诉讼。行政处罚决定书认定：2003 年，前锋股份与山东鑫融科技产业有限公司(以下简称山东鑫融)签订协议，约定以前锋股份名义代山东鑫融出资 8700 万元入股五洲证券，前锋股份接收山东鑫融 8700 万元认股款项后，将该笔款项转入五洲证券验资账户，认购五洲证券的股份。谁料，五洲证券后来竟然破产清算，对山东鑫融的这笔出资款是否到位存在争议。五洲证券清算组于 2010 年 12 月 9 日向河南省高级人民法院提起诉讼，请求前锋股份履行出资义务及相应利息，前锋股份一审败诉。此后，前锋股份提出上诉，二审又败诉，申请再审被最高人民法院驳回，案件处理经过了很长时间。到 2014 年 10 月该案件终于进入执行程序，前锋股份只好履行判决。对于这起影响重大的诉讼案件，前锋股份应该在诉讼发生之时依法履行信息披露义务，及时公布诉讼进展情况，并在 2010 年至 2014 年的各年度报告中依法披露相关信息。此外，在 2011 年至 2015 年，前锋股份北京子公司为前锋股份时任董事、总经理控制的公司申请贷款提供质押担保，前锋股份应当就其子公司发生的上述担保事项依法履行审议决策和信息披露义务，及时披露所发生的对外担保事项，并在 2011 年至 2014 年的各年度报告中予以记载和披露。但是，前锋股份均未依法披露上述信息，构成未按规定披露和所披露的信息有重大遗漏的行为。四川证监局认为前锋股份的行为违反了 2005 年《证券法》第 63 条、第 67 条和第 68 条的有关规定，构成了 2005 年《证券法》第 193 条第 1 款规定的违法行为，据此除给予公司和直接负责的主管人员行政处罚外，还对包括独立董事在内的其他直接责任人员给予警告并处 3 万元罚款的行政处罚。陶某和陈某某认为，其作为公司的独立董事，对上市公司的信息披露违法行为“未参与、不知情、无过错”，所以不应承担责任。北京市西城区人民法院认为：不知情不是信息披露违法处罚案件的免责理由，董事应当对上市公司的经营状况包括法律风险、财务状况持续关注，积极获取相应信息，对涉及公司的重大诉讼及担保事项应当知晓，这是董事对公司承担勤勉义务的基本要求。该案二审的北京市第二中级人民法院进一步认为：依据 2007 年《上市公司信息披露管理办法》第 38 条、第 42 条、第 58 条的规定，上市公司独立董事应当按照《证券法》的规

得独立董事津贴及其数额不影响其虚假陈述法律责任的承担、[①]任职期间不在报告期间内不影响定期报告信息披露违法行为的法律责任承担、[②]

定，真实、准确、完整、及时、公平地进行信息披露，负有勤勉尽责义务，应当了解并持续关注公司生产经营情况、财务状况和公司已经发生的或者可能发生的重大事件及其影响，主动调查、获取决策所需要的资料，这是对独立董事作为董事履行职责的基本要求，“未参与、不知情、无过错”不能单独作为独立董事虚假陈述违法行为的免责理由。

① 该情形在华泽钴镍未依法披露2017年年报和2018年一季报的信息披露违法行为行政处罚案件中予以确认。2018年4月4日，武某和张某伟被华泽钴镍股东会选聘为公司独立董事，上市公司因各种原因未能依法在2018年4月底以前披露2017年年报和2018年一季报。针对华泽钴镍该信息披露违法行为，中国证监会依法对华泽钴镍和包括独立董事在内的信息披露违法行为人给予了警告和一定数额罚款的行政处罚，独立董事武某和张某伟提出其于2018年4月4日才当选为独立董事，年度报告的延期披露在其被选举为独立董事时已成既成事实、其在两份延期披露的定期报告对应期间并未任职，且其直至卸任都未从公司得到报酬等抗辩理由，主张免予处罚。中国证监会经复核后认为：真实、准确、完整、及时地披露信息是上市公司的法定义务，上市公司董事、监事、高级管理人员应当勤勉尽责，保证定期报告在规定期限内披露，张某伟和武某自2018年4月4日当选华泽钴镍独立董事，但并无证据证明其于4月27日前对定期报告的披露采取积极有效的措施，该二人所称延期披露年报在其担任独立董事时已成定局、未从上市公司取得津贴等并非法定免责事由，不予以支持。从该案中可以看出，是否取得独立董事津贴以及取得津贴的多与寡均不影响独立董事应当承担的法律责任。

② 该情形不仅在华泽钴镍2017年年报和2018年一季报信息披露违法的行政处罚案件中予以确认，而且在匹凸匹公司2013年年报信息披露违法行政诉讼案中得到认可。张某伟和武某在2018年4月4日担任华泽钴镍独立董事，任职不在2017年年报和2018年一季报期间，但这并不影响其对2017年年报和2018年一季报信息披露违法行为承担行政法律责任。匹凸匹公司在2013年发生的对外担保和诉讼情况未在2013年年报中如实记载，上海证监局依法对其信息披露违法行为作出行政处罚，2013年12月27日才当选该公司独立董事的曾某某和张某某提出，他们2013年年底才担任独立董事，对2013年上市公司的对外担保和发生的诉讼并不知情，因此主张免责。这两位独立董事在上海证监局没有支持其主张后遂以同一抗辩理由向上海市浦东新区人民法院提起行政诉讼，浦东新区人民法院没有支持该主张，并在判决中明确指出：“公众基于对独立董事能力、品行的信任而任命其为独立董事，独立董事应具备相应的能力，即使其未在签字的定期报告日期对应的经营期间任职，基于其自身的能力，其理应发现上市公司定期报告中存在的问题。”可见，任职期间不在报告期间内不影响独立董事对定期报告信息披露违法行为的法律责任承担。

简单问询不足以达到勤勉尽责的标准①等归责原则。《上市公司独立董事管理办法》在遵循上述独立董事虚假陈述行政责任归责原则与逻辑的基础上规定了确定独立董事虚假陈述应给予其行政处罚②和免予行

① 该情形由北京市高级人民法院在文峰股份信息披露违法行政诉讼二审案中予以明确。2017年2月，中国证监会对文峰股份信息披露违法行为作出行政处罚决定，独立董事范某、江某不服该行政处罚决定向北京市第一中级人民法院提起行政诉讼并向北京市高级人民法院提起上诉。行政处罚决定书认定：文峰集团与陆某敏于2014年12月22日签订股权转让协议，前者向后者转让其持有的文峰股份11,000万股股权（占上市公司总股本的14.88%），双方协商确定的转让价款总额为人民币86,350万元。经查，该股权转让实际是以自然人陆某敏的名义代文峰集团持有（股权代持），但是在2014年12月23日文峰股份发布的公告、2014年12月24日"文峰大世界连锁发展股份有限公司简式权益变动报告书"、文峰股份2014年年度报告以及2015年中期报告中均未如实披露股权代持事项。中国证监会认为：文峰股份等当事人的上述行为违反了2005年《证券法》第63条、第67条第1款和第2款第8项、第68条的规定，构成2005年《证券法》第193条第1款规定的违法行为，在对文峰股份及其直接负责的主管人员作出处罚的同时，对包括独立董事在内的其他直接责任人员给予警告并处3万元罚款的行政处罚。独立董事范某和江某不服该行政处罚决定，向北京市第一中级人民法院提起行政诉讼，在一审主张被法院驳回后，这两位独立董事向北京市高级人民法院提起上诉，在该案二审期间，独立董事范某提出：其除在2014年年度报告签署意见前认真核对过相关文件，已尽到勤勉尽责义务以外，在2015年中期报告签署意见前也主动询问了上市公司的董事长、董事会秘书和证券事务代表，并有相关"情况说明"予以证明，该行为表明其已尽勤勉尽责义务，因此主张免除其责任。北京市高级人民法院在否定口头询问和"情况说明"的证据力与证明效力的同时，进一步明确指出：在监管机构调查过程中明确告知范某上市公司存在股份代持的情况下，范某仍未给予足够、必要的关注，在审议2015年中期报告时未有效行使独立董事职权，未对股权代持事项是否应予披露作出独立判断，对该中期报告并未提出有效异议及质询即签署书面确认意见。范某提出的已采取向公司个别人员询问等行为不足以达到对该信息披露事项已尽勤勉尽责义务的标准。故中国证监会综合认定范某未尽到独立董事之勤勉尽责义务，属于文峰股份信息披露违法行为的其他直接责任人员。中国证监会综合认定范某未尽到独立董事之勤勉尽责义务，属于文峰股份信息披露违法行为的其他直接责任人员并无不当，范某应当对涉案信息披露违法行为承担法律责任。简单询问不足以达到勤勉尽责标准的归责原则，在否定一种行为模式的同时，也明确了对相关信息披露事项作出独立的审查与判断才算达到勤勉尽责的标准。

② 《上市公司独立董事管理办法》第45条规定："对独立董事在上市公司中的履职尽责情况及其行政责任，可以结合独立董事履行职责与相关违法违规行为之间的关联程度，兼顾其董事地位和外部身份特点，综合下列方面进行认定：（一）在信息形成和相关决策过程中所起的作用；（二）相关事项信息来源和内容、了解信息的途径；（三）知情程度及知情后的态度；（四）对相关异常情况的注意程度，为核验信息采取的措施；（五）参加相关董事会及其专门委员会、独立董事专门会议的情况；（六）专业背景或者行业背景；（七）其他与相关违法违规行为关联的方面。"

政处罚[①]的规则，增加了“专业背景或者行业背景”的特别注意义务，对担任审计委员会主任的独立董事[②]或者董事会具有会计专业背景的独立董事[③]没有尽到特别注意义务将被列为信息披露违法直接责任人员受到行政处罚，这种归责规则既是对自律性监管实践经验的总结，[④]也是对独立董事虚假陈述行政责任归责原则的逻辑延伸与发展。

独立董事虚假陈述的民事赔偿责任的归责原则，是依据《民法典》民事侵权行为的归责原则所作的逻辑推理和延伸，在经历实践中的亚

---

① 《上市公司独立董事管理办法》第46条第1款规定：“独立董事能够证明其已履行基本职责，且存在下列情形之一的，可以认定其没有主观过错，依照《中华人民共和国行政处罚法》不予行政处罚：(一)在审议或者签署信息披露文件前，对不属于自身专业领域的相关具体问题，借助会计、法律等专门职业的帮助仍然未能发现问题的；(二)对违法违规事项提出具体异议，明确记载于董事会、董事会专门委员会或者独立董事专门会议的会议记录中，并在董事会会议中投反对票或者弃权票的；(三)上市公司或者相关方有意隐瞒，且没有迹象表明独立董事知悉或者能够发现违法违规线索的；(四)因上市公司拒绝、阻碍独立董事履行职责，导致其无法对相关信息披露文件是否真实、准确、完整作出判断，并及时向中国证监会和证券交易所书面报告的；(五)能够证明勤勉尽责的其他情形。”

② 针对紫晶存储在《招股说明书》中虚增营业收入和利润、未按规定披露对外担保的欺诈发行行为和定期报告存在虚假记载，未及时披露对外担保、定期报告存在重大遗漏的信息披露违法违规行为，中国证监会依法认定具有会计背景的独立董事、审计委员会主任王某某为信息披露违法违规行为的直接责任人员，依据《证券法》第197条第2款的规定对王某某给予警告并处以50万元罚款的行政处罚。

③ 针对罗普特2020年至2022年提前确认收入以调节收入和利润的信息披露违法违规行为，中国证监会厦门证监局认为罗普特时任董事会审计委员会委员、具有会计背景的独立董事陈某，在公司2022年年度报告审议披露前即知悉厦门证监局已下发《审计提示函》要求审计机构重点关注公司收入确认时点等内容，知悉厦门证监局已对公司启动调查，仍未审慎履职，未对公司2022年年度报告相关内容进行审慎关注并采取充分措施予以核查，签字确认保证罗普特2022年年度报告真实，依据《证券法》第197条第2款的相关规定，给予陈某警告并处以50万元罚款的行政处罚。

④ 沪深证券交易所《股票上市规则》之前均规定“上市公司预计年度经营业绩和财务状况将出现下列情形之一的，应当在会计年度结束后1个月内进行预告：(一)净利润为负值；(二)净利润实现扭亏为盈；(三)实现盈利，且净利润与上年同期相比上升或者下降50%以上”，违反该规定出现业绩预告性质错误或者重大误差的，上市公司董事长、总经理、财务负责人、董事会秘书和审计委员会主任一般会受到通报批评的纪律处分。最新修订的《股票上市规则》和《纪律处分和监管措施实施办法》结合退市新规的改革新增了“利润总额、净利润或者扣除非经常性损益后的净利润孰低者为负值，且扣除与主营业务无关的业务收入和不具备商业实质的收入后的营业收入低于3亿元”和“期末净资产为负值”两种需要业绩预告的情形，并且将违反这两种情形(上市公司未按照规定披露业绩预告或者披露的业绩预告、业绩快报与实际披露的财务数据存在重大差异，且相关数据对公司股票被实施风险警示或者终止上市等事项或者条件具有重大影响)的责任主体将会受到公开谴责的纪律处分。

星化学独立董事因虚假陈述与投资者损失不存在因果关系而免除责任的案件、海润光伏独立董事在存在虚假陈述侵权的前提下承担有限补充责任的案件、康美药业虚假陈述民事侵权赔偿的有限连带责任案件的总结后，理论上将独立董事虚假陈述民事责任的归责标准确定为主观过错的有无及其大小，[①]2022 年 1 月 21 日最高人民法院发布的《关于审理证券市场虚假陈述侵权民事赔偿案件的若干规定》进一步明确了独立董事没有过错而免予民事赔偿责任的几种情形，[②]从理论到实践进一步明确了独立董事虚假陈述民事责任的归责原则和标准，为独立董事履职提供了法律指引与遵循。

四、怎样做一个合格的上市公司独立董事

上市公司独立董事首先是上市公司的董事，应该遵守上市公司董事共同职责，包括禁止违规证券交易、依法履行信息披露义务、督促上市公司依法合规运作等职责。同时，上市公司独立董事还有其特别职权和保护中小投资者利益的特殊定位，要成为一个上市公司合格的独立董事，还必须保持其独立性并积极履行相应的职责，这些职权行使与职责履行可以概括为“为”与“不为”两个方面。“不为”针对的是违法违规的行为，是独立董事履职中常犯的错误，也是独立董事履职的职业

---

① 参见刘运宏：《独立董事因上市公司虚假陈述而承担民事赔偿责任的归责原则及其改革》，载《武汉金融》2022 年第 5 期。

② 最高人民法院《关于审理证券市场虚假陈述侵权民事赔偿案件的若干规定》第 16 条规定：“独立董事能够证明下列情形之一的，人民法院应当认定其没有过错：（一）在签署相关信息披露文件之前，对不属于自身专业领域的相关具体问题，借助会计、法律等专门职业的帮助仍然未能发现问题的；（二）在揭露日或更正日之前，发现虚假陈述后及时向发行人提出异议并监督整改或者向证券交易场所、监管部门书面报告的；（三）在独立意见中对虚假陈述事项发表保留意见、反对意见或者无法表示意见并说明具体理由的，但在审议、审核相关文件时投赞成票的除外；（四）因发行人拒绝、阻碍其履行职责，导致无法对相关信息披露文件是否存在虚假陈述作出判断，并及时向证券交易场所、监管部门书面报告的；（五）能够证明勤勉尽责的其他情形。独立董事提交证据证明其在履职期间能够按照法律、监管部门制定的规章和规范性文件以及公司章程的要求履行职责的，或者在虚假陈述被揭露后及时督促发行人整改且效果较为明显的，人民法院可以结合案件事实综合判断其过错情况。外部监事和职工监事，参照适用前两款规定。”

底线;“为”指的是独立董事的积极履职行为,独立董事要依据法律法规和相关规定勤勉尽责地履行义务。坚持有所为与有所不为相结合,才能做一个合格的上市公司独立董事。

(一)“不为”——上市公司独立董事的职业底线

综合上市公司监督管理与运行发展的相关规定,尤其是从上市公司独立董事制度建立以来独立董事受到行政处罚、纪律处分、司法裁判和引起社会关注的案例中,可以总结出独立董事“不为”的内容,主要体现在如下几方面。

第一,独立董事不得违背声明与承诺。上市公司独立董事在被提名作为独立董事候选人时要声明或承诺其具备担任独立董事的资格和条件,所提供的独立董事候选人履历表等资料真实、准确和完整,在履职过程中出现不具备担任独立董事的资格或者丧失独立性等情形时,将在出现该情形之日起30日内提请辞职。自上市公司独立董事制度建立以来,出现过亚盛集团某独立董事隐瞒其不具有独立性的情形、东方铁塔某独立董事没有独立董事任职资格而声明其具有独立董事任职资格、永清环保某独立董事隐瞒其担任另一上市公司独立董事时受到警告处罚的违法记录等违背声明与承诺而受到纪律处分的案例。从这些案例中可以看出,上市公司独立董事除要遵守法律法规、部门规章和业务规则外,还要具备契约精神,严守承诺,不能违背其被提名独立董事时作出的声明与承诺以及担任上市公司董事后作出的公开承诺。

第二,独立董事要防范和禁止违规证券交易。首先,上市公司的独立董事要谨防“窗口期”违规交易。《证券法》和《上市公司董事、监事和高级管理人员所持本公司股份及其变动管理规则》,分别对“窗口期”证券交易行为的禁止及法律责任作了明确的规定。这些规定明确将上市公司董事在特定时期买卖其任职上市公司的股票列为违法行为,并规定了违反“窗口期”交易规则的法律责任。虽然自上市公司独立董事制度建立以来,证券市场尚未发生独立董事因从事“窗口期”违规交易而受到行政处罚的案例,但是发生过新潮能源某独立董事、晨光生物某独立董事等因“窗口期”违规交易而受到纪律处分的案例，还发生过引力传媒某独立董事的一个交易行为同时违反“窗口期”违规交易规则、短线交易规则等而受到较重纪律处分的案例。所以，上市公司独立董事要谨防“窗口期”违规交易。其次，独立董事要远离短线交易。《证券法》对短线交易的民事和行政责任均作了明确的规定。旗滨集团某独立董事、广东明珠某独立董事、神雾环保某独立董事和京能置业某独立董事均因短线交易其任职的上市公司的股票而受到行政处罚，不仅因上市公司依法行使归入权而丧失了赚取的收益，而且也暂时被中断独立董事职业生涯。最后，独立董事要杜绝内幕交易。《证券法》在禁止证券内幕交易的同时，逐步扩大内幕信息知情人、内幕信息和内幕交易行为的外延，将上市公司独立董事及其一致行动人利用内幕消息从事证券交易、泄露内幕信息、建议他人买卖证券的行为均视为内幕交易的违法行为，并规定了较重的行政法律责任。自上市公司独立董事制度建立以来，已有南京新百某独立董事、旗滨集团某独立董事、易见股份某独立董事因内幕交易其任职上市公司的股票而受到行政处罚的案例。更为重要的是，内幕交易属于《刑法》规定的犯罪行为，并且其刑事立案标准比较低，非常容易达到。所以，独立董事应该杜绝内幕交易，防范刑事犯罪。此外，独立公司还要防范和禁止违规增减持其任职上市公司的股票和操纵证券市场的违法犯罪行为，独立董事作为公司董事增减持其任职的上市公司股票应遵守《证券法》和《上市公司董事、监事和高级管理人员所持本公司股份及其变动管理规则》规定的比例、节奏的规定并依法履行信息披露义务，违反该规则的增减持所任职上市公司股份的行为同样会受到相应的行政处罚进而影响独立董事的职业前途与声誉。虽然自建立独立董事制度以来尚未发生独立董事因操纵其任职的上市公司股票交易行为而受到行政处罚或者刑事追责的案例，但是这个潜在的风险还是存在的。

第三，独立董事不得违反上市公司信息披露的规定不履行信息披露义务或者实施虚假陈述的违法犯罪行为。在一般情况下，上市公司独立董事是《证券法》规定的信息披露的其他直接责任人员，独立董事也在其任职声明中承诺并且在相关信息披露报告中签字确认其信息披露文件的真实、准确与完整，并就其未依法披露和违规披露的行为承担相应的法律责任。结合独立董事制度建立以来独立董事因上市公司信息披露违法违规行为而受到行政处罚或者纪律处分的实践来看，独立董事因上市公司信息披露违法违规而受到行政处罚或者纪律处分的情形主要有三种：一是未依法按期履行定期报告的披露义务，如华泽钴镍、中毅达、ST稀碳等公司的独立董事中有因上市公司未按期履行定期报告的信息披露义务而受到行政处罚者。二是信息披露文件的内容存在虚假记载、误导性陈述或者重大遗漏，主要体现为信息披露报告中记载的股权代持、实际控制人变化、关联关系与关联交易、财务数据、重大诉讼与仲裁等事项存在虚假陈述。这是上市公司独立董事受到行政处罚的主要原因。如康得新、康美药业、上海家化、文峰股份、慧球科技、前锋股份等公司的独立董事中有因该原因而受到行政处罚者。三是业绩预告与经审计的财务报告相比性质相反或者利润误差较大。该情形下的上市公司董事会审计委员会主任委员（一般是会计专业的独立董事）将会受到纪律处分。如同方股份、华仪电气、天成控股等公司的独立董事中有因此受到纪律处分者。

第四，独立董事要持续保持其身份的独立性，不得存在利益输送与冲突行为。《上市公司独立董事管理办法》对独立董事的独立性作了明确规定，并要求上市公司每年对其独立董事的独立性进行检测并公告。据此，从被提名为候选人到卸任独立董事，上市公司独立董事均要保持独立性，存在利益冲突或者利用独立董事的职务便利而输送利益（包括顾问费、津贴之外的捐赠，正常履行职务之外的差旅费和职务消费等）的行为，不仅不符合法律法规对独立董事独立性的规定，而且还会影响独立董事的正当履职和个人声誉。伊利股份某独立董事因与顾问项目存在合作关系而在其正当履职时被上市公司罢免的案例就是前车之鉴。

第五，独立董事不能失去其对自身日常言行的控制与约束。在一般情况下，个人的日常言行与其职业行为是相互区别并无关联的。但是，上市公司的独立董事通过上市公司的信息披露已成为公众人物，其个别日常言行与其职业有较为密切的关系。按照《公司法》《证券法》《上市公司独立董事管理办法》的规定，上市公司独立董事因涉嫌证券违法违规而接受调查，或者涉嫌违法犯罪而被采取限制人身自由强制措施的，上市公司应将之作为重大事件而履行临时信息披露义务。经调查或审查确认该独立董事应受到行政处罚或者承担刑事责任的，其将在3年内不能担任上市公司董事、监事和高级管理人员。甚至在独立董事因个人言行受到调查而出现市场传言时，上市公司也会为了避免破坏上市公司的形象而催促独立董事辞职。例如，某独立董事因性骚扰事件被迫辞职，某独立董事因涉嫌性侵养女受到刑事侦查而被迫辞职，等等，相关规定对独立董事提出了谨言慎行的要求。

（二）“为”——上市公司独立董事的积极履职行为

做一个合格的上市公司独立董事，除不应违反法律法规的规定外，还应该利用自己的专业知识，结合上市公司治理和运行的需要，提高上市公司的规范化运作水平和发展质量，保护投资者尤其是中小投资者的利益，带动行业发展与价值提升。“为”主要是独立董事为达到此目的而实施的积极履职行为。

第一，独立董事要全面了解上市公司所处的行业及同行业上市公司的经营运作模式。我国是社会主义国家，微观经济活动都是在宏观经济政策指导下进行的，所以要想深入全面了解上市公司的运行和投资融资活动，就要从对这个上市公司所处的行业及其产业政策的学习开始。通过对产业政策和盈利模式的了解，知悉这个行业的市场需求、原材料及客户、盈利模式的可持续性、运行成本、公司毛利润和净利润等，再结合对同行业其他上市公司的发展运营情况的了解，就会对所任职上市公司的运行模式、发展前景、财务状况变动的真实性以及今后的投融资项目及其可行性与必要性，有一个大致的了解和判断。上市公司独立董事要在熟悉上市公司所处行业的产业政策和运行模式的背景下对所任职上市公司有更加深入与全面的了解,包括:所任职上市公司的主要股东和股权结构,所有权性质及与之相符合的治理结构安排,董事、监事、高级管理人员的知识结构和管理能力,上市公司的部门设置和分(子)公司的运行状况,业务运行及其内部控制安排,等等;更多的时候,独立董事要带着问题去上市公司相关部门或者分(子)公司及拟投资的项目进行实地调研与考察,对实际情况与上市公司披露内容的一致性予以核对。

第二,上市公司独立董事需要持续学习并更新证券监管和上市公司运行方面的业务知识。中国的证券市场是新兴与转轨的市场,中国证券市场用短短 30 多年的时间走完了成熟证券市场用数百年时间走过的路,在市场规模、产品种类和数量、服务覆盖面等方面甚至超过了成熟证券市场,但是在市场发展深度和体制机制等软实力方面,中国证券市场离成熟发达的证券市场还有一定的差距,所以中国证券市场在深化改革和扩大开放的过程中就会在监管规定和业务规则方面进行高效的修改与完善。上市公司独立董事为了更好地履行职责,就应当持续学习并更新有关《公司法》《证券法》《上市公司治理准则》《上市公司收购管理办法》《上市公司信息披露管理办法》《上市公司证券发行注册管理办法》等监管规定和业务规则的知识,参加独立董事后续培训等监管机构组织的证券市场业务交流与培训,在满足监管要求的同时也更加熟悉上市公司治理和监管的状况与趋势,提高履职能力。

第三,独立董事要按规定参加上市公司涉及治理的各项会议,认真审核会议资料并发表独立意见。独立董事在上市公司中履行职责的主要方式,就是参加各项涉及上市公司治理的会议并发表独立意见,主要包括参加董事会各专门委员会会议、董事会和股东会的会议,并对相关议案发表独立意见。这种工作方式决定了独立董事在履行职责时是认真、积极、负责还是敷衍、消极、走过场的态度,态度不同使其履行职责的深度与效果有云泥之别。要想做一个合格的上市公司独立董事,首先,要尽量参加每一次会议,连续缺席相关会议达到一定次数或者缺席相关会议的次数超过年度总会议次数的一定比例(沪深证券交易所对连续缺席董事会会议的次数和占年度董事会会议次数的比例的规定各不相同),独立董事会被认定为不符合勤勉尽责履职的要求;只有通过参加会议并讨论交流相关议案才能作出科学、专业的决定与意见。其次,独立董事在参加会议前要认真审阅相关议案的材料,结合公司运行与治理的实际,以及上市公司运行与治理的专业要求与规定,发表独立而专业的意见。再次,独立董事对自己专业领域的事项,要利用自身的专业技能尽到特别注意义务,对非自己专业领域的事项要通过主动问询或者质疑而尽到一般注意义务;此外,各独立董事要通力合作,确保公司运行的合规与效率。最后,独立董事最好针对每一个上市公司的履职情况归集可备查的资料,以应对监管机构对独立董事履职情况的现场检查。

第四,独立董事要提高对特定情况或特定事项履职的主动性。在上市公司出现控制权之争、董事会无法正常运行等公司僵局的情况时,独立董事应当积极主动地担负起董事职责,使上市公司持续合规经营,并实现高质量发展。在上市公司出现信息披露违法违规而被立案调查、大股东违规占用资金、对外投资无法回收等利益受损的“爆雷”事件时,独立董事应责成上市公司管理层及时整改或者处置风险,并要求其将整改或者处置风险的安排与进度向董事会或者独立董事报告并披露。此外,在不影响独立董事独立性的前提下,独立董事要利用自身专业知识与技能,为上市公司治理结构的完善和运作规范性的提高提供一定的咨询顾问服务,提升上市公司的发展质量,也带动独立董事职业价值的提升。

第四节　上市公司监事会制度与监事的职责履行

监事会是现代公司治理机制中的专门内部监督机构,是公司治理机制中协调与制衡的重要一环,了解上市公司内部监督的范式与结构和监事会的职权与职责,对上市公司监事的履职将有较大裨益。

2023 年修订的《公司法》第 121 条第 1 款规定,“股份有限公司可以按照公司章程的规定在董事会中设置由董事组成的审计委员会,行使本法规定的监事会的职权,不设监事会或者监事”,这让上市公司内部监督的融合范式改革成选择范式。2024 年 12 月 27 日中国证监会发布的《上市公司章程指引(修订草案征求意见稿)》明确要求上市公司取消监事会,由审计委员会行使《公司法》规定的监事会的职权。即便如此,《公司法》规定的监事会的职权与职责还将在我国上市公司董事会审计委员会中发挥着曾有的内部监督作用,上市公司董事会审计委员会成员仍然肩负着《公司法》规定的监事职责。为便于分析改造上市公司审计委员会后审计委员的职权和职责,本书依然保持监事会机制设置与监事职权行使的主题结构并结合上市公司治理与运行实践对其进行深入分析和总结,这样对改造后的上市公司审计委员会成员的履职将有一定的参考价值。

一、上市公司内部监督机制的范式与结构

与外部监督相对应,公司治理理论发展出内部监督机制,以监督公司董事与职业经理人等内部人员行为的合法合理性,保障公司的持续发展与长远利益。但是,何为上市公司有效的内部监督范式?这是一个逐步摸索并有区域特色的问题。在经历了股东会选聘董事并决定其薪酬、设置内部风控与审计部门监督、借助外部审计与法律监督、董事会内部审计委员会等专门委员会的监督、采用独立董事制度、设置监事会专门监督机构等公司治理内部监督机制的探索与实践之后,上市公司内部监督逐渐形成了“双层制”治理结构下的监事会监督范式和“单层制”治理结构下的董事会审计委员会监督范式。我国上市公司内部监督机制是在传统的“双层制”治理结构框架下监事会监督范式的基础上融合了“单层制”以独立董事为主的审计委员会监督机制的内部监督

范式，是具有中国特色的复合型内部监督范式，即在具备监事会这种专门的内部监督机构的基础上，引入以独立董事为主的董事会审计委员会的内部监督机制。随着中国证监会推动的上市公司取消监事会并改造上市公司审计委员会的公司治理改革的推进，具有中国特色的复合型公司治理模式将更加明显。

在监事会成为常设的内部监督机构设置的情况下，监事会的组成与结构对其监督功能的发挥具有较大的影响。《公司法》规定了一般性股份有限公司的规模、组成与结构，[①]《上市公司治理准则》第 45 条第 2 款只是鼓励性的规定“上市公司可以按照公司章程的规定设立外部监事”，但是《银行保险机构公司治理准则》则强制性要求银行保险机构建立外部监事制度，外部监事占监事会成员人数的比例不能低于 1/3，外部监事的选聘比照独立董事的选聘规则实施。[②] 这样，一般性上市公司的监事会成员人数在 3 人以上，包含股权监事和职工监事，其中职工监事的人数比例不得低于监事会成员人数的 1/3，职工监事由职工大会或者职工代表大会民主选举产生。《上市公司治理准则》只是鼓励上市公司结合其行业特点、股权机构和运行特征设立外部监事，但是银行保险类上市公司则被要求依法建立外部监事制度，且外部监事的比例不得低于监事会人数比例的 1/3。但是，上市公司监事会监督职能的发挥程

---

① 《公司法》第 130 条第 2 款至第 4 款分别规定：“监事会成员为三人以上。监事会成员应当包括股东代表和适当比例的公司职工代表，其中职工代表的比例不得低于三分之一，具体比例由公司章程规定。监事会中的职工代表由公司职工通过职工代表大会、职工大会或者其他形式民主选举产生。监事会设主席一人，可以设副主席。监事会主席和副主席由全体监事过半数选举产生。监事会主席召集和主持监事会会议；监事会主席不能履行职务或者不履行职务的，由监事会副主席召集和主持监事会会议；监事会副主席不能履行职务或者不履行职务的，由过半数的监事共同推举一名监事召集和主持监事会会议。董事、高级管理人员不得兼任监事。”

② 《银行保险机构公司治理准则》第 66 条和第 67 条分别规定：“银行保险机构监事会由股东监事、外部监事和职工监事组成。外部监事是指在银行保险机构不担任除监事以外的其他职务，并且与银行保险机构及其股东、实际控制人不存在可能影响其独立客观判断关系的监事。”“银行保险机构监事会成员不得少于三人，其中职工监事的比例不得低于三分之一，外部监事的比例不得低于三分之一。银行保险机构应当在公司章程中明确规定监事会构成，包括股权监事、外部监事、职工监事的人数。监事会人数应当具体、确定。”

度除了取决于监事的专业水平与综合素质外，还取决于监事的独立性与积极主动性，所以除了法律规定的董事和高级管理人员不得兼任上市公司监事外，上市公司治理与规范运作实践中为了确保监事会的独立性，上市公司会依照《上市公司治理准则》第 45 条第 1 款“监事会的人员和结构应当确保监事会能够独立有效地履行职责。监事应当具有相应的专业知识或者工作经验，具备有效履职能力”的原则性规定，除了增加外部监事或者独立监事的比例外，还会在公司治理的相关规范文件中增加“公司董事和高级管理人员的配偶、直系亲属及密切关系人不得兼任监事”“公司财务、资产、投资管理部门的工作人员不得兼任职工监事”“同一股东及关联人提名的监事原则上不得超过监事会人数的三分之一”等规定。此外，上市公司的监事会主席与副主席除了是监事会成员以外，作为一个组织的负责人，还肩负着召集与主持监事会会议、督促与检查监事会决议的执行、审定与签署监事会报告或者决议等文件、代表监事会向股东会报告工作等责任。

二、上市公司监事会的职责与职权

《上市公司监事会工作手册》第 3 条全面总结了上市公司监事会的职责，它规定，“上市公司监事会应向上市公司全体股东负责，运用法定职权并结合公司实际，对公司董事会、高级管理人员的履职以及公司财务、公司内部控制、公司风险控制、公司信息披露等事项进行监督，以保护公司、股东、职工及其他利益相关者的合法权益”。从这个规定可以看出，监事会在上市公司治理结构中肩负着监督的职责，为了更好地发挥监督职能，法律法规和证券监管规则赋予了上市公司监事会相应的职权。

（一）对上市公司董事和高级管理人员执行公司职务的行为进行监督的职责

监事会应本着对全体股东负责的精神，对公司董事和高级管理人员执行公司职务的行为进行监督，以维护公司和股东的合法权利。为此,《公司法》第78条赋予了公司监事会对公司董事和高级管理人员执行公司职务行为的监督职责,[①]《上市公司章程指引》第145条重申《公司法》的该项规定,《上市公司治理准则》第50条则进一步规定"监事会发现董事、高级管理人员违反法律法规或者公司章程的,应当履行监督职责,并向董事会通报或者向股东大会报告,也可以直接向中国证监会及其派出机构、证券交易所或者其他部门报告"。沪深北证券交易所《股票上市规则》和《规范运作指引》则在肯定"监事对董事、高级管理人员执行公司职务的行为进行监督"的基础上增加了"当董事、高级管理人员的行为损害公司的利益时,监事会应当要求董事、高级管理人员予以纠正"的职责。[②] 而此处监事对董事和高级管理人员执行职务行为的合法合规性的监督对象比较广泛,包括依法建立会计与审计制度、建立并维护内部控制与风险管理体系、依法披露相关信息、召集并主持相关会议、依法提起诉讼维护公司利益等,上市公司监事未提供证据证明

---

① 《公司法》第78条规定了三项与公司监事会对公司董事和高级管理人员执行公司职务的行为进行监督的职责,它规定:"监事会行使下列职权:……(二)对董事、高级管理人员执行职务的行为进行监督,对违反法律、行政法规、公司章程或者股东会决议的董事、高级管理人员提出解任的建议;(三)当董事、高级管理人员的行为损害公司的利益时,要求董事、高级管理人员予以纠正……(六)依照本法第一百八十九条的规定,对董事、高级管理人员提起诉讼……"其中,《公司法》第189条是针对公司董事、监事、高级管理人员执行职务违反法律、行政法规或者公司章程的规定,给公司造成损失而承担民事赔偿责任的诉讼程序的规定。

② 《上海证券交易所股票上市规则》第4.3.12条规定:"上市公司监事应当对公司董事、高级管理人员遵守法律法规、本所相关规定和公司章程以及执行公司职务、股东大会决议等行为进行监督。董事、高级管理人员应当如实向监事提供有关情况和资料,不得妨碍监事行使职权。监事在履行监督职责过程中,对违反前款相关规定或者决议的董事、高级管理人员,可以提出罢免建议。监事发现公司董事、高级管理人员违反本条第一款相关规定或者决议,或者存在其他损害公司利益行为的,已经或者可能给公司造成重大损失的,应当及时向董事会、监事会报告,要求相关方予以纠正,并向本所报告。"沪深北证券交易所《股票上市规则》和《规范运作指引》均有该内容的规定,该规定给监事未尽监督职责而受到纪律处分提供了法律依据。

其尽到监督的勤勉义务，将会受到相应的处罚（分），[1]并且此处的勤勉义务与监督标准均比较宽泛，所以上市公司监事应在督促上市公司依法[2]建立健全对董事和高级管理人员的履职评价机制，明确履职评价的内容、标准和方式，规范实施绩效评价的同时督促监事会和公司建立全面、科学且有可操作性的监督规则与标准，严格按照规则与标准对董事、高级管理人员执行职务的行为实施监督，发现董事、高级管理人员存在违反法律法规、监管规则和公司章程的行为，要求其限期纠正，同时将该情况向公司董事会或者股东会反映，必要时依程序提出罢免建议。当监事会发现董事、高级管理人员的行为损害公司利益时，应当要求董事、高级管理人员纠正，必要时依法提起诉讼程序保护公司的整体利益。

（二）对公司财务的检查监督职责

上市公司监事会应向全体股东负责，对公司财务的合法合规性进行检查，对外部审计机构的聘用进行监督，以维护公司和股东的合法权利。

依法检查公司财务是《公司法》《上市公司章程指引》《上市公司治理准则》规定上市公司监事会承担的一项法定职责。监事会在履行该项职责时有权依法独立聘请中介机构提供专业意见。依据《上市公司

---

① 例如，因未能与前任年审会计机构就会计处理与会计确认问题达成一致，山东地矿在临近披露 2017 年年度报告和 2018 年一季报时间更换年报审计机构并未能依法披露 2017 年年度报告，中国证监会以该行为违反《证券法》按时披露定期报告规定为由对该公司及其直接责任人员给予行政处罚。深圳证券交易所以监事会主席王某进和职工监事李某峰未尽到监督义务给予公开谴责的纪律处分，该纪律处分作出后，此两位监事提出“监事会就更换年审会计师事宜没有召集会议决策的法定义务、未曾召开相关会议审议该事项和作为监事，本人未参与公司变更会计师事务所相关事宜”的申辩理由，深圳证券交易所认为上市公司监事应当依据《公司法》和《主板上市公司规范运作指引》的相关规定对董事、高级管理人员执行公司职务的行为进行监督，当董事、高级管理人员的行为损害公司利益时，要求董事、高级管理人员予以纠正，而此两位监事未能举证证明其在公司违规行为中履行了监督职责，对公司的违规行为负有主要责任，其申辩理由不成立，不予以采纳。

② 《上市公司治理准则》第 55 条规定：“上市公司应当建立公正透明的董事、监事和高级管理人员绩效与履职评价标准和程序。”

监事会工作手册》第30条的规定，上市公司监事会监督检查财务会计的重点是检查监督董事会和高级管理人员的重要财务决策和执行情况，包括：(1)合并、分立、解散或者变更公司形式等重大财务决策和执行情况；(2)批准设立分支机构、收购兼并和关联交易等重大事项；(3)重大财务政策调整；(4)重大资产处置方案；(5)经营计划和投资方案、年度财务预算和决算方案、利润分配方案及弥补亏损方案、增加或者减少注册资本方案等；(6)监事会认为的其他需要重点监督的事项。

对外部审计机构的聘用、解聘或者续聘的合规性进行监督是监事会对上市公司财务会计检查监督的一项重要内容，监事会在履行该项职责时需要重点关注聘用条款和酬金的公允性、外部审计机构的独立性和有效性等内容。

按照中国证监会颁布的《公开发行证券的公司信息披露编报规则第14号——非标准审计意见及其涉及事项的处理》的规定，如果上市公司的财务报告被注册会计师出具非标准审计意见(包括非无保留意见或带有解释性说明的无保留意见)，上市公司董事会应当针对该审计意见涉及的事项作出专项说明，包括(但不限于)：(1)非标准审计意见涉及事项的详细情况；(2)相关事项对公司财务报表的影响金额；如确认影响金额不可行，应详细说明不可行的原因；(3)公司董事会、独立董事和监事会对该事项的意见；(4)消除相关事项及其影响的具体措施、预期消除影响的可能性及时间。因为上市公司董事会针对该审计意见涉及的事项作出的专项说明包括监事会对该事项的意见并形成决议，该规定构成了上市公司监事会在特定情形下财务会计监督的一项新职责。

监事会在检查监督公司财务会计职责时发现董事或者高级管理人员在财务决策和执行方面存在违法违规行为的，应责令纠正。情节严重的，可以依法向董事会或者股东会提出罢免建议。必要时，监事会也可以将公司董事和高级管理人员在财务决策和执行中的违法违规行为及公司的处理结果向上市公司住所地的证券监管机构或者公司股票挂牌交易的证券交易所报告。

(三)对公司内部控制与风险管理的监督职责

《企业内部控制基本规范》对内部控制建设与维护的职责作了分工,[①]监事会对董事会建立与实施内部控制进行监督。按照公司治理机制的这种安排,上市公司监事会应对公司内部控制的合规情况进行监督,督促有关部门建立和完善内部控制治理架构,并对相关岗位和各项业务的内部控制实施情况进行全面的监督和评价,对内部控制监督和评价中发现的问题,可以要求公司董事和高级管理人员及时整改,并跟踪整改结果。当然,监事会也可以根据公司治理结构对内部控制监督和评价的分工,要求内审部门定期报送在对上市公司内部控制运行情况的监督检查中发现的内部控制缺陷、异常事项、改进建议及其解决进展情况而形成的内部控制审计报告,并要求内审部门在向公司董事会及其审计委员会报告公司存在的重大异常情况、可能或者已经遭受重大损失的情形时以抄报监事会的方式实施内部控制监督。此外,依据证券交易所《规范运作指引》[②]的规定,当注册会计师对上市公司内部控制的健全性与有效性提出异议时,监事会应当督促董事会对该事项作出解释或者说明,并对该事项作出专项说明,这是上市公司监事会的一项法定职责。

---

① 《企业内部控制基本规范》第 12 条规定:"董事会负责内部控制的建立健全和有效实施。监事会对董事会建立与实施内部控制进行监督。经理层负责组织领导企业内部控制的日常运行。企业应当成立专门机构或者指定适当的机构具体负责组织协调内部控制的建立实施及日常工作。"第 15 条又规定:"企业应当加强内部审计工作,保证内部审计机构设置、人员配备和工作的独立性。内部审计机构应当结合内部审计监督,对内部控制的有效性进行监督检查。内部审计机构对监督检查中发现的内部控制缺陷,应当按照企业内部审计工作程序进行报告;对监督检查中发现的内部控制重大缺陷,有权直接向董事会及其审计委员会、监事会报告。"

② 例如,《上海证券交易所上市公司自律监管指引第 1 号——规范运作》第 5.15 条规定:"如会计师事务所对上市公司内部控制有效性出具非标准审计报告,或者指出公司非财务报告内部控制存在重大缺陷的,公司董事会、监事会应当针对所涉及事项作出专项说明,专项说明至少应当包括下列内容:(一)所涉及事项的基本情况;(二)该事项对公司内部控制有效性的影响程度;(三)公司董事会、监事会对该事项的意见;(四)消除该事项及其影响的具体措施。"其他证券交易所的《自律规范指引》均有该内容的规定。

随着内部控制理论向全面风险管理框架理论的发展，上市公司（尤其是金融内上市公司）已将全面风险管理纳入上市公司内部监督体系之中，在此背景下的上市公司监事会还承担着对全面风险管理和风险控制的监督职责，①监事会及其监事应当依法履行相应的职责。

（四）对公司信息披露的监督职责

上市公司监事是法定的信息披露义务人，②应当依法履行信息披露义务，否则将依据《证券法》第 197 条的规定承担未依法披露信息或者虚假陈述的法律责任。此外，监事会作为上市公司内部监督机构，还依法承担着监督上市公司及其董事、高级管理人员依法履行信息披露的职责。③ 监事会对上市公司及其董事、高级管理人员依法履行信息披露

---

① 《公开发行证券的公司信息披露内容与格式准则第 2 号——年度报告的内容与格式》（2021 年修订）第 34 条规定："监事会在报告期内的监督活动中发现公司存在风险的，公司应当披露监事会就有关风险的简要意见、监事会会议召开日期、会议届次、参会监事以及临时报告披露网站的查询索引等信息；若未发现公司存在风险，公司应当披露监事会对报告期内的监督事项无异议。"

② 《证券法》第 82 条第 3 款规定："发行人的董事、监事和高级管理人员应当保证发行人及时、公平地披露信息，所披露的信息真实、准确、完整。"《证券法》第 78 条第 1 款至第 2 款规定："发行人及法律、行政法规和国务院证券监督管理机构规定的其他信息披露义务人，应当及时依法履行信息披露义务。信息披露义务人披露的信息，应当真实、准确、完整，简明清晰，通俗易懂，不得有虚假记载、误导性陈述或者重大遗漏。"《上市公司信息披露管理办法》第 4 条规定："上市公司的董事、监事、高级管理人员应当忠实、勤勉地履行职责，保证披露信息的真实、准确、完整，信息披露及时、公平。"第 51 条第 1 款进一步规定："上市公司董事、监事、高级管理人员应当对公司信息披露的真实性、准确性、完整性、及时性、公平性负责，但有充分证据表明其已经履行勤勉尽责义务的除外。"

③ 《证券法》第 82 条第 2 款规定："发行人的监事会应当对董事会编制的证券发行文件和定期报告进行审核并提出书面审核意见。监事应当签署书面确认意见。"《上市公司信息披露管理办法》第 16 条第 3 款、第 32 条和第 33 条分别规定："监事会应当对董事会编制的定期报告进行审核并提出书面审核意见。监事应当签署书面确认意见。监事会对定期报告出具的书面审核意见，应当说明董事会的编制和审议程序是否符合法律、行政法规和中国证监会的规定，报告的内容是否能够真实、准确、完整地反映上市公司的实际情况。""上市公司应当制定定期报告的编制、审议、披露程序。经理、财务负责人、董事会秘书等高级管理人员应当及时编制定期报告草案，提请董事会审议；董事会秘书负责送达董事审阅；董事长负责召集和主持董事会会议审议定期报告；监事会负责审核董事会编制的定期报告；董事会秘书负责组织定期报告的披露工作。""上市公司应当制定重大事件的报告、传递、审核、披露程序。董事、监事、高级管理人员知悉重大事件发生时，应当按照公司规定立即履行报告义务；董事长在接到报告后，应当立即向董事会报告，并敦促董事会秘书组织临时报告的披露工作。上市公司应当制定董事、监事、高级管理人员对外发布信息的行为规范，明确非经董事会书面授权不

义务的监督职责是对被监督对象信息披露行为合法合规性的全面监督，既包括对信息披露管理制度建设与执行情况的关注，也包括对定期报告、临时报告、业绩预告和业绩快报、自愿性信息披露行为的监督，还包括对关联交易、对外担保、非经营性资金占用、财务资助、募集资金管理与使用、资产减值与资产核销、利润分配与股份回购、股权激励与员工持股计划、并购重组与再融资、上市公司相关方对外承诺及其履行、环境保护与社会责任报告等重点事项审议与披露行为的监督。不过，监事会对上市公司及其董事和高级管理人员信息披露行为进行监督的行政责任认定标准依然是勤勉尽责的程度与状况，监事会及其监事对上市公司及其董事和高级管理人员的监督尽到勤勉尽责标准的依然能够得以免责，典型的案例是康得新吴某监事对公司虚假陈述违法行为免予处罚的案件，[①]该典型案例及其揭示的监事对上市公司及其董事、高级管理人员监督职责的履职标准，为上市公司监事对信息披露监督职责的履行指明了方向。

得对外发布上市公司未披露信息的情形。"《上市公司信息披露管理办法》第36条更加明确地规定："监事应当对公司董事、高级管理人员履行信息披露职责的行为进行监督；关注公司信息披露情况，发现信息披露存在违法违规问题的，应当进行调查并提出处理建议。"《上海证券交易所上市公司自律监管指引第2号——信息披露事务管理》第11条第2款规定："独立董事和监事会负责对信息披露事务管理制度的实施情况进行监督。独立董事和监事会应当对信息披露事务管理制度的实施情况进行检查，对发现的重大缺陷及时督促公司董事会进行改正，并根据需要要求董事会对制度予以修订。董事会不予改正的，监事会应当向本所报告。"其他证券交易所相关自律监管规则也有相同的规定与要求。

① 中国证监会针对康得新2015年至2018年年度报告虚假陈述的违法行为对包括吴某在内的签字确认该年度报告真实、准确与完整的董监高依法作出行政处罚，行政处罚预先告知书作出后，在2015年至2017年年度报告上签字保真的监事吴某提出免予处罚的答辩与申诉意见：其在担任康得新监事期间，勤勉尽责地履行了各项法定义务，并通过现场走访、质询、调研、分析等工作，形成书面研究文件，对康得新经营、管理、财务等重大方面保持了应有的关注、谨慎。其提交了出差记录及单据、《康得新财务情况真实性研究》、《康得新专项研究》等报告，包括相关质询问题及康得新回复情况、访谈录音及记录、"暗访"照片、微信记录等证据。其在已充分尽到勤勉尽责义务的情况下，确实难以通过适当的手段发现康得新的违法行为，请求对其不予行政处罚。经对吴某提供的与案涉违法事项相关的证据进行审查、核实，中国证监会认为吴某作为康得新时任监事，对于案涉信息披露违法事项已履行了勤勉尽责义务，对其不予行政处罚的请求予以采纳，吴某免予行政处罚。

（五）提议、召集、主持和参加股东会会议的职责

提议、召集和主持股东会会议是维护股东权利的一种重要方式。一般情况下，上市公司的股东会会议由董事会召集，但是当董事会不履行或者不能履行该职责时，监事会应当及时召集和主持股东会会议，[①]这是公司监事会的一项法定职责。同时，监事会依法具有向董事会提议召开临时股东会会议的权力，当董事会收到监事会的提议后不同意召开临时股东会会议或者收到提议后 10 日内未作出书面反馈的，监事会可以自行召集和主持股东会会议。[②] 此外，在单独或者合计持有公司 10% 以上股份的股东向董事会请求召开临时股东会会议，但董事会不同意召开临时股东会或者在收到提议后 10 日内未作出书面反馈的，监事会可以依据上述股东的请求召集并主持股东会会议。[③] 除了依法召

---

① 2023 年修订的《公司法》第 63 条规定："股东会会议由董事会召集，董事长主持；董事长不能履行职务或者不履行职务的，由副董事长主持；副董事长不能履行职务或者不履行职务的，由过半数的董事共同推举一名董事主持。董事会不能履行或者不履行召集股东会会议职责的，由监事会召集和主持；监事会不召集和主持的，代表十分之一以上表决权的股东可以自行召集和主持。"

② 2023 年修订的《上市公司章程指引》第 48 条规定："监事会有权向董事会提议召开临时股东大会，并应当以书面形式向董事会提出。董事会应当根据法律、行政法规和本章程的规定，在收到提案后十日内提出同意或不同意召开临时股东大会的书面反馈意见。董事会同意召开临时股东大会的，将在作出董事会决议后的五日内发出召开股东大会的通知，通知中对原提议的变更，应征得监事会的同意。董事会不同意召开临时股东大会，或者在收到提案后十日内未作出反馈的，视为董事会不能履行或者不履行召集股东大会会议职责，监事会可以自行召集和主持。"

③ 2023 年修订的《上市公司章程指引》第 49 条规定："单独或者合计持有公司百分之十以上股份的股东有权向董事会请求召开临时股东大会，并应当以书面形式向董事会提出。董事会应当根据法律、行政法规和本章程的规定，在收到请求后十日内提出同意或不同意召开临时股东大会的书面反馈意见。董事会同意召开临时股东大会的，应当在作出董事会决议后的五日内发出召开股东大会的通知，通知中对原请求的变更，应当征得相关股东的同意。董事会不同意召开临时股东大会，或者在收到请求后十日内未作出反馈的，单独或者合计持有公司百分之十以上股份的股东有权向监事会提议召开临时股东大会，并应当以书面形式向监事会提出请求。监事会同意召开临时股东大会的，应在收到请求五日内发出召开股东大会的通知，通知中对原请求的变更，应当征得相关股东的同意。监事会未在规定期限内发出股东大会通知的，视为监事会不召集和主持股东大会，连续九十日以上单独或者合计持有公司百分之十以上股份的股东可以自行召集和主持。"

集和主持股东会会议，上市公司监事会还应该依法出席股东会会议，[①]在年度股东会上就其过去一年的工作作报告，[②]在股东会会议上就股东的质询和建议作出解释和说明，[③]并由监事代表对股东会相关议案的表决票进行计票和监票，[④]出席股东会会议的监事应当在股东会会议记录上签名，未能出席股东会会议的监事应当请假并公告，违反上述规则的行为均有可能被视为公司治理不规范或者监事履职不够勤勉尽责而受到监管关注或者问询。

为确保上市公司监事会切实履行上述职责，法律法规赋予上市公司监事会知情权、建议与质询权、检查与调查权、向股东会提出提案的权力（提案权）、将公司及其董监高的违法行为向监管机构报告的权力（报告权）、提名与罢免权、履行职责的经费由上市公司承担的运行保障权、监事会议事规则等规则制定权、代表公司提起诉讼的诉权等广泛的职权。

三、上市公司监事的职责履行内容与方式

上市公司监事除了履行董监高共同遵守的维护上市公司规范运作、依法履行信息披露义务和违规交易禁止等义务外，因为在上市公司治理架构中承担着对公司财务、内部控制与风险管理、信息披露、董事和高级管理人员经营管理行为合法合规性、股东权利保护等全面监督职责，并依法享有检查与调查、建议与质询、提名与罢免、知情与保障、

---

① 2023 年修订的《上市公司章程指引》第 67 条规定："股东大会召开时，本公司全体董事、监事和董事会秘书应当出席会议，经理和其他高级管理人员应当列席会议。"

② 2023 年修订的《上市公司章程指引》第 70 条规定："在年度股东大会上，董事会、监事会应当就其过去一年的工作向股东大会作出报告。每名独立董事也应作出述职报告。"

③ 2023 年修订的《上市公司章程指引》第 71 条规定："董事、监事、高级管理人员在股东大会上就股东的质询和建议作出解释和说明。"

④ 2023 年修订的《上市公司章程指引》第 87 条第 2 款规定："股东大会对提案进行表决时，应当由律师、股东代表与监事代表共同负责计票、监票，并当场公布表决结果，决议的表决结果载入会议记录。"

规则制定权与诉权等广泛职权,所以其职责履行还具有与其职责和职权相匹配的特定要求。

第一,上市公司监事会与监事行使的是对上市公司及其董事和高级管理人员履职行为合法合规性的监督职责(权),这就需要监事对监督检查事项的法律法规和业务规则比较熟悉,否则上市公司监事履行相应职责(权)就失去了标准和依据,更谈不上专业、科学和勤勉地履职了。上市公司监事监督检查事项的业务规则主要是《公司法》、《证券法》、《上市公司治理准则》、《上市公司信息披露管理办法》、《股票上市规则》、《自律监管指引》和《自律监管指南》等证券监管的业务规则,刚由商品市场进入资本市场任职的上市公司监事更要加强对日渐更新的上市公司治理与规范运作相关证券业务规则的研究与学习,这是上市公司监事专业、高效履行职责的前提与基础。

第二,上市公司监事会与监事行使的是对上市公司及其董事和高级管理人员履职行为合法合规性的全面监督职责(权),仅仅靠感性和直觉履行监督职责是远远不够的,这就需要上市公司监事在熟悉证券监管业务规则的基础上,结合上市公司经营管理与运行的实际,健全监事会监督检查相关事项的业务规则,实现制度化与体系化的监督,也为上市公司监事的履职提供专业化和更具可操作性的履职手册,为其专业和科学履职提供制度保障。

第三,上市公司监事应该充分利用法律赋予的各项职权充分调查了解监督检查对象的真实情况,结合证券监管的法律法规和公司监事会监督事项的业务规则,对监督事项发表客观、真实和准确的专业意见。

第四,上市公司监事履行上述职责主要通过参加监事会行使投票权的方式实现,监事参加监事会议前可以要求相关方如实提供有关情况和资料,为其履职提供必要的协助,在参加监事会时需要关注监事会会议的以下规则:一是监事会会议分为定期会议和临时会议,应当按照规定及时召开并参会。二是召开监事会会议应该提前通知全体监事,情况紧急需要尽快召开监事会临时会议的,可以依照规则通过口头或者电话等方式发出会议通知,但召集人应当在会议上作出说明。三是监事会会议由监事会主席召集和主持,监事会主席不能履行职务或者不履行职务的,由监事会副主席召集和主持,未设副主席或者副主席不能履行职务或者不履行职务的,由半数以上监事共同推举一名监事召集和主持。四是监事会会议应当有过半数的监事出席方可举行。五是监事会会议的表决实行一人一票,以记名和书面等方式进行,监事会形成决议应当全体监事过半数同意。六是监事会会议记录应真实、准确、完整,与会监事应当对会议记录进行签字确认,监事对会议记录有不同意见的,可以在签字时作出书面说明,必要时应当及时向监管部门报告,也可以发表公开声明。监事既不按规定进行签字确认,又不对其不同意见作出书面说明或者向监管部门报告、发表公开声明的,视为完全同意会议记录的内容。

第五,上市公司监事在履行上述职责时,如果发现上市公司及其董事和高级管理人员、控股股东、实际控制人等存在违法违规行为损害上市公司的利益时,应当要求相关方立即纠正或者停止,并及时向董事会或监事会报告,提请董事会或监事会进行核查,必要时可以直接向监管机构报告。

第五节　上市公司董事会秘书制度与董事会秘书的职责履行

一、上市公司董事会秘书制度的诞生与发展

我国的上市公司董事会秘书制度是随着证券市场的设立、发展和改革而逐步完善的。1994 年 8 月 27 日,国务院原证券委员会和国家经济体制改革委员会发布的《关于执行〈到境外上市公司章程必备条款〉的通知》(已失效)对到境外上市的股份公司设置董事会秘书岗位及其

职责与要求作了规定，[①]但是该规定仅仅适用于到境外上市的公司。1996年3月21日，上海市证券管理办公室和上海证券交易所联合发布《关于B股上市公司设立董事会秘书的暂行规定》，要求在上海证券交易所上市B股公司必须设立董事会秘书，董事会秘书为公司高级管理人员，法律、法规关于公司高级管理人员的规定适用于董事会秘书，扩充了董事会秘书的法定职权。[②] 1996年8月9日，上海证券交易所发布《上市公司董事会秘书管理办法（试行）》（已失效），明确所有在上海证券交易所上市的公司必须依法聘任董事会秘书，董事会秘书为上市公司的高级管理人员，法律、法规及公司章程对公司高级管理人员的有关规定适用于董事会秘书。1997年12月16日，中国证监会发布了《上市公司章程指引》（已修改），要求所有上市公司都必须设立董事会秘书，正式确立了董事会秘书在上市公司中的地位与作用，这是全市场上市公司建立董事会秘书制度的开始与标志。2001年，沪深证券交易所《股票上市规则》在要求上市公司设置董事会秘书，明确董事会秘书为上市

---

① 《关于执行〈到境外上市公司章程必备条款〉的通知》第96条至第98条分别对到境外上市的股份公司设置董事会秘书及其职责与要求作了规定，其中第96条规定："公司设董事会秘书。董事会秘书为公司的高级管理人员。"第97条规定："公司董事会秘书应当是具有必备的专业知识和经验的自然人，由董事会委任。其主要职责是：（一）保证公司有完整的组织文件和记录；（二）确保公司依法准备和递交有权机构所要求的报告和文件；（三）保证公司的股东名册妥善设立，保证有权得到公司有关记录和文件的人及时得到有关记录和文件。"第98条规定："公司董事或者其他高级管理人员可以兼任公司董事会秘书。公司聘请的会计师事务所的会计师不得兼任公司董事会秘书。当公司董事会秘书由董事兼任时，如某一行为应当由董事及公司董事会秘书分别作出，则该兼任董事及公司董事会秘书的人不得以双重身份作出。"

② 《关于B股上市公司设立董事会秘书的暂行规定》第3条规定："董事会秘书的职权：1. 依法准备和递交证管部门要求董事会、股东大会出具的报告和文件；2. 依法负责公司信息披露事务；3. 协助董事会在行使职权时切实遵守国家法律、法规、证管部门的有关规定和公司章程；为董事会决策提供意见或建议；4. 负责筹备董事会会议和股东大会，保管会议文件和记录；5. 负责管理和保存公司从中央登记结算公司取得的股东名册，确保符合资格的机构或个人及时得到公司有关记录和文件；6. 负责处理公司与股东之间的相关事务及股东访问公司的日常接待工作；7. 负责筹备公司的境内外推介宣传活动；8. 负责处理与公司、证管部门、上海证券交易所、各中介机构及其它相在机构的有关事宜；9. 董事会授予的其它职权。"

公司高级管理人员的同时，对上市公司董事会秘书的任职资格、职权[①]和任免等作了更加全面和明确的规定，上市公司董事会秘书制度基本成熟与趋于完善。2002 年 1 月 7 日，中国证监会和国家经济贸易委员会联合发布的《上市公司治理准则》（已修改），增加了“上市公司董事会秘书负责信息披露事项，包括建立信息披露制度、接待来访、回答咨询、联系股东，向投资者提供公司公开披露的资料等。董事会及经理人员应对董事会秘书的工作予以积极支持。任何机构及个人不得干预董事会秘书的工作”的规定。2005 年修订的《公司法》从法律层面上正式确定了董事会秘书的职责，[②]同时规定了上市公司董事会秘书为上市公司的高级管理人员。[③] 2018 年修订的《上市公司治理准则》、2021 年修订的《上市公司信息披露管理办法》、2023 年修订的《公司法》和现行的《股票上市规则》基本上保持了上市公司董事会秘书为上市公司高级管理人员的定位及其相应职责的规定。上市公司董事会秘书的地位、职能与规则随着证券市场的发展日渐成熟与完善。

---

① 《上海证券交易所股票上市规则》（2001 年版）第 5.1.4 条规定：“董事会秘书的职责：（一）董事会秘书为公司与本所的指定联络人，负责准备和提交本所要求的文件，组织完成监管机构布置的任务；（二）准备和提交董事会和股东大会的报告和文件；（三）按照法定程序筹备董事会会议和股东大会，列席董事会会议并作记录，保证记录的准确性，并在会议记录上签字；（四）协调和组织上市公司信息披露事项，包括建立信息披露的制度、接待来访、回答咨询、联系股东，向投资者提供公司公开披露的资料，促使上市公司及时、合法、真实和完整地进行信息披露；（五）列席涉及信息披露的有关会议。上市公司有关部门应当向董事会秘书提供信息披露所需要的资料和信息。公司在作出重大决定之前，应当从信息披露角度征询董事会秘书的意见；（六）负责信息的保密工作，制订保密措施。内幕信息泄露时，及时采取补救措施加以解释和澄清，并报告本所和中国证监会；（七）负责保管上市公司股东名册资料、董事和董事会秘书名册、大股东及董事持股资料以及董事会印章，保管上市公司董事会和股东大会会议文件和记录；（八）帮助上市公司董事、监事、高级管理人员了解法律法规、公司章程、本规则及股票上市协议对其设定的责任；（九）协助董事会依法行使职权，在董事会作出违反法律法规、公司章程及本所有关规定的决议时，及时提醒董事会，如果董事会坚持作出上述决议的，应当把情况记录在会议纪要上，并将会议纪要立即提交上市公司全体董事和监事；（十）为上市公司重大决策提供咨询和建议；（十一）本所要求履行的其他职责。”

② 2005 年修订的《公司法》第 124 条规定：“上市公司设董事会秘书，负责公司股东大会和董事会会议的筹备、文件保管以及公司股东资料的管理，办理信息披露事务等事宜。”

③ 2005 年修订的《公司法》第 217 条对高级管理人员定义为“公司的经理、副经理、财务负责人，上市公司董事会秘书和公司章程规定的其他人员”。

二、上市公司董事会秘书的职责与职权

综合《公司法》《证券法》《上市公司治理准则》《上市公司信息披露管理办法》《股票上市规则》等法律法规、业务规则和自律性监管规则的规定，上市公司董事会秘书承担着信息披露事务管理、与证券监管机构和证券服务机构的沟通联络、投资者关系与股权事务管理、督促上市公司规范运作、“三会”规范运作与文件资料的保管等职责。[①]

（一）信息披露事务管理

上市公司董事会秘书作为上市公司的高级管理人员，应当勤勉尽责，关注信息披露文件的编制情况，保证定期报告、临时报告在规定期限内披露和披露信息的真实、准确、完整、及时与公平。此外，上市公司董事会秘书作为上市公司信息披露的直接责任人，还肩负着上市公司信息披露事务的重任，负责协调公司信息披露工作，组织制定公司信息披露事务管理制度，[②]督促公司及相关信息披露义务人遵守信息披露相

① 例如，《上海证券交易所股票上市规则》第4.4.2条规定：“董事会秘书对上市公司和董事会负责，履行如下职责：（一）负责公司信息披露事务，协调公司信息披露工作，组织制定公司信息披露事务管理制度，督促公司及相关信息披露义务人遵守信息披露相关规定；（二）负责投资者关系管理，协调公司与证券监管机构、投资者及实际控制人、中介机构、媒体等之间的信息沟通；（三）筹备组织董事会会议和股东大会会议，参加股东大会会议、董事会会议、监事会会议及高级管理人员相关会议，负责董事会会议记录工作并签字；（四）负责公司信息披露的保密工作，在未公开重大信息泄露时，立即向本所报告并披露；（五）关注媒体报道并主动求证真实情况，督促公司等相关主体及时回复本所问询；（六）组织公司董事、监事和高级管理人员就相关法律法规、本所相关规定进行培训，协助前述人员了解各自在信息披露中的职责；（七）督促董事、监事和高级管理人员遵守法律法规、本所相关规定和公司章程，切实履行其所作出的承诺；在知悉公司、董事、监事和高级管理人员作出或者可能作出违反有关规定的决议时，应当予以提醒并立即如实向本所报告；（八）负责公司股票及其衍生品种变动管理事务；（九）法律法规和本所要求履行的其他职责。”

② 该信息披露管理制度除了信息披露文件的编制、审议和披露制度外，还应包括与信息披露紧密相关的保密、媒体报道的求证、报告与回复证券监管机构的问询等内容。

关规定,依法履行信息披露义务,[①]这是建立上市公司董事会秘书制度的初衷和上市公司董事会秘书最基础的本职工作,这也导致了上市公司董事会秘书制度设计中对上市公司未依法履行信息披露义务或者信虚假陈述时董事会秘书的严格责任,即上市公司未依法按时履行信息披露义务或者定期报告、[②]临时报告、[③]业绩预告和业绩快报、[④]自愿性信息披露[⑤]出现虚假陈述的,董事会秘书均会受到相应的行政处罚(分)并依法承担虚假陈述的民事赔偿责任,情节严重的还会受到刑事追诉。

(二)与证券监管机构和证券服务机构的沟通与联络

上市公司董事会秘书是法定的上市公司与证券交易所联络人。[⑥]

---

① 《上市公司信息披露管理办法》第 32 条和第 33 条对定期报告和临时报告的编制、审议和披露事项分别规定如下:“上市公司应当制定定期报告的编制、审议、披露程序。经理、财务负责人、董事会秘书等高级管理人员应当及时编制定期报告草案,提请董事会审议;董事会秘书负责送达董事审阅;董事长负责召集和主持董事会会议审议定期报告;监事会负责审核董事会编制的定期报告;董事会秘书负责组织定期报告的披露工作。”“上市公司应当制定重大事件的报告、传递、审核、披露程序。董事、监事、高级管理人员知悉重大事件发生时,应当按照公司规定立即履行报告义务;董事长在接到报告后,应当立即向董事会报告,并敦促董事会秘书组织临时报告的披露工作。上市公司应当制定董事、监事、高级管理人员对外发布信息的行为规范,明确非经董事会书面授权不得对外发布上市公司未披露信息的情形。”

② 《上市公司信息披露管理办法》第 51 条第 1 款规定:“上市公司董事、监事、高级管理人员应当对公司信息披露的真实性、准确性、完整性、及时性、公平性负责,但有充分证据表明其已经履行勤勉尽责义务的除外。”

③ 《上市公司信息披露管理办法》第 51 条第 2 款规定:“上市公司董事长、经理、董事会秘书,应当对公司临时报告信息披露的真实性、准确性、完整性、及时性、公平性承担主要责任。”

④ 例如,梅雁吉祥于 2024 年 3 月 16 日披露 2023 年度业绩预告,预计 2023 年度归母净利润亏损 7500 万元至 1.05 亿元,扣非净利润亏损 7800 万元至 1.08 亿元。2024 年 4 月 18 日,梅雁吉祥披露 2023 年年度报告,公司 2023 年归母净利润亏损 1 亿元,扣非净利润亏损 1.02 亿元,全年经营业绩与上年同期相比有较大降幅。上海证券交易所认为梅雁吉祥 2023 年度净利润为负值,应当依据《股票上市规则》的规定在 2023 年会计年度结束后 1 个月内及时、准确地披露业绩预告,以明确市场预期,但公司迟至 2024 年 3 月 16 日才予以披露,业绩预告披露不及时,未向市场及时揭示业绩亏损的风险,遂对梅雁吉祥及公司董事长兼总经理张某勇、财务总监刘某梅、董事会秘书胡某平给予通报批评。

⑤ 例如,苏大维格和思美传媒因在互动 e 上回复的信息(自愿信息披露)存在虚假陈述,上市公司董事会秘书均受到警告并被处以 100 万元罚款的行政处罚,本书前文已对该案例作过介绍,此处不再赘述。

⑥ 例如,《上海证券交易所股票上市规则》第 4.4.1 条第 1 款规定:“上市公司应当设立董事会秘书,作为公司与本所之间的指定联络人。”

为履行信息披露、投资者关系管理、融资等职责，上市公司秘书肩负着与证券监管机构和证券服务机构沟通联络的职责。

上市公司董事会秘书与证券监管机构的沟通与联络，主要是代表上市公司与中国证监会及其派出机构、证券交易所、证券登记结算机构、上市公司协会等监管机构之间的沟通与联络，确保证券监管机构随时可以与其取得工作联系。具体而言，董事会秘书要就监管部门提出的问题作出解答，并将监管部门提出的要求和最新的监管精神传达给上市公司及其相关人员，保持监管机构与上市公司之间顺畅的联系与交流。

上市公司董事会秘书与证券服务机构的沟通与联络主要是其代表公司与外部审计机构、常年法律顾问单位、信息披露媒体单位等证券服务机构就上市公司治理与运行、信息披露等工作的交流与合作。

（三）投资者关系与股权事务管理

上市公司董事会秘书是连接上市公司和投资者的桥梁与纽带，投资者关系管理成为上市公司董事会秘书的一项重要的日常工作，在注册制改革和加强上市公司市值管理的今天，该项工作显得更加重要。按照中国证监会《上市公司投资者关系管理工作指引》对上市公司投资者关系管理的界定，①上市公司投资者关系管理主要是上市公司通过股东大会、投资者说明会、路演、分析师会议、接待来访、座谈交流等方式与投资者就公司的发展战略、法定信息披露内容、经营管理信息、ESG信息、文化建设、股东权利行使的方式与途径、投资者诉求处理信息、公司正在或者可能面临的风险和挑战等内容信息进行沟通与交流，让投

① 《上市公司投资者关系管理工作指引》第3条规定："投资者关系管理是指上市公司通过便利股东权利行使、信息披露、互动交流和诉求处理等工作，加强与投资者及潜在投资者之间的沟通，增进投资者对上市公司的了解和认同，以提升上市公司治理水平和企业整体价值，实现尊重投资者、回报投资者、保护投资者目的的相关活动。"《上市公司监管指引第10号——市值管理》第6条第1款规定："董事会秘书应当做好投资者关系管理和信息披露相关工作，与投资者建立畅通的沟通机制，积极收集、分析市场各方对上市公司投资价值的判断和对上市公司经营的预期，持续提升信息披露透明度和精准度。"

资者更加了解和认同上市公司，也让上市公司尊重投资者、保护投资者和回报投资者的双向奔赴的过程。上市公司投资者管理首先要求上市公司投资者关系管理要遵循合规性、平等性、主动性和诚实守信等原则，内容丰富、方式多样、程序复杂、备受关注，所以《上市公司投资者关系管理工作指引》将该项工作授权上市公司董事会秘书行使，[①]投资者关系管理便成了上市公司董事会秘书的一项法定职责。

与投资者关系管理工作紧密相关的是董事会秘书对上市公司股权事务的管理，尤其是容易出现违规交易的上市公司董监高持有上市公司股份及其变动的管理职责，《上市公司董事、监事和高级管理人员所持本公司股份及其变动管理规则》授权董事会秘书行使，上市公司股权事务的管理就成为了董事会秘书的一项法定职责。[②]

（四）督促上市公司规范运作

证券交易所《股票上市规则》对上市公司董事会秘书职责的规定中，要求董事会秘书“督促董事、监事和高级管理人员遵守法律法规、本所相关规定和公司章程，切实履行其所作出的承诺；在知悉公司、董事、监事和高级管理人员作出或者可能作出违反有关规定的决议时，应当予以提醒并立即如实向本所报告”。[③] 该规定赋予了上市公司董事会秘书督促上市公司规范运作的职能。为切实履行该项职责，上市公司董事会秘书除了督促上市公司相关治理主体履行承诺并依法履职外，还应该更加完整地促使董事会和监事会依法行使职权，在董事会拟作出

---

① 《上市公司投资者关系管理工作指引》第 23 条规定：“董事会秘书负责组织和协调投资者关系管理工作。上市公司控股股东、实际控制人以及董事、监事和高级管理人员应当为董事会秘书履行投资者关系管理工作职责提供便利条件。”

② 《上市公司董事、监事和高级管理人员所持本公司股份及其变动管理规则》第 14 条第 2 款规定：“上市公司董事会秘书负责管理公司董事、监事和高级管理人员的身份及所持本公司股份的数据，统一为董事、监事和高级管理人员办理个人信息的网上申报，每季度检查董事、监事和高级管理人员买卖本公司股票的披露情况。发现违法违规的，应当及时向中国证监会、证券交易所报告。”

③ 《上海证券交易所股票上市规则》（2024 年修订版）第 4.2.2 条第 7 项，上海证券交易所其他板块和深圳证券交易所不同板块的《股票上市规则》具有该内容的规定。

的决议违反法律法规、证券监管规则或者公司章程规定时,应当提醒与会董事,并提请列席会议的监事就此发表意见,如果董事会坚持作出上述决议,董事会秘书应将有关监事和其个人的意见记载于会议记录,同时向交易所和证监局报告。董事会秘书还应协助董事、监事和其他高级管理人员了解信息披露和证券交易的相关法律法规与证券监管规则的规定,制定上市公司信息披露和证券交易管理规定,促使董事、监事和其他高级管理人员依法履行信息披露义务并避免违规交易,督促上市公司规范运作。

（五）确保"三会"规范运作与文件资料的保管

"负责筹备董事会会议和股东大会,保管会议文件和记录"是设置上市公司董事会秘书最初的理由与职责之一。按照法定程序筹备股东会和董(监)事会会议,准备和提交有关会议文件和资料、参加董(监)事会会议,制作会议记录并签字、保管股东会、董(监)事会会议文件和会议记录,[①]成为上市公司董事会秘书的重要法定职责。

此外,上市公司董事会秘书还在实践中不同程度地参与上市公司的决策,为上市公司的融资、规范运行与证券交易等重大决策提供咨询服务和建议,推动落实相关融资方案,实现有效的市值管理等方面发挥重要职责作用。

---

① 例如,《上市公司股东大会规则》(2022年修订)第41条规定:"股东大会会议记录由董事会秘书负责,会议记录应记载以下内容:(一)会议时间、地点、议程和召集人姓名或名称;(二)会议主持人以及出席或列席会议的董事、监事、董事会秘书、经理和其他高级管理人员姓名;(三)出席会议的股东和代理人人数、所持有表决权的股份总数及占公司股份总数的比例;(四)对每一提案的审议经过、发言要点和表决结果;(五)股东的质询意见或建议以及相应的答复或说明;(六)律师及计票人、监票人姓名;(七)公司章程规定应当载入会议记录的其他内容。出席会议的董事、监事、董事会秘书、召集人或其代表、会议主持人应当在会议记录上签名,并保证会议记录内容真实、准确和完整。会议记录应当与现场出席股东的签名册及代理出席的委托书、网络及其他方式表决情况的有效资料一并保存,保存期限不少于十年。"这样,制作股东会和董(监)事会会议记录并保存会议资料就成了上市公司董事会秘书的法定职责。

三、上市公司董事会秘书职责履行的内容与方式

上市公司董事会秘书作为上市公司的高级管理人员,依法承担着维护上市公司规范运作、信息披露和违规交易禁止等上市公司董监高的共同职责。此外,基于上市公司董事会秘书承担的信息披露事务管理、与证券监管和服务机构的沟通与联络、投资者关系与股权事务管理、督促上市公司规范运作、确保“三会”规范运作与相关文件资料的保管等法定职责以及实践中承担着的推动实施融资方案、落实市值管理和参与上市公司重大决策事项咨询的职责,上市公司董事会秘书还履行着与上述职责内容相匹配的特定职责。

第一,上市公司董事会秘书承担的职责内容众多且繁杂,为更加专业有效履行相关职责,应当结合证券监管的规定与上市公司经营管理实际制定并持续完善相关事项的管理办法,以专业和制度化的方式规范其相关职责与行为,避免随意化履职带来的矛盾冲突与重大遗漏。

第二,信息披露事务管理是上市公司董事会秘书各项职责履行的基础,定期报告、季度报告、临时报告、业绩预告与业绩快报、自愿性信息披露等信息披露的违法与失真,董事会秘书都是责任承担人之一。信息披露事务管理成为上市公司董事会秘书履职中最大的职业风险。上市公司董事会秘书只有在信息披露管理中尽到勤勉尽责义务才能免因上市公司信息披露违法违规而受到的行政处罚(分)乃至司法追诉。具体而言,董事会秘书应当充分利用法律法规赋予的知情权,及时了解公司的财务和经营情况,参加涉及信息披露的有关会议,查阅涉及信息披露的所有文件,督促上市公司信息披露相关义务人及时提供相关资料和信息,编制信息披露报告与文件,依法履行信息披露义务。董事会秘书在履行职责过程中发现上市公司信息披露义务人违反信息披露的相关规定,应及时提醒与督促,必要时应当向董事会或者监管会等相关内部监督主体报告,如果履行职责时受到不当妨碍或者严重阻挠,可以向监管机构报告。

第三,上市公司董事会秘书履行的法定职责均有相应的法律规定与规则,而这些法律规定与规则尤其是证券监管的相关规则在我国新兴与转型的市场环境下不仅体系庞大而且内容更新很快,上市公司董事会秘书应该熟练掌握公司治理及其职责履行相关的法律法规与业务规则,将这个外部监管规则内化为公司治理与管理的相关制度,并向公司内部董监高与相关管理人员提供证券监管与公司内部管埋制度的合规培训,塑造合规与稳健经营的公司文化。

第四,上市公司董事会秘书履行的融资、市值管理、信息披露等职责,均需要在熟悉相关业务规则的基础上与投资者、证券监管与服务机构、同行业其他上市公司等主体加强沟通与交流,这就需要上市公司董事会秘书在提高自身业务与专业水平的基础上,积极参加证券监管机构组织的业务培训与交流会、证券服务机构组织的策略分析与业务研讨会、行业协会组织的调研和交流会等活动,并依法组织投资者交易会和业绩说明会等活动,提高公司透明度的同时提高自身履职的专业能力。

第六节　上市公司财务总监[①]的角色定位与其职责履行

一、财务总监的角色转变及其功能定位

财务总监在公司的角色有一个发展过程,不同角色的财务总监,法律上对其定位也有较大的差异。

在公司制度诞生的初期,财务总监仅承担着记账(收入、支出、借贷等记账)、簿记(收入凭证、支出记录等填报并形成相应的报表)和出纳

① 本书所述的财务总监也是其他规范性文件所称的财务负责人,为便于岗位分析,本书将其统称为财务总监。

等现代公司制度中会计出纳的基础性工作。19 世纪末,随着工业化进程的加快与企业规模的扩张,企业融资需求旺盛,财务总监参与公司的融资,成为上市公司与投资者沟通交流的桥梁,在地位提升的同时职责内容也有了很大的扩张,除了将企业融资需求与投资者沟通并具体落实融资计划外,为适应公开市场融资的需求,财务总监还增加了与财务会计报告编制、审计和信息披露有关的职责。20 世纪中期,随着财务会计技术的成熟,财务管理在上市公司的战略决策与管理中的地位逐步提升,财务总监参与公司的战略决策与财务管理,地位进一步上升。与该地位相适应,上市公司财务总监成为公司的高级管理人员,承担高级管理人员的职责与责任。

我国 1993 制定的《公司法》确立了"三会一层"的治理结构,建立了"产权清晰、权责明确、政企分开、管理科学"的现代企业制度,规定了公司的财务会计制度,但是没有将财务总监列为公司的高级管理人员。虽然,中国证监会于 1997 年颁布的《上市公司章程指引》第 10 条将上市公司财务负责人规定为上市公司的高级管理人员,但是因为缺乏上位法律规范的具体规定,上市公司规范运作的实践没有明确财务总监的岗位职责及其法律地位。2002 年的《上市公司治理准则》进一步强化了"三会一层"的治理结构,强化了上市公司的独立性和透明度,以利益相关者为导向设计上市公司治理结构,增加董事会各专门委员会的设置与职责,让董事会工作更有抓手,但是在财务总监的定位上也还没有将其规定为高级管理人员,设置的是总经理管理下的财务总监制度,没有发挥财务总监的融资与战略决策作用。2005 年修订的《公司法》第 217 条第 1 款规定"高级管理人员,是指公司的经理、副经理、财务负责人,上市公司董事会秘书和公司章程规定的其他人员"并明确了公司董监高的忠实与勤勉义务,这对发挥上市公司财务总监的融资与战略决策等治理功能具有很大的促进作用,同期修订的《证券法》和 2023 年修订的《公司法》维持了对上市公司财务总监作为公司高级管理人员的法律定位。

二、上市公司财务总监的职责与责任

结合财务总监的角色演变以及《公司法》、《证券法》、《会计法》、《上市公司信息披露管理办法》和证券交易所《股票上市规则》等法律法规、规章以及业务规则的具体规定,我国上市公司财务总监的职责可以大致分为财务会计基础性建设、与内部控制和财务报告(表)有关的信息披露、战略决策与财务管理这三类,违反法定职责的履职行为将承担相应的法律责任。

(一)财务会计基础性建设的职责

《公司法》《会计法》《会计基础工作规范》《企业内部控制基本规范》对公司财务会计制度建设作出明确规定,这也是对财务总监财务会计基础性建设职责提出的具体要求。《公司法》第207条要求公司依法建立财务会计制度,[①]第208条进一步要求公司依法编制的年度财务会计报告应依法经会计师事务所审计,[②]这是对公司财务会计与审计制度的总体性要求。《会计法》对公司财务会计簿记与财务报告的编制规则与责任作了明确、具体和更为详细的规定。[③]《企业内部控制基本规范》

---

① 《公司法》第207条规定:"公司应当依照法律、行政法规和国务院财政部门的规定建立本公司的财务、会计制度。"

② 《公司法》第208条规定:"公司应当在每一会计年度终了时编制财务会计报告,并依法经会计师事务所审计。财务会计报告应当依照法律、行政法规和国务院财政部门的规定制作。"

③ 《会计法》第9条规定:"各单位必须根据实际发生的经济业务事项进行会计核算,填制会计凭证,登记会计账簿,编制财务会计报告。任何单位不得以虚假的经济业务事项或者资料进行会计核算。"第15条第1款规定:"会计账簿登记,必须以经过审核的会计凭证为依据,并符合有关法律、行政法规和国家统一的会计制度的规定。"第40条规定了不依法设置会计账簿的,私设会计账簿的,未按照规定填制、取得原始凭证或者填制、取得的原始凭证不符合规定的,以未经审核的会计凭证为依据登记会计账簿或者登记会计账簿不符合规定的,随意变更会计处理方法的,向不同的会计资料使用者提供的财务会计报告编制依据不一致的,未按照规定使用会计记录文字或者记账本位币的,未按照规定保管会计资料致使会计资料毁损、灭失的、未按照规定建立并实施单位内部会计监督制度或者拒绝依法实施的监督或者不如实提供有关会计资料及有关情况等行为的法律责任;第41条又规定了伪造、变造会计凭证、会计账簿,编制虚假财务会计报告,隐匿或者故意销毁依法应当保存的会计凭证、会计账簿、财务会计报告的法律责任。

也对财务导向的公司内部控制建设提出基本要求。[①] 这些规定均要求上市公司财务会计制度合法、健全、有效，以确保财务信息披露的真实、准确、完整。上市公司违反上述规则导致会计基础薄弱或者会计核算不规范进而影响上市公司信息披露准确性的，上市公司和财务总监将要依法承担相应的法律责任。[②]

依据上述法律法规的具体规定和上市公司规范运作实践案例，上市公司财务总监的财务会计基础性建设职责主要包括如下内容：(1)贯彻执行国家财经方针、政策、法律法规，维护财经纪律，使本公司的财务会计工作规范、科学、高效；(2)建立和完善企业会计核算和财务管理体制，根据公司的性质、类型和结构确定公司所采用的会计核算办法，实行完善的内部核算办法和控制制度；(3)根据公司的财务会计制度审核公司资金运用、费用支出，组织项目成本费用收益的核算、分析、预测与考核，进行经济活动分析，提出改进措施，促使经济效益提高；(4)定期或者不定期地将公司的财务状况分析报告向总经理和董事会及其专业委员报告；(5)按照法律法规和公司章程的规定组织各会计单位编制财务报表(告)，确保财务报表(告)的编制符合国家法律法规及企业会计

---

① 《企业内部控制基本规范》第 31 条第 1 款规定："会计系统控制要求企业严格执行国家统一的会计准则制度，加强会计基础工作，明确会计凭证、会计账簿和财务会计报告的处理程序，保证会计资料真实完整。"

② 例如，中国证监会深圳证监局于 2019 年 12 月 15 日同时对任子行在 2014 年 9 月至 2019 年 4 月担任财务总监的四人出具警示函，主要原因是公司财务核算不规范、会计基础薄弱，影响相关财务信息披露的准确性；又如，光莆股份的会计核算不规范，导致 2022 年、2023 年年度报告相关财务信息披露不准确，一是存在将委托加工业务按照总额法确认收入的情况，导致公司 2022 年多计营业收入、营业成本；二是 2022 年度未及时确认对客户的模具收入，且相关成本核算不准确；三是销售费用存在跨期；四是存货报废及后续销售会计处理不当；五是存货跌价计提不充分。中国证监会厦门证监局认为上述行为不符合《上市公司信息披露管理办法》第 3 条第 1 款的规定，加之公司在独立性、关联交易审议预披露、募集资金使用上的不规范行为，遂于 2024 年 12 月 20 日对公司采取责令改正并出具警示函的监督管理措施。虽然该行政监管措施不是对财务总监作出的，但是中国证监会厦门证监局在该行政监管措施决定书中明确指出"公司应切实吸取教训，强化证券法律法规学习和培训，夯实财务核算基础，提升财务人员专业水平，严格履行信息披露义务，及时更正信息披露问题，确保信息披露真实、准确、完整、及时、公平，提高规范运作水平"。时任财务总监应该会感受到该行政监管措施对其职业和绩效考核的压力。

准则的要求;(6)依法组织财务会计报告的内外部审计(核),确保财务会计报表(告)的真实与可信。

(二)与内部控制和财务报告(表)有关的信息披露职责

《证券法》《上市公司信息披露管理办法》《关于强化上市公司及拟上市企业内部控制建设推进内部控制评价和审计的通知》等法律规章,对上市公司信息披露职责分工与责任分解作了科学而具体的规定,上市公司财务总监对内部控制建设与评价,以及与财务信息有关的信息披露承担特别职责与直接责任。

证券监管规范对上市公司内部控制建设、维护和评价的职责要求有一个逐步深化和明确的过程。2008 年 5 月 22 日,“五部委”联合发布《企业内部控制基本规范》,要求上市公司建立财务报告导向的内部控制体系。2010 年 4 月 15 日,“五部委”又联合发布了《企业内部控制配套指引》,以 18 项指引的形式对企业内部控制进行了具体规范,明确了上市公司内部控制规范在上市公司适用的范围。2023 年 12 月 8 日,财政部、中国证监会联合颁布《关于强化上市公司及拟上市企业内部控制建设推进内部控制评价和审计的通知》,对上市公司、拟上市企业的内部控制体系建设与评价提出新的、更严格的要求,明确要求上市公司和拟上市公司根据企业内部控制规范体系的要求建立内部控制体系,在披露公司年度报告的同时,披露经董事会批准的公司内部控制评价报告以及会计师事务所出具的财务报告内部控制审计报告。除了扩大内部控制建设、评价与审计的要求外,重点明确了该内部控制是以财务报告为基础的内部控制审计报告,所以上市公司内部控制体系的建设、维护与审计将成为财务总监的一项法定职责。上市公司内部控制失效与缺陷必然导致上市公司财务信息披露失真,上市公司和财务总监将会依法受到处罚(分)。[①]

《证券法》和《上市公司信息披露管理办法》在赋予包括上市公司财务总监在内的公司高级管理人员对依法履行定期报告的信息披露义务和所披露信息的保真责任[②]的同时,对信息披露职责分工和责任分配作

---

① 例如,东方精工在2016年收购普莱德后,未建立有效的投资管控制度,对普莱德的内部控制体系建设管控不到位,导致普莱德存在未将《2018年度经营计划书》、《2018年度产品情况及2019项目规划》及与客户签订的年度销售合同等重要事项提交其董事会审议等问题;普莱德在委托外单位承担相关研发项目时,存在未采用招标、协议等适当方式确定受托单位的问题;在与外单位合作进行研发时,存在未对合作单位进行尽职调查,未签订书面合同明确双方权利义务、研究成果产权归属等问题;普莱德在开展相关业务时,存在尚未签署合同就向客户开具发票、尚未签署合同就确认收入等问题。针对东方精工上述对子公司、研发、销售与合同管理的内部控制缺陷加之由此引起的关联交易审议与披露、财务核算、募集资金使用等违法行为,中国证监会广东证监局于2020年1月15日以上述行为违反《上市公司信息披露管理办法》和《证券法》的相关规定为由对该公司及其时任董事长、总经理、财务总监和董事会秘书采取出具警示函的行政监管措施,并明确要求该他们"认真吸取教训,切实加强对证券法律法规的学习,依法真实、准确、完整、及时、公平地履行信息披露义务,并对相关责任人员进行内部问责,于收到本决定书30日内向我局报送公司整改报告、内部问责情况,并抄报深圳证券交易所"。又如,万里股份2014年制定的《内部控制管理手册》未根据实际情况进行及时修订,也未经董事会审议批准,未形成有效内控管理制度,公司内控管理投入较少,人员配备不足,有关内控管理和监督工作无法有效开展;公司在开展2018年、2019年内控自我评价工作过程中,未制作和保留相关工作底稿;公司在开展2017年、2018年、2019年内控自我评价过程中,发现公司存在因工程相关部门与财务部门之间信息传递不及时,导致部分在建工程的内控缺陷,但一直未进行整改。此外,公司还存在销售业务内部控制未得到有效执行以及由此引起的会计核算不规范、关联交易未依法审议并披露等问题,中国证监会重庆证监局于2020年9月11日对该公司采取出具警示函的行政监管措施,并对时任董事长、总经理、财务总监和董事会秘书采取监管谈话的行政监管措施。

② 《证券法》第78条第1款和第2款分别规定:"发行人及法律、行政法规和国务院证券监督管理机构规定的其他信息披露义务人,应当及时依法履行信息披露义务。""信息披露义务人披露的信息,应当真实、准确、完整,简明清晰,通俗易懂,不得有虚假记载、误导性陈述或者重大遗漏。"第82条第1款和第3款分别规定:"发行人的董事、高级管理人员应当对证券发行文件和定期报告签署书面确认意见。""发行人的董事、监事和高级管理人员应当保证发行人及时、公平地披露信息,所披露的信息真实、准确、完整。"并在第197条中具体规定了未依法披露信息或者披露的信息存在虚假性陈述、重大误解或者遗漏的法律责任。

了科学详细的规定。[①] 依照上述对定期报告依法披露的保真责任和财务总监对公司财务会计报告的真实性、准确性、完整性、及时性、公平性承担主要责任的规定，上市公司年度报告编制与披露就不仅仅是董事会秘书的职责了，财务总监承担着依法披露定期报告的勤勉责任，上市公司未依法按时披露定期报告，财务总监也是未依法履行信息披露义务的责任主体之一，除非其能举证证明已尽勤勉尽责义务。[②] 此外，根据财务总监对财务会计报告真实性、准确性、完整性、及时性、公平性承担主要责任的规定，财务总监对上市公司财务造假引起的定期

---

① 《上市公司信息披露管理办法》对信息披露的职责与责任作了划分，第 38 条规定，"董事会秘书负责组织和协调公司信息披露事务，汇集上市公司应予披露的信息并报告董事会，持续关注媒体对公司的报道并主动求证报道的真实情况……上市公司应当为董事会秘书履行职责提供便利条件，财务负责人应当配合董事会秘书在财务信息披露方面的相关工作"。第 51 条规定："上市公司董事、监事、高级管理人员应当对公司信息披露的真实性、准确性、完整性、及时性、公平性负责，但有充分证据表明其已经履行勤勉尽责义务的除外。上市公司董事长、经理、董事会秘书，应当对公司临时报告信息披露的真实性、准确性、完整性、及时性、公平性承担主要责任。上市公司董事长、经理、财务负责人应当对公司财务会计报告的真实性、准确性、完整性、及时性、公平性承担主要责任。"

② 例如，瀚叶股份未按规定披露 2019 年年度报告和 2020 年第一季度报告，构成了《证券法》第 197 条第 1 款所述的违法行为。时任董事长、副董事长兼总经理、财务总监对瀚叶股份未按规定披露 2019 年年度报告和 2020 年第一季度报告负有主要责任，是瀚叶股份信息披露违法行为直接负责的主管人员。中国证监会浙江证监局据此给予该公司和包括财务总监在内的董监高以警告和金额不等的行政处罚。其中，对财务总监给予警告并处以 40 万元罚款的行政处罚，罚金数额仅次于董事长和总经理。该财务总监在申辩材料及听证过程中提出答辩意见：一是在年报及季报编制的各个阶段及重要节点均已竭尽所能勤勉履职，按时完成编制工作，并如期提交董事会审议。二是导致定期报告没有按期披露的原因，主要是相关人员承诺事项未按照规定时间和审计要求达成，董事会没有召开和审议，这些已经超出其作为财务总监的职责范围，非其所能控制。三是编制完成的年报草案各方面均符合企业会计准则要求，公司后续披露的 2019 年年报和 2020 年第三季报及其他披露文件都予以了验证，说明了当时的会计估计和判断是合理审慎准确的。四是违规事项发生后，及时和审计机构沟通确定后续工作计划，形成书面方案，对接推进落实。证监局认为：该案中董事会未能按期正常召开是定期报告未按时披露的直接原因，但不是全部原因，财务总监在前期的编制推进工作中未能勤勉尽责也是应当追责的重要因素；定期报告草案争议大、疑点多，所称工作符合会计准则、已勤勉尽责及时完成定期报告相关内容编制的异议理由不能成立；事后的勤勉尽责已经在处罚金额上充分考量了。所以没有采纳该财务总监的申辩意见，维持了行政处罚预告通知书所作出的决定。

报告虚假陈述、①欺诈发行并虚假陈述、②临时报告中财务会计信息的

---

① 例如,獐子岛以虚减营业成本和营业外支出的方式导致2016年度财报虚增利润13,114.77万元,虚增利润占当期利润总额的158.11%,2017年又以虚增营业成本、虚增营业外支出和虚增资产减值损失的方式虚减利润27,865.09万元,占当期披露利润总额的38.57%,獐子岛2016年和2017年年度报告存在虚假记载。时任财务总监勾某为直接负责的主管人员。中国证监会以2005年《证券法》第193条的规定给予时任财务总监勾某警告并处20万元罚款的处罚。行政处罚预告通知书作出后,勾某提出减轻或者免除处罚的抗辩理由:一是证监会对采捕面积和库存区域的计算方式与实际情况不符,公司的计算方式及其会计确认与实际情况和公司的会计政策相一致,不应受到处罚;二是在2018年1月31日前披露业绩预告的更正公告虽然不是在获取数据后2日内披露,但是也没有违反"年度业绩预告修正公告的披露时间最迟不得晚于1月31日"的规定,不应认定未及时披露信息;三是在任职期间,已积极、主动、全面地履行了财务总监的职责和对獐子岛公司及其全体股东负有的忠实与勤勉义务,并没有参与造假的主观故意。但是中国证监会认为该答辩意见提出当事人已尽勤勉尽责义务,但并未提供足以证明勤勉尽责的证据。中国证监会在该案量罚幅度上已充分考虑了当事人的职务、具体职责、专业背景、主动调查获取决策所需资料以及是否存在主观故意等因素,对部分责任人员的罚款金额进行了调整。所以没有采信该财务总监的答辩意见。又如,康美药业在2016~2018年年度报告和2019年半年报中采用虚增营业收入和货币资金、固定资产、在建工程和投资性房地产等方式虚增公司收入和利润,同时存在着隐瞒控股股东的非经营性资金占用的问题,导致该期间的财务报告存在虚假性记载和重大遗漏。中国证监会经立案调查后认为该公司的财务总监庄某某负责组织财务会计部门按规定进行会计核算和编制财务报告,其作为财务负责人,在《2016年年度报告》《2017年年度报告》《2018年半年度报告》《2018年年度报告》上签字和作出声明,承诺保证相关文件真实、准确、完整,应当对康美药业披露的定期报告存在虚假陈述承担法律责任,是康美药业信息披露违法行为的其他直接责任人员,根据2005年《证券法》第193条的规定,对该财务总监作出警告并处以25万元罚款的行政处罚。2021年11月,广州市中级人民法院对康美药业虚假陈述责任纠纷案作出判决,康美药业共赔偿52,037名投资者损失24.59亿元。法院认为时任财务总监庄某某参与实施财务造假行为,是对康美药业信息披露违法行为负有直接负责的人员,应当承担连带赔偿责任。

② 欺诈发行与虚假陈述并罚的经典案例是泽达易盛案和紫晶存储案。泽达易盛在招股说明书中通过公司或全资子公司签订虚假合同、开展虚假业务等方式,在2016年至2019年年报中累计虚增营业收入342,296,307.13元,虚增利润186,735,305.01元,存在着虚假性记载,同时存在着隐瞒非经营性资金占用和股权代持的情况。在公司上市后的2020年年度报告和2021年年度报告中,持续存在通过公司或全资子公司签订虚假合同、开展虚假业务等方式虚增营业收入和利润以及隐瞒通过购买理财产品的形式非经营性资金占用的情况。针对上述财务造假行为,中国证监会认为时任董事、副总经理、财务总监、董事会秘书应某对公司公告的证券发行文件、定期报告的真实性、准确性、完整性承担主要责任,系直接负责的主管人员,同时,应某组织、指使上述行为,违法情节特别严重,依据《证券法》第181条(欺诈发行的法律责任规定)第1款、第2款的规定,对应某处以1000万元罚款;依据《证券法》第197条(虚假陈述的法律责任规定)第2款的规定,对应某给予警告,并处以300万元罚款的行政处罚。同时依据2015年修订的《证券市场禁入规定》,中国证监会对其采取终身的证券市场禁入措施。紫晶存储《招股说明书》通过虚构销售合同、伪造物流单据和验收单据入账、安排资金回款、提前确认收入等方式虚增营业收入、利润,并存在着未按规定披露对外担保的情况。紫晶存储

失真、[①]业绩预告方向性错误或者重大误差[②]均要承担相应的法律责任。

在上市后，继续通过前述财务造假方式虚增营业收入、利润，并存在着未按规定披露对外担保的情况。中国证监会依据上述事实及2005年《证券法》第189条有关欺诈发行和2019年《证券法》第197条有关虚假陈述的规定分别给予时任董事、财务总监李某某20万元罚款和警告、并处200万元罚款的处罚。行政处罚预告通知作出后，李某某提出答辩意见：一是对公司虚增营业收入、利润行为并不知情，也未参与实施；二是实施财务处理时已对相关合同履行真实性核查义务，客观不具备发现或辨别舞弊行为的能力；三是在公司未披露对外担保事项上确有过错，但涉及金额较小，影响程度不大；四是不具有违法情节较为严重的情形，且积极配合调查。综上，请求从轻或减轻处罚并免予采取证券市场禁入措施。但是中国证监会对上述答辩意见没有予以采纳，理由如下：一是李某某参与审批涉案虚假业务相关的采购、销售合同和物流安排等，其个人银行账户参与了公司财务造假相关的资金流转，且未提供充分、有效的证据证明已勤勉尽责；二是李某某作为董事、财务总监，安排公司人员前往银行办理紫晶存储对外担保，参与、知悉公司的相关违规担保行为；三是对其所述的其他情节已在量罚时予以考虑，量罚并无不当。

① 财务总监因财务报告或者财务信息虚假陈述而承担责任的形态较多，错误认定关联方或者隐瞒关联交易的上海家化案和未及时计提并披露投资损失或者风险减值准备的金字火腿案比较典型。2009年2月至2012年12月，上海家化与沪江日化之间存在关联关系并在采购、销售和资金拆借方面发生了2.5亿元至5.54亿元不等的关联交易，但上市公司未依法予以审议并履行信息披露义务。中国证监会上海证监局依据上述事实和2005年《证券法》第193条的规定对该公司和包括财务总监在内的董监高予以警告和数额不等的行政处罚（对财务总监的罚款数额是10万元，仅次于董事长的罚金数额），时任财务总监丁某某提出"从本人职务和具体职责上讲，其与信息披露违法事项不存在直接关系"的减免处罚抗辩理由，上海证监局认为"鉴于上市公司信息披露的真实、准确、完整、及时、有效，有赖于全体董事、监事和高级管理人员勤勉尽责，实施必要的、有效的监督。这种监督，既包括督促上市公司依照法律、法规规定和监管部门要求建立并完善信息披露制度，也包括通过日常履职和检查督促公司切实执行有关规则，还包括能够及时发现公司在信息披露上存在的问题、及时督促公司改正，对拒不改正的要及时向监管部门举报。综合审查本案违法行为涉及的具体情况和相关人员提出的申辩，现有证据不足以证明上述人员在上海家化涉案事项上勤勉尽责，实施了必要的、有效的监督"。金字火腿在2021年1月经董事会审议通过决定开展生猪期货套期保值业务。2021年8月，公司陆续买入生猪期货合约。2021年9月，在未取得授权的情况下，公司期货交易员杨某将期货合约卖出平仓，累计亏损5510.53万元，占2020年归属于上市公司股东净利润的92.92%，应当及时计提并披露该资产减值准备（《股票上市规则》规定上市公司计提资产减值准备或者核销资产，对公司当期损益的影响占上市公司最近一个会计年度经审计净利润绝对值的比例达到10%以上且绝对金额超过一百万元的，应当及时披露）但未计提与披露。损失发生后，期货交易员杨某按照考核规定向公司全额赔偿，2021年9月30日公司共收到赔偿款5510.53万元，占2020年归属于上市公司股东净利润的92.92%，也未对资产减值转回作出披露，而于2022年1月27日在《关于商品期货套期保值业务的进展公告》中对此一并予以披露。中国证监会浙江证监局依据2019年《证券法》第197条第1款关于未依法履行信息披露义务的规定对公司财务总监吴某某给予警告并处20万元罚款的行政处罚。

② 例如，2023年1月31日，园城黄金披露2022年年度业绩预亏公告，预计2022年年度归属于

从上述法律规则的规定和实践中受到处罚(分)的案例中可以看出,上市公司财务总监因为参与并主导上市公司在公开市场融资的活动,为保护投资者利益,财务总监必须依法建立并维护有效的内部控制,并披露真实的财务信息,该项法定职责主要包括如下方面:(1)建立并维持公司合法有效的内部控制体系,并依法对其有效性予以评估和审计;(2)组织公司各会计单元编制公司的年度、半年度和季度报告,确保公司会计政策、会计确认、会计估计和会计处理上能真实反映公司的经营成果和现金流状况;(3)组织公司内外部审计机构依法对公司的年度财务报告和内部控制报告审计;(4)协助公司董事会秘书依法对公司的年度报告和财务报告予以披露,确保其真实、准确和完整。

(三)战略决策与财务管理职责

因为参与公司的战略决策,财务总监成为上市公司的高级管理人员。作为上市公司高级管理人员的财务总监,肩负着上市公司高级管理人员所共同承担的维护上市公司规范运作、信息披露和违规交易禁

上市公司股东的净利润为 -120 万元至 -80 万元,扣除与主营业务无关的业务收入和不具备商业实质的收入后的营业收入金额为 17,991.31 万元。2023 年 4 月 26 日,公司披露 2022 年年度业绩预告补充公告,预计 2022 年度净利润为 -121 万元左右、营业收入为 9430 万元左右,预计扣除后营业收入低于 1 亿元,2022 年年报披露后公司股票可能会被实施退市风险警示。公司同时披露称,对业绩预告补充的原因为根据审计进展和实际情况对部分营业收入确认方法进行了调整,部分营业收入确认方法由总额法调整为净额法,导致公司营业收入产生变更。2023 年 4 月 29 日,公司披露 2022 年年报,显示 2022 年实现营业收入 9430.20 万元、扣除后营业收入 9078.98 万元、净利润 -121.60 万元。上海证券交易所依据《上海证券交易所股票上市规则》和《纪律处分和监管措施实施办法》的相关规定对财务总监郭某某给予公开谴责的纪律处分,其提出如下减免处分理由:第一,公司对部分贸易业务收入以总额法确认符合以往做法,其调整为净额法系出于谨慎性原则,不存在因主观故意或过失导致选择不恰当收入确认方式的情形;第二,公司在 4 月 25 日收到会计师未盖章的审计意见告知函称经审计公司 2022 年扣除营业收入为 9078.98 万元后,出于谨慎性考虑,于当日提交了业绩预告补充公告,并连续三天发布退市风险警示的提示性公告;第三,目前公司处于转型关键时期,纪律处分将对公司后续事项的推进带来不利影响。因为《上海证券交易所纪律处分和监管措施实施办法》第 25 条"上市公司及相关监管对象出现下列情形之一的,本所可以对相关监管对象予以公开谴责:……(五)上市公司未按照规定披露业绩预告或者披露的业绩预告、业绩快报与实际披露的财务数据存在重大差异,且相关数据对公司股票被实施风险警示或者终止上市等事项或者条件具有重大影响……"的规定很明确,园成黄金的业绩预告的相关数据对公司终止上市有重大影响,所以财务总监受到公开谴责的纪律处分。

止的责任。其中，维护上市公司规范运作需要财务总监在上市公司的经营管理活动中尽到普通管理者应尽的注意义务，尤其是具有大额财产经办与决定权的上市公司财务总监，抵御物资诱惑并履行忠实与勤勉义务将是其职业的底线与红线。[①] 在违规交易禁止方面，因规则意识不强、误操作和侥幸心理等各种复杂的原因，上市公司因“窗口期”交易、[②]短线交易、[③]违规减持[④]而受到处罚(分)的案例屡见不鲜，更有甚

① 上市公司财务总监违反忠实义务收受贿赂的典型案例是粤传媒收购香榭丽公司时任财务总监收受贿赂案。粤传媒财务总监陈某某主导推动粤传媒收购香榭丽广告公司的股权事项，收受标的公司实控人叶某的贿赂 150 万元，帮助标的公司提高估值和成交价格，收购完成后标的公司破产，粤传媒遭受重大损失。粤传媒内部追责时陈某某以受贿罪、行贿罪、国有公司人员失职罪被判处 11 年有期徒刑。

② 例如，2024 年 3 月 7 日，中马传动财务总监吴某某于公司《2023 年年度报告》披露前 30 日内累计买入公司股票 1100 股，成交金额 17,580 元。上述行为违反了《上市公司董事、监事和高级管理人员所持本公司股份及其变动管理规则》第 12 条的规定，中国证监会浙江证监局决定对吴某某采取出具警示函的监督管理措施，并记入证券期货市场诚信档案。又如，2024 年 5 月 21 日华铁应急公告称公司董事兼财务总监张某某因操作失误于 2024 年 2 月 1 日买入公司股票 3000 股，构成窗口期增持公司股票行为。

③ 例如，龙某某在 2017 年 5 月至 2019 年 8 月任江特电机财务总监期间，通过“刘某连”等证券账户频繁买卖江特电机股票，前次买入或卖出与后继卖出或买入时间间隔不超过 6 个月，上述股票交易行为构成《证券法》规定的短线交易，也构成《证券法》规定的内幕交易，合计交易股数为 819,600 股，涉及金额为 7,916,466 元，盈利 432,984.47 元。针对短线交易行为，深圳证券交易所给予其通报批评的纪律处分，中国证监会江西证监局针对龙某某内幕交易行为，没收其违法所得 432,984.47 元，并处以 432,984.47 元罚款；针对龙某某短线交易行为，给予警告，并处以 4 万元罚款。又如，2023 年 9 月 6 日至 10 月 10 日，日播时尚财务总监张某某配偶张某东的证券账户存在买入和卖出日播时尚的行为，涉及短线交易的股数为 47,200 股，交易亏损 2360 元，但如果采用“最高卖价减最低买价法”进行计算，本次短线交易累计收益为 9565 元，张某东先生已于 2024 年 1 月 10 日将前述收益上缴公司。中国证监会上海证监局决定对张某某采取出具警示函的监督管理措施。

④ 2017 年 8 月 18～25 日，山鹰国际财务总监韩某某通过集中竞价交易方式，多次累计买入公司股票 31,900 股，成交金额合计 147,086 元，并分两次累计卖出公司股票 24,500 股，成交金额合计 114,610 元。上述行为既构成短线交易又构成违规减持。上海证券交易所根据《股票上市规则》及《上海证券交易所纪律处分和监管措施实施办法》的有关规定因违规减持行为对韩某某予以通报批评。2018 年 1 月 15 日，安徽证监局针对韩某某的短线交易行为给予其警告并处以 3 万元罚款的行政处罚。又如，2017 年 6 月 17 日，青岛海尔副总经理、财务总监宫某通过公司发布减持计划公告称，计划自公告之日起 15 个交易日后的 6 个月内，通过集中竞价交易减持不超过 30 万股。截至 2018 年 1 月 9 日，宫某累计减持青岛海尔 35 万股股票，实际减持股份数量超过减持计划数量 5 万股，与前期披露的减持计划不符，且其超额减持行为也未按规定在首次卖出前 15 个交易日预先披露减持计划。上海证券交易所针对该违规减持行为依法对宫某作出通报批评的纪律处分。

者因从事内幕交易和操纵证券市场而锒铛入狱,这些都是需要上市公司财务总监吸取的教训。

除了上市公司高级管理人员共同遵守的履职行为外,《公司法》还赋予上市公司财务总监在财务资助①和利润分配②等战略决策与财务管理职责履行中的特别责任,上市公司的财务总监应该依法履行该特别职责,以免履职不当而受到民事追诉。

总之,因为参与公司战略决策并负责财务管理工作,财务总监在公司的作用与地位得以提升,成为上市公司的高级管理人员。作为上市公司的高级管理人员,财务总监除了履行《公司法》和《证券法》规定的上市公司高级管理人员共同遵守的维护上市公司规范运作、信息披露和违规交易禁止的法定义务外,还要履行《公司法》规定的财务负责人在财务资助和利润分配上的特定职责。

三、与上市公司财务总监的功能和地位相匹配的履职行为

上市公司财务总监因为参与融资和战略决策而由专业技术人员发展成为公司的高级管理人员,作为集专业技术人员和高级管理人员于一身的上市公司治理主体,财务总监既要履行财务会计和内部控制的建设与维护等技术性工作,又要遵守高级管理人员共同遵守的维护上

---

① 《公司法》第163条规定:“公司不得为他人取得本公司或者其母公司的股份提供赠与、借款、担保以及其他财务资助,公司实施员工持股计划的除外。为公司利益,经股东会决议,或者董事会按照公司章程或者股东会的授权作出决议,公司可以为他人取得本公司或者其母公司的股份提供财务资助,但财务资助的累计总额不得超过已发行股本总额的百分之十。董事会作出决议应当经全体董事的三分之二以上通过。违反前两款规定,给公司造成损失的,负有责任的财务负责人应当承担赔偿责任。”

② 《公司法》第210条规定:“公司分配当年税后利润时,应当提取利润的百分之十列入公司法定公积金。公司法定公积金累计额为公司注册资本的百分之五十以上的,可以不再提取。公司的法定公积金不足以弥补以前年度亏损的,在依照前款规定提取法定公积金之前,应当先用当年利润弥补亏损。公司从税后利润中提取法定公积金后,经股东会决议,还可以从税后利润中提取任意公积金。公司弥补亏损和提取公积金后所余税后利润,有限责任公司按照股东实缴的出资比例分配利润,全体股东约定不按照出资比例分配利润的除外;股份有限公司按照股东所持有的股份比例分配利润,公司章程另有规定的除外。公司持有的本公司股份不得分配利润。”

市公司规范运作、信息披露和违规交易禁止的规定，还要履行《公司法》和《证券法》赋予的特别职责。结合上市公司规范运作实践中出现的上市公司财务总监违反忠实与勤勉义务、未依法披露定期报告或者财务信息披露虚假陈述和从事违规交易而受到处罚（分）甚至是刑事追诉的案例，笔者认为与上市公司财务总监功能和地位相匹配的履职行为，需要重点关注以下方面。

第一，财务总监要把好财务会计的技术关，守住财务会计专业技术人员的本分。上市公司财务总监首先是财务会计专业人士，守好专业本分才是后来参与融资和战略决策从而成为高级管理人员的基础。所以，上市公司的财务总监要熟悉会计准则和内部控制规则，依照《会计法》《会计基础工作规范》《企业内部控制基本规范》的规定抓好财务基础和内部控制建设，依据有关规定及公司实际情况做好财务会计制度建设和实施，推进财务工作的标准化、制度化、流程化和内部控制规范化；及时监测并改进公司财务工作中存在的问题，积极构建科学合理的会计组织体系；抓好财务人员培训工作，建设优质的财务人员队伍，提高财务核算、编制及披露等工作的质量；完善考核体系，督促控股子公司加强财务基础建设，确保其财务工作合规运行。

第二，上市公司财务总监要熟悉证券监管的规则体系，根据证券监管规则对信息披露的分工，做好财务信息披露的工作。上市公司的财务总监需要熟悉《证券法》、《上市公司信息披露管理办法》、《股票上市规则》和公开发行证券的公司信息披露编报规则，结合上市公司经营发展的实际情况督促公司会计部门协助董事会秘书编制定期报告、季度报告、业绩预告与业绩快报等财务会计报告，与外审会计师事务所就公司年度财务报告和财务内部控制报告审计做好沟通与交流，依法履行信息披露的义务；当发现公司财务报表存在错误时，应该及时汇报、更正和披露；当发现公司存在财务造假行为或者公司发生重大财务风险时，及时向董事会汇报，必要时可以向监管机构报告。

第三，财务总监要抓好财务风险管理，当好财务工作的把关人。财务总监应当结合公司内部控制建设，强化不相容职位隔离、严格授权审批、完善财产保护及会计系统控制等各项会计监督措施，加强财务稽核、财务检查等工作，密切跟踪公司各项重要经济业务活动，重点防范资金管理风险、或有事项风险、异地子公司管理风险等，建立健全财务工作重大风险预警机制和突发事件应急处理机制，及时化解财务风险。

第四，财务总监要充分利用财务分析工具，当好上市公司战略决策的参谋。上市公司财务总监参与公司的外部融资和内部财务管理，对公司所在行业的经营发展和同行业发展趋势的研究，对上市公司的投融资、资本运作、发展方向与模式等重大战略决策具有专业参考价值，也是上市公司财务总监参与公司战略决策进而成为公司高级管理人员应尽的职责。

第五，上市公司的财务总监还要抵御物质诱惑，坚守合规底线，远离违反忠实与勤勉义务的违法犯罪活动，杜绝证券违规交易，珍惜职业前途与声誉。

后记:为了心中的那束光

在为沪深证券交易所组织的上市公司董监高初任和后续培训授课的过程中,我发现刚刚从商品市场进入资本市场的上市公司大股东和董监高因各种原因而对上市公司治理结构的安排和规范运作的相关规则还不太清楚。也有不少曾驰骋商场很成功的优秀企业家,因为对上市公司治理规则不熟悉或者对履职内容不清楚,在履职过程中违反上市公司规范运作、信息披露和证券交易的规则而受到行政处罚或者纪律处分,甚至触犯刑律而锒铛入狱,令人痛心不已。面对这种状况,我认为自己有能力也有责任向上市公司的控股股东和董监高全面梳理上市公司治理的规则体系和违反上市公司治理规则而受到行政处罚(分)或司法追诉的依据与经典案例,让他们明白上述规则和“陷阱”,以避免踩踏上市公司治理的“红线”而酿成更多的悲剧。但是,以何种形式作这个交流呢?受到《独立董事制度的理论与实践——怎样做一个合格的上市公司独立董事》一书的出版能够提升独立董事培训和交流质量的启发,我萌生了写作《上市公司治理的理论与实践——怎样做一个合格的上市公司董监高》的念头。经历近3年的研究、梳理和论证,终于完成了该书稿的写作。本书在总结公司治理模式和上市公司治理规则体系的基础上,分析了上市公司治理与运行中存在的问题及其改革应对措施,梳理了上市公司治理与运行中常受到行政处罚(分)和司法追诉的行为类型,结合上市公司治理与运行中的代表性案例来总结上市公司控股股东和董监高共同遵守的履职规范,以及不同职责与责任主体下的特别责任,并对每一类治理主体给出正当履职的合理化建议,以期从控股股东、实际控制人和董监高规范履职的角度促进上市公司完善治理、提高发展质量。当然，本书在对上市公司治理制度与机制的探讨过程中也对上市公司治理理论与实践的现实问题作了比较全面而系统的研究，为公司治理的理论研究者提供了进一步深入研究上市公司治理问题的视角与思路。

写作并出版该书，首先要感谢沪深证券交易所和中国上市公司协会的培训部门给了我培训授课的机会，多年的上市公司治理与合规培训的授课经历促使我对该问题进行深入的思考并以提高上市公司发展质量的责任与使命来完成该书稿的写作；在本书稿的写作过程中，我始终得到法律出版社法治与经济分社社长沈小英女士的指导、督促和鼓励。书稿完成后，常锋编辑认真细致地审读并对完善本书的内容给予了很多专业性的建议，令本书得以顺利出版；书稿形成后，中国上市公司协会会长宋志平先生欣然同意为本书作序，也使本书增色良多。本书写作过程中还得到诸多上市公司董监高的帮助和支持，虽不能一一列举其姓名，但都令我永远铭记和感恩于心，谢谢你们！

本书在正式出版之时，也是我的父亲刘先财先生（1949.10～2013.3）和博士生导师赵中孚先生（1929.7～2022.3）周年祭日之时。没有父亲的养育、帮助和支持，我可能还在鄂西北大山深处过着异常艰辛的另一种生活；没有赵老师当年招收我为他的博士生或没有得到他严格而规范的教导和培养，我也不可能走上学术研究的道路。本书赶在他们周年祭日之际面世，也是对他们的一种怀念与感激，愿他们在天国安息！

本书写作期间，法律法规和证券监管政策变化都很大，个人在上市公司并购重组整合方面的具体工作比较烦琐，加之本人学养不够深厚、勤奋尚有不足，本书出现错误和瑕疵在所难免。恳请读者对书中的错误与不足给予指正，便于我在修订本中改正和完善。

刘运宏

2025年1月23日于上海寓所